PSYCH[...]

DE LA MORT ET DU DEUIL

Josée Jacques

Ouvrage réalisé sous la responsabilité du collège de Rosemont

MODULO

Le Centre collégial de développement de matériel didactique a apporté un soutien pédagogique et financier à la réalisation de cet ouvrage.

Nous reconnaissons l'aide financière du gouvernement du Canada par l'entremise du Programme d'Aide au Développement de l'Industrie de l'Édition pour nos activités d'édition.

Données de catalogage avant publication (Canada)

Jacques, Josée, 1967-

Psychologie de la mort et du deuil

Comprend des réf. bibliogr. et un index.

ISBN 2-89113-725-6

1. Deuil - Aspect psychologique. 2. Mort - Aspect psychologique. 3. Consolation. 4. Deuil. 5. Perte (Psychologie). I. Titre.

BF789.D4J32 1998 155.9'37 C98-941668-2

Équipe de production
Responsabilité du projet pour le CCDMD : Sylvie Charbonneau
Responsabilité du projet pour le Collège : Louis Sauvé
Révision scientifique : Jean-Luc Hétu
Révision linguistique : Annick Morin et Marie Théorêt
Correction d'épreuves : Marie Théorêt
Typographie : Carole Deslandes
Montage et maquette : Olena Lytvyn
Couverture : Claude Morin

Psychologie de la mort et du deuil

233, av. Dunbar, bureau 300
Mont-Royal (Québec)
Canada H3P 2H4
Téléphone : (514) 738-9818 / (888) 738-9818
Télécopieur : (514) 738-5838 / (888) 273-5247

Dépôt légal — Bibliothèque nationale du Canada, 1998
Bibliothèque nationale du Canada, 1998
ISBN 2-89113-**725**-6

Imprimé au Canada
3 4 5 02

À la mémoire de Lyne et de Jean, pour les traces qu'ont laissées leur vie et leur mort.

Plutôt que de damner les ténèbres, allumons une chandelle, si petite soit-elle.
CONFUCIUS

REMERCIEMENTS

Je tiens d'abord à exprimer toute ma reconnaissance à Christine Sills, qui, durant tout ce projet, m'a inlassablement prodigué conseils et encouragements. Je la remercie de sa présence et de son soutien indéfectible.

Je tiens aussi à dire merci à Jean-Luc Hétu dont les précieux commentaires ont soutenu ma motivation.

Merci à Louis Sauvé, conseiller pédagogique, à Serge Ostiguy, adjoint à la direction des études du Collège de Rosemont, et à Sylvie Charbonneau, du CCDMD, pour l'appui qu'ils ont apporté à ma démarche.

Je m'en voudrais par ailleurs d'oublier Josée Dugas, Josée Desbiens, Benoît Bleau, Yves Barré, Andrée Chalifoux, Hélène Houde, Henri Gibeau, Luc Rainville, Luc Houle et Michel Montpetit. J'apprécie l'aide qu'ils m'ont apportée et je les en remercie.

J'exprime aussi ma gratitude aux membres de ma famille (Alfred, Suzanne, Linda, Daniel, Claire, Myriam et Simon) qui, chacun à sa façon et souvent sans s'en douter, ont participé à la réalisation de ce projet.

Je remercie enfin l'équipe de Modulo Éditeur de son professionnalisme indéniable, et particulièrement Michèle Morin dont le dynamisme et l'intérêt m'ont soutenue en fin de course.

Josée Jacques

TABLE DES MATIÈRES

INTRODUCTION

Nous sommes tous mortels, et pourtant la mort nous est hermétique et étrangère au point que nous nous sentons souvent impuissants et maladroits face à la souffrance du deuil. C'est aux nombreuses questions qui se posent lorsqu'on accompagne une personne affligée par la perte d'un être cher que *Psychologie de la mort et du deuil* répond.

Ainsi, le chapitre 1 explore les différentes composantes de la santé mentale et les modèles du développement de la personne. En effet, bien que le deuil affecte différemment chacun, une compréhension intelligente des tumultes émotifs, cognitifs et comportementaux que suscite la mort permet d'intervenir efficacement auprès des endeuillés ou de mieux vivre ses propres pertes.

Le chapitre 2 montre combien les réactions et les attitudes que suscite le phénomène de la mort sont indissociablement liées à l'époque, à la culture, au lieu dans lesquels il s'inscrit tout autant qu'à l'histoire personnelle des gens. En s'interrogeant sur les réactions de peur, d'anxiété ou de déni qui l'entourent, on présentera la vision de la mort propre à notre siècle.

Le chapitre 3 traite des facteurs qui influent sur les réactions de deuil d'une personne et propose certains repères théoriques susceptibles d'aider à mieux comprendre l'expérience et la réalité de la personne affligée par une perte.

Le chapitre 4 explore les situations particulières qui président généralement au deuil problématique : la mort d'un enfant qui, parce qu'elle contrevient au cycle naturel de la vie, accentue l'incessante quête de sens à l'existence chez les endeuillés; les suicides ou les décès de sidatiques pour lesquels la réprobation sociale est si forte qu'elle enferme les endeuillés dans le silence.

Le chapitre 5 explique les complications possibles lors d'un deuil et présente les possibilités d'aide et les ressources appropriées à chaque situation. Car il ne suffit pas de détecter correctement les réactions anormales de deuil, il faut aussi pouvoir offrir une aide spécialisée aux personnes en difficulté.

Le chapitre 6 aborde la vision particulière qu'ont les enfants de la mort. Leurs réactions face à ce phénomène sont expliquées par groupes d'âge, et des moyens d'aide et d'accompagnement des jeunes endeuillés sont proposés.

Le chapitre 7 porte sur l'acquisition des habiletés de communication nécessaires à une relation aidante. On présente les interventions à proscrire et celles à favoriser pour une écoute active et empathique. Certaines spécificités du multiculturalisme sont aussi abordées.

Le chapitre 8 traite des tâches qui font progresser l'individu dans son deuil et indique comment l'intervenant peut faciliter chacune. Les mécanismes de défense et d'adaptation utilisés lors du deuil sont aussi expliqués.

Le chapitre 9 définit ce que sont les rituels et l'importance qu'ils ont dans le processus de deuil. On suggère aussi des façons de les mettre en place.

Le chapitre 10 porte sur la relecture de vie, cet exercice de réconciliation avec soi-même et les autres auquel se livrent les humains à l'approche de la mort ou suite au décès d'un être cher. On précise également les types de relectures, leurs fonctions et les moyens d'amorcer ce processus de recherche du sens de l'existence.

Le chapitre 11 informe des moyens auxquels les intervenants peuvent avoir recours pour se développer personnellement et professionnellement. Conscients de la difficulté du travail dans un milieu relié à la mort, les futurs aidants doivent donc apprendre à prendre soin d'eux-mêmes pour pouvoir un jour prendre soin des autres.

CARACTÉRISTIQUES DE L'OUVRAGE

La structure de chaque chapitre de cet ouvrage qui veut faciliter l'intégration des apprentissages est la suivante : citation, sommaire, volet théorique, section *Pour mieux se connaître*, section *Pour développer sa compétence*, questions de révision, rubrique *Clin d'œil...*, rubrique *Paroles de sage*.

Citation Chaque chapitre débute par une citation littéraire ou poétique qui permet de s'imprégner du thème et d'amorcer une réflexion.

Sommaire En quelques lignes, le sommaire donne un aperçu du contenu du chapitre.

Volet théorique Commençant par une vue d'ensemble de la partie théorique, cette section présente ensuite les notions suivant une numérotation qui favorise la mémorisation et la compréhension structurée de l'information. Les mots ou concepts importants sont en caractères gras.

Pour mieux se connaître L'objectif de cette section est de susciter une pensée réflexive et introspective. Le lecteur est ainsi amené à réfléchir sur lui-même et sur la façon dont le contenu du chapitre s'intègre dans son cheminement personnel, aux niveaux cognitif, affectif et comportemental. Certaines questions sont inspirées de la démarche proposée par Worden (1991)[1] et par Hétu (1994)[2].

Pour développer sa compétence Grâce à cette section qui propose des exercices et des simulations d'activités professionnelles, le lecteur développe ses compétences comme intervenant et s'autoévalue.

Questions de révision Ce bloc de questions de révision (à court développement ou objectives) permet au lecteur de vérifier, par chapitre, sa compréhension et sa rétention de la matière.

Clin d'œil... Des histoires qui font sourire servent de divertissement et sont susceptibles de susciter la compréhension spontanée d'un concept.

Paroles de sage Cet encadré présente une allégorie, une parabole ou un conte métaphorique en relation avec une idée présentée dans le chapitre. Empreint de sagesse, il vise à transmettre, de façon symbolique, des principes de vie.

---

1. WORDEN, W. *Grief Counseling and Grief Therapy, A Handbook for de Mental Health Practitioner*, 2e éd., New York, Springer, 1991.
2. HÉTU, Jean-Luc. *Psychologie du mourir et du deuil*, Laval, Éditions du Méridien, 1994, p. 347-351.

1 chapitre

LE DÉVELOPPEMENT DE LA PERSONNE

« Souviens-toi que lorsqu'on gravit une montagne, il est inutile de se retourner continuellement pour tenter d'évaluer la raideur de la pente qu'on aura à descendre de l'autre côté du sommet. Il y a des forces qu'on acquiert en montant qui nous aident à descendre. »

(Laberge, 1994, p. 445)

Sommaire

- La santé mentale
- La personne comme organisation stable
- La personne comme organisation qui se développe

La naissance est un premier renoncement : nous quittons le milieu intra-utérin pour un autre univers, un univers différent. Par la suite, d'inévitables pertes jalonnent notre existence (la perte de ce que nous avons été, de ce que nous avons espéré, etc.). La mort d'un être aimé fait aussi partie de ces changements empreints de souffrance qui influent sur notre développement et font appel à nos ressources d'adaptation. Dans ces circonstances de perte, notre santé mentale et notre personnalité jouent un rôle déterminant. Examinons ces dimensions avant d'étudier le développement de l'individu, développement qui s'exerce souvent de façon paradoxale par le biais de pertes et d'acquisitions, de stabilité et de changement, d'abandon et de renaissance, etc.

1.1 LA SANTÉ MENTALE

Même si les psychologues et chacun d'entre nous avons une idée de ce qu'est la santé mentale, il est difficile de s'entendre sur une définition unique et précise. Or, de façon générale, nous pouvons considérer la santé mentale comme un type réussi d'organisation psychique et le fait de se sentir bien, avec soi et avec les autres. En effet, les gens qui ont une moins bonne santé mentale sont souvent anxieux ou dépressifs.

Les opinions divergent également quant à l'origine de la santé mentale. Certains chercheurs la considèrent comme un héritage génétique et la relient à la personnalité de l'individu. En effet, alors que certaines personnes semblent fortes, soit sur le plan physique ou sur le plan psychique, d'autres paraissent plus fragiles. D'autres chercheurs associent la santé mentale à des facteurs inconscients, tels des motivations inconnues, des deuils non résolus, etc. D'autres, enfin, croient qu'elle est plutôt influencée par les événements du quotidien, changement d'école, nouvel emploi, rupture amoureuse, décès d'un parent, etc.

Même si notre niveau de santé mentale semble quelquefois nous échapper, nous disposons de moyens pour l'améliorer. En effet, chaque individu a un potentiel d'adaptation quasi inépuisable et peut exercer un contrôle sur plusieurs composantes directement reliées à la santé mentale. Ces composantes sont : une image positive de soi, des relations significatives, un sens à la vie, la flexibilité mentale, l'autonomie et la maîtrise de son environnement.

Une image positive de soi L'individu qui a une image positive et réaliste de lui-même, qui se respecte et se fait respecter, jouit d'un état de santé mentale accru. Ce respect se traduit par la capacité de définir ses limites et ses besoins. Bien sûr, les relations interpersonnelles et les tâches du quotidien impliquent certaines contraintes, mais les gens qui se respectent et qui ont une image positive d'eux-mêmes se laissent une certaine marge de manœuvre pour préserver leur qualité de vie.

Des relations significatives La capacité de créer et de maintenir des relations satisfaisantes ainsi que d'éviter les contacts destructeurs ou nuisibles est aussi un indice de santé mentale. Une relation significative apporte réconfort, encouragement, stimulation et valorisation. Un contact destructeur, quant à lui, mine le moral et réduit l'estime de soi : nous nous sentons alors diminués, exploités, blâmés, perdants. Nos relations devraient contribuer à une image positive de nous-mêmes et nous permettre de nous exprimer librement.

Un sens à la vie Un autre indice de santé mentale est la capacité de trouver un sens à la vie, de ressentir que notre existence est significative. Malgré les difficultés, la personne trouve, dans son travail, ses expériences de bénévolat, ses rôles sociaux, ses apprentissages, ses activités, etc., un sentiment d'accomplissement. Ainsi, le sens ne réside pas d'abord dans la situation, mais dans le regard personnel que nous portons sur elle.

La flexibilité mentale Les gens en bonne santé mentale sont capables de remises en question, d'ouverture et de changement. À l'inverse, ceux dont la santé mentale est plus précaire tendent à être plus rigides, à demeurer prisonniers de leurs stéréotypes et de leurs idées. La vie est faite de changements : nous changeons sans cesse, les gens autour de nous changent, les situations changent, les idées changent. La flexibilité mentale permet une adaptation à ces changements, un sens de l'humour et une tolérance à la différence. Bien sûr, il ne s'agit pas d'adhérer à n'importe quel changement, mais plutôt d'être ouvert à de nouvelles perspectives.

L'autonomie et la maîtrise de son environnement Un autre indice de bonne santé mentale est le sentiment que peut avoir une personne de choisir et de contrôler sa vie, et cela malgré les contraintes et les éléments qui échappent à sa volonté.

Ces cinq indicateurs sont théoriquement distincts, mais interreliés dans la pratique. En effet, la personne qui a une bonne santé mentale et qui bénéficie d'une image positive d'elle-même sera habituellement autonome, flexible et, par conséquent, davantage en mesure de bénéficier de relations satisfaisantes et de trouver un sens à la vie. À l'inverse, quelqu'un qui ne s'aime pas sera généralement plus rigide, aura du mal à se faire des amis, à trouver un sens à la vie, etc. Distinguer les indicateurs de santé mentale permet aussi de se sensibiliser aux différentes démarches possibles pour accéder à un mieux-être. En effet, quoique nous restions substantiellement la même personne tout au long de notre vie, nous évoluons, nous nous transformons sans cesse. Voyons comment une personne peut être à la fois une organisation stable et une organisation qui se développe.

1.2 LA PERSONNE COMME ORGANISATION STABLE

Plusieurs observations courantes illustrent la croyance en la stabilité de la personnalité : « Ma sœur, elle, réussit tout ce qu'elle entreprend »; « Mon frère est un homme calme et bon vivant. » De fait, il semble que la personnalité soit déterminée en bonne partie génétiquement, donc avant la naissance, de même que pendant l'enfance, par l'éducation et les événements ayant caractérisé cette époque (décès, maladies, séparations, etc.).

Par exemple, plusieurs études démontrent que l'argent, l'instruction, la famille et le mariage influent peu sur le sentiment de bonheur. Chacun de nous serait donc doué pour un certain niveau de bien-être, que les événements, agréables ou désagréables, ne modifient que temporairement. En effet, l'état de malaise ou de bien-être que provoque une rupture amoureuse ou une promotion disparaît après environ trois mois, et il n'en reste plus de traces après six mois (Brown et coll., 1996). Les répercussions de l'impact causé par le décès d'un être cher seront probablement plus longues, mais le principe demeurerait le même. Par ailleurs, les généticiens américains Lykken et Tellegen (1996) affirment « qu'environ la moitié de notre sentiment de bien-être est déterminé par un niveau préétabli en nous; l'autre moitié vient des bonheurs et malheurs vécus dans les dernières heures, journées ou semaines ».

Si cette conception de la personne comme organisation stable est vraie, nous devrions pouvoir identifier des éléments de notre fonctionnement personnel qui sont demeurés les mêmes depuis notre enfance. Cette dimension de continuité correspond au concept de personnalité, défini par la présence de caractéristiques stables chez l'individu. On a d'abord eu recours au concept de personnalité pour rendre compte des différences observables entre les gens. On parlait alors de traits de personnalité, de traits de caractère ou de tempérament.

LES CINQ TRAITS DE LA PERSONNALITÉ

Le comportement actuel d'un sujet d'âge mûr serait déterminé par le tempérament qu'il a reçu à la naissance, ou encore par ce qu'il a vécu dans les premières années de sa vie. Cette approche déterministe a donné lieu à plusieurs recherches qui en ont confirmé la validité.

Par exemple, parmi les dimensions, ou **traits**, de l'individu, cinq demeureraient stables à partir de l'âge adulte. Ces dimensions permettent de rendre compte des différences interindividuelles (McCrae et Costa, 1991) et nous aideront à comprendre pourquoi certaines personnes progressent plus facilement que d'autres dans leur deuil. Il s'agit de l'extraversion, de l'amabilité, de la tendance à être consciencieux, de la stabilité émotive et de l'ouverture.

Extraversion L'individu est chaleureux, ouvert, amical, tourné vers l'extérieur, actif, affirmé, sans inhibition et à la recherche de stimulations, ou encore il demeure froid, réservé, distant, solitaire, lent, tranquille et en retrait.

Amabilité L'individu s'adapte aux autres et les respecte, ou il cherche à argumenter, à les dominer par une attitude agressive ou hostile.

Tendance à être consciencieux L'individu fait preuve de motivation, de persévérance, de responsabilité et d'attention, ou encore il se montre peu persévérant et n'utilise pas l'ensemble de ses ressources.

Stabilité émotive L'individu est détendu, confiant, objectif, tolérant et a une bonne estime de lui, ou il se sent inférieur, il est anxieux, facilement contrarié et peu confiant en lui-même.

Ouverture L'individu est imaginatif, sensible à la beauté, ouvert aux émotions et à la nouveauté, cordial et tolérant, ou bien il a l'esprit obtus, il est peu ouvert aux émotions, il est dogmatique, conformiste et réticent aux changements.

En combinant ces cinq traits, on obtient plusieurs profils de personnalité. Ainsi, Francine peut être extravertie, aimable mais peu ouverte à la nouveauté alors qu'Alfred sera introverti, aimable et consciencieux. Lors d'un deuil, Francine a choisi de participer à des groupes d'entraide alors qu'Alfred a préféré se retirer pour pratiquer son passe-temps favori. Le moyen que chacun a choisi pour vivre son deuil reflète la différence de personnalité.

LA TYPOLOGIE CLASSIQUE

En combinant les échelles introversion-extraversion et stabilité-instabilité, des chercheurs (Howarth et Zumbo, 1989) ont défini quatre types de personnalités (tableau 1.1).

Tableau 1.1 Quatre types de personnalités.

	FLEGMATIQUE	**MÉLANCOLIQUE**
INTROVERTI	Passif Prudent Réfléchi Calme Réservé D'humeur stable	Calme Réservé Pessimiste Rigide Anxieux Maussade
	SANGUIN	**COLÉRIQUE**
EXTRAVERTI	Alerte Sociable Meneur Optimiste Permissif Empathique	Irritable Agressif Changeant Impulsif Actif Nerveux

Ces différents types de personnalités sont comparables à la typologie définie par Hippocrate, fondateur de la médecine, 400 à 500 ans avant notre ère. Cette typologie distinguait en effet quatre types d'individus, soit le flegmatique, le mélancolique, le sanguin et le colérique. Le flegmatique est plutôt distant, froid et en contrôle de lui-même; le mélancolique est triste et réservé. Le type sanguin correspond à la personne chaleureuse et optimiste, alors que le type colérique décrit la personne impulsive, active et agressive. Évidemment, la majorité des gens oscillent entre deux ou plusieurs types et ne peuvent donc être associés à un seul type.

L'INFLUENCE DE L'HÉRÉDITÉ

Plusieurs chercheurs se sont intéressés à l'impact de l'hérédité et de l'acquis sur le développement de la personne. En étudiant des jumeaux identiques séparés à la naissance et élevés dans des milieux différents, on a constaté que plusieurs aspects de leur personnalité, comme les résultats à leur test d'intelligence, leur tempérament ou leurs peurs, étaient similaires (Bouchard, 1984).

Un peu plus tard, Lykken et Tellegen (1996) ont utilisé les données d'une recherche visant à mesurer le niveau de bonheur de 1150 paires de jumeaux identiques. Même si le degré de scolarité, le revenu et l'état civil de ces derniers différaient, l'étude a démontré que leur niveau de bonheur ne variait que de 3 %.

De tels résultats relativisent l'importance que l'on accorde à l'éducation et à l'environnement familial. Sans croire que la destinée de chaque individu soit entièrement conditionnée par son héritage génétique, on doit considérer celui-ci, au même titre que les expériences acquises au cours du développement, pour expliquer la personnalité d'un individu.

1.3 LA PERSONNE COMME ORGANISATION QUI SE DÉVELOPPE

S'opposant à une vision déterministe de l'individu, qui perçoit la personnalité comme une organisation stable, certains théoriciens sont convaincus que l'être humain a la capacité de se créer par ses choix conscients. Selon cette vision existentialiste, l'individu est libre de s'actualiser et serait en constante évolution. L'étymologie du mot **existentialisme** est d'ailleurs instructive : le verbe *sistere* signifie remettre sur pied, établir, construire, et le préfixe *ex* implique un mouvement vers le dehors. Ainsi, exister, c'est sortir, se construire au grand jour, prendre le risque de se développer.

Les principaux théoriciens de ce courant humaniste sont Carl Roger, Abraham Maslow et Rollo May. Au Québec, le plus connu est Yves Saint-Arnaud. Ces psychologues estiment que nous ne devons pas rester prisonniers d'un modèle biologique du développement.

En effet, l'humain se développe continuellement, stimulé par les multiples défis qui se présentent à lui jour après jour, et ce à l'intérieur d'une culture et d'une époque données.

UN MODÈLE DU CYCLE DE VIE

Un homme explique, à propos de son vieillissement :

> « Rien de ce que j'avais jamais lu ne m'avait préparé à la surprise d'atteindre mes cinquante ans. Ce fut tellement simple. Je me trouve maintenant beaucoup mieux armé, avec une meilleure idée de moi-même, que je ne l'étais aux étapes précédentes de ma vie. À trente-cinq ans, j'étais ambitieux et actif, déchiré entre les exigences contradictoires de mon travail et de ma famille. À quarante ans, je luttais pour ne pas admettre que certains de mes rêves personnels et professionnels ne se réaliseraient jamais. Je regimbais contre l'injustice de la vie, sans me décider à vouloir l'accepter.
>
> Mais aujourd'hui, j'ai cinquante ans ! La plupart des questions majeures de ma vie ont trouvé une réponse; certaines me satisfont, d'autres moins. Je sais que des surprises m'attendent encore et j'espère ne pas avoir cessé de me développer. Mais les tempêtes et les incertitudes qui faisaient rage en moi quand j'étais plus jeune semblent maintenant s'être calmées. » (Kushner, 1986, p. 22-23).

Nous remarquons que les préoccupations de cet homme ont varié avec l'âge. Les théoriciens affirment qu'il est possible de prévoir, approximativement, à quel moment du développement surviennent les principaux événements du cycle de la vie, c'est-à-dire le début et la fin de rôles fondamentaux. Un **rôle** correspond aux diverses activités d'une personne, selon son statut (étudiant, conjoint, parent, etc.), et implique des attentes sociales et des normes culturelles. En effet, la société a différentes attentes quant aux comportements de l'individu, en fonction de son âge et de son statut.

Le tableau 1.2 présente un exemple de trajectoire du cycle de vie, avec les rôles marquant chaque période (Bromley, 1990, p. 43-45). Bien que Bromley utilise tantôt des faits et tantôt des apprentissages comme descripteurs des entrées et des sorties de rôles, son modèle offre une bonne synthèse des principaux phénomènes et transitions composant le cycle de vie.

De tels modèles comportent plusieurs avantages. Sur le plan individuel, ils nous permettent d'apprivoiser certains défis que nous pourrions avoir à relever et nous rassurent sur le caractère habituel de divers changements dans nos façons de réagir. Ils aident également à comprendre le phénomène du développement humain. Ainsi, se développer consiste à parcourir le cycle de vie, à apprendre à devenir tour à tour adolescent, jeune adulte, travailleur, conjoint, parent, retraité.

Ces modèles peuvent également susciter certains développements théoriques. En effet, il en émerge diverses hypothèses qui pourraient être vérifiées par des recherches ultérieures afin d'améliorer notre compréhension de l'être humain.

De façon pratique, ces modèles nous aident à mieux comprendre les gens auprès desquels nous intervenons ou vieillissons. Ils nous permettent de mettre en perspective leur

Tableau 1.2 Trajectoire du cycle de vie.

ÂGE	ÉTAPE DE LA VIE	CARACTÉRISTIQUES
18-21	Transition vers l'indépendance adulte	Accès aux droits et responsabilités des adultes, de même qu'à une relative autonomie financière.
22-25	Début de l'âge adulte	Engagement dans divers rôles sociaux : partenaire ou conjoint, responsable d'un logement, étudiant ou salarié.
26-40	Milieu de l'âge adulte	Consolidation des rôles majeurs, surtout sur les plans familial et professionnel; début des signes du vieillissement.
41-54	Maturité	Départ des enfants; dépendance grandissante des parents; rôle de grands-parents; problèmes de santé, décès des parents.
55-60	Transition vers la retraite	Réduction des activités sexuelles; impact plus visible du vieillissement sur l'apparence physique.
61-65	Entrée dans la retraite	Augmentation du désengagement social, ajustement du concept de soi.
66-75	Entrée dans le statut de personne âgée	Déclin physique plus probable, risque d'une maladie terminale et du décès du conjoint; augmentation du désengagement social au profit des relations familiales.
76 +	Entrée dans le grand âge	Poursuite du déclin des aptitudes physiques et mentales, perte d'autonomie.

vécu, leurs expériences et l'étape à laquelle ils sont rendus dans leur cycle de vie. Il est différent, par exemple, de perdre son conjoint ou le père de ses enfants à 30, 50 ou 70 ans.

Par ailleurs, la complexité de l'être humain et la multiplicité des changements qui surviennent au cours d'une vie font qu'il est difficile d'associer ces changements à une étape précise. Les modèles du cycle de vie ne peuvent en effet prédire ni à quel moment un événement prévisible va survenir ni comment il sera vécu en fonction des ressources du sujet, de la signification de l'événement pour lui et du moment où il survient. Les modèles ne tiennent pas compte des écarts reliés aux expériences de chaque personne et de la différence entre les événements imprévus et ceux qui sont prévisibles. Ainsi, une séparation peut être vécue à 30 ou 50 ans, elle peut être subite ou longuement préparée, etc.

De plus, une attention limitée est donnée aux dimensions culturelle, socio-économique, démographique et sexuelle. Mais malgré tout, les modèles du cycle de vie nous aident à comprendre pourquoi, par exemple, il est plus facile de vivre le deuil d'un parent âgé de 85 ans que celui d'un parent âgé de 40 ans.

LE PHÉNOMÈNE DES TRANSITIONS

Une **transition** est le passage d'un état à un autre. Elle implique les notions de perte, de rupture et de renoncement. Lors d'une transition, il se produit des changements permanents et, par le fait même, une initiation et un apprentissage. Ces changements peuvent se faire dans plusieurs secteurs et engendrent habituellement des modifications dans les rôles et les croyances de l'individu. Un homme, par exemple, à la suite de son congédiement d'un emploi fort apprécié, a constaté plusieurs changements dans sa vie. Son revenu, la reconnaissance sociale, son horaire de travail ont été modifiés. Malgré sa peine, il a beaucoup appris de cette douloureuse expérience : il sait maintenant nuancer ses propos et reconnaître les personnes significatives de son entourage. Ses croyances et ses valeurs ont changé. Nous pouvons donc affirmer que cet homme a vécu une transition importante lors de la perte de cet emploi.

Selon Hétu (1992), qui s'est lui-même inspiré de Schlossberg (1984), les transitions peuvent être :

Progressives ou subites Les transitions peuvent arriver subitement et de façon inattendue, ou au contraire être prévisibles. Par exemple, la mort d'un jeune enfant dans un accident de voiture constitue une transition subite, tandis que le décès d'une personne âgée, malade depuis plusieurs années, est une transition progressive.

Conscientes ou inconscientes Les transitions peuvent se faire de façon consciente, c'est-à-dire que la personne sait qu'elle vit un changement et en connaît les différentes répercussions sur sa vie. Elles peuvent aussi être inconscientes et donc se faire à l'insu de la personne. Le jeune enfant dont le père vient de mourir, par exemple, n'est pas nécessairement conscient de la transition qu'il vit et des conséquences que ce décès aura pour lui. Sa mère, par contre, qui reste seule pour éduquer ses trois enfants, sait qu'il s'agit d'une transition importante pour chacun des membres de la famille.

Prévues ou imprévues Certaines transitions sont habituelles dans le cycle de vie. Il est donc possible de s'y préparer physiquement ou mentalement puisqu'elles sont prévues. Parmi ces transitions figurent l'entrée à l'école ou sur le marché du travail, le départ de la maison familiale, etc. D'autres transitions, par contre, sont imprévues et aucun signe ne laisse présager le changement. Il peut s'agir d'un incendie, d'un vol, d'un décès, d'une séparation, de la rencontre d'un amoureux, etc.

Imposées ou relevant de l'initiative du sujet Certaines transitions peuvent être imposées, c'est-à-dire que la personne qui vit la transition n'a pas de contrôle ou de pouvoir sur elle. D'autres, au contraire, peuvent relever du désir et de l'initiative du sujet. Claude, par exemple, a quitté Isabelle pour une autre femme. Il a initié la rupture amoureuse et la transition qu'elle engendre. Isabelle, par contre, vit une transition imposée et non choisie.

Accueillies ou combattues Lors d'une transition, il peut y avoir certaines résistances. Isabelle, dans l'exemple précédent, peut tenter de négocier avec son partenaire, résister à la rupture et lui demander de réviser son choix, d'entreprendre une thérapie, etc. Elle peut aussi accueillir cette transition, consciente que sa relation n'allait pas très bien ou qu'il s'agit d'une décision sur laquelle elle a peu de contrôle. Habituellement, une transition implique des pertes et des gains, et l'individu oscille entre des moments de résistance et d'accueil.

Inédites ou apparentées à une transition déjà vécue Les transitions peuvent quelquefois ressembler à des expériences antérieures ou, au contraire, être tout à fait nouvelles. Si Isabelle, dans l'exemple précédent, vivait une seconde rupture amoureuse, elle connaîtrait peut-être une transition apparentée à celle qu'elle a déjà vécue. Dans le cas de sa première rupture, la transition est toutefois inédite, car sans référence à des expériences antérieures similaires.

À effets immédiats ou à effets différés Une transition a deux types d'effets : ceux qui ont lieu dans l'immédiat et ceux qui surviendront plus tard. Lors de la perte d'un être cher, la personne peut réagir dans l'immédiat par de la tristesse, de l'insécurité et un sentiment d'abandon. À long terme cependant, elle peut vivre de l'agressivité et de l'amertume, ou encore se sentir plus forte pour affronter d'autres expériences de perte.

Ainsi, les transitions ne relèvent pas seulement du passage du temps, mais aussi de l'histoire personnelle de chacun. Un haut degré d'engagement et un haut taux d'activité facilitent ces transitions et sont habituellement associés à un plus grand sentiment de satisfaction face à la vie.

LA THÉORIE DE L'ACTIVITÉ

La théorie de l'activité repose sur le postulat que l'individu actif a une vieillesse plus satisfaisante que celui dont les activités sont restreintes. Ainsi, la perte des différents rôles (parent, travailleur, conjoint, etc.) peut réduire le niveau de satisfaction d'une personne. Utilisée surtout pour expliquer la réussite du vieillissement, cette théorie aide aussi à saisir la dynamique du bien-être psychologique, indépendamment de l'âge du sujet.

Hétu (1997, p. 36-38) présente une synthèse des principaux éléments de cette théorie. Voyons-les brièvement.

1. Plus l'individu entretient une image positive de lui-même, plus il éprouve de la satisfaction à vivre.
2. L'image reflétée par les autres contribue au développement du concept de soi.
3. Bien qu'ils s'expriment différemment selon l'âge, les besoins demeurent sensiblement les mêmes, peu importe l'âge.

4. Les interactions sociales permettent de combler le besoin d'être reconnu et apprécié par les autres.
5. L'accomplissement de différents rôles permet à l'individu de recevoir l'appui et la reconnaissance dont il a besoin.
6. Le vieillissement entraîne la perte de différents rôles, ce qui peut susciter de la dépression, de la frustration et se traduire par une baisse de la satisfaction face à la vie.
7. La satisfaction d'un individu face à la vie est reliée davantage à la signification qu'il attribue à ses activités qu'à leur quantité.
8. La personne qui participe à des activités sociales s'adaptera plus facilement à la perte de différents rôles que l'individu qui demeure isolé.
9. Ce sont les différents rôles joués par l'individu qui lui permettent de se faire une idée de ce qu'il est : ils servent de point d'ancrage à l'identité. Selon Erikson, l'identité joue un rôle important pour la santé mentale. Nous y reviendrons un peu plus loin.

La théorie de l'activité nous aide aussi à comprendre pourquoi la personne qui vit un deuil a intérêt à retrouver progressivement un niveau d'activité comparable à celui qu'elle connaissait avant le décès de l'être cher. Nous reviendrons également sur ce point, lorsque nous examinerons le processus du deuil.

LE CONCEPT DE SOI

Le concept de soi correspond à l'ensemble des caractéristiques que nous utilisons pour nous décrire. La perception que l'on a de soi est donc beaucoup plus élaborée et complexe que l'image reflétée par un miroir. En effet, si nous tentons de nous décrire en commençant par « je suis », nous constatons que la liste est beaucoup plus complète que ce qui se voit à l'œil nu. Une femme peut dire, par exemple : « Je suis sensible, intelligente, à l'écoute des autres, créative, etc. » Si l'une de ces caractéristiques venait à disparaître ou à être compromise, son identité et son équilibre en général en seraient modifiés. En effet, si du jour au lendemain elle perdait sa sensibilité, elle ne se reconnaîtrait probablement plus. Le concept de soi correspond donc à toutes les dimensions qui nous caractérisent, que ce soit notre rôle social, notre apparence physique, nos amis, nos forces, nos aptitudes, nos limites, nos activités sportives et professionnelles, etc.

Bien que le concept de soi puisse se modifier au fil des jours, les transformations se font habituellement de façon progressive. Le concept de soi n'est donc pas statique, mais en général il est relativement stable. Cette stabilité contribue d'ailleurs à notre bien-être.

Malheureusement, la plupart des gens se connaissent bien peu et leur perception d'eux-mêmes est souvent irréaliste. Certains, ignorant la réalité, leurs forces, leurs aptitudes et leurs qualités, se critiquent et s'autodétruisent. D'autres, au contraire, ont du mal à reconnaître leurs limites et entretiennent une image surfaite d'eux-mêmes. Ils s'attribuent des qualités qu'ils n'ont pas et s'appliquent à abuser les autres autant qu'eux-mêmes. Or, pour assurer son bien-être psychologique, il faut apprendre à se percevoir d'une façon positive et réaliste, en étant conscient de ses limites et de ses capacités.

Une perception positive de soi entraîne une bonne estime de soi, l'une des caractéristiques de la santé mentale. Le **concept de soi** (ou image de soi) correspond aux pensées et aux croyances que nous entretenons à notre sujet, tandis que l'**estime de soi** correspond à la façon dont nous nous sentons face à nous-mêmes. Ces deux réalités sont reliées. Une image de soi positive est associée à une bonne estime de soi (le fait de se sentir bien dans sa peau), et une perception négative de soi est associée à une faible estime de soi.

Le phénomène de l'image de soi et de l'estime de soi joue un rôle important dans le deuil, car la perte d'un proche tend à modifier le concept de soi de l'endeuillé. Celui-ci est désormais veuf, orphelin, ou atteint dans son image de parent si c'est son enfant qui est mort. Ces modifications de l'image de soi entraînent souvent une baisse de l'estime de soi et exercent par le fait même une influence négative sur le niveau de bien-être psychologique.

Le concept de soi résulte des interactions sociales et il est influencé par nos expériences. Ainsi, certaines personnes de notre entourage peuvent jouer un rôle qui rehausse notre estime de soi, alors que d'autres adoptent une attitude qui nous fait douter de notre compétence. Ce sont des stimulateurs ou des détracteurs.

Les **stimulateurs** nous donnent de l'attention, nous soutiennent et nous complimentent pour ce que nous faisons. Ils contribuent, par l'image positive qu'ils nous reflètent, à hausser notre estime de nous-mêmes. Ils nous font confiance, nous valorisent et nous témoignent de l'amour. Nous nous sentons importants pour eux. Les **détracteurs**, au

Par l'affection qu'elle témoigne à sa fille, cette mère joue un rôle de stimulateur.

contraire, ignorent nos désirs et nos besoins. Ils ne tiennent pas compte de ce que nous sommes. Ils nient ce que nous pensons ou ce que nous ressentons et contribuent à diminuer notre estime de nous-mêmes.

Ainsi, nous avons tendance à développer un concept de soi correspondant à l'image reflétée par les autres. Nous développons une image positive de nous-mêmes si nous recevons des marques d'appréciation. Nous nous déprécions si on nous renvoie une image négative.

Par ailleurs, la signification que nous donnons à nos expériences influe sur notre image personnelle et sur nos comportements. Si nous considérons, par exemple, notre rupture amoureuse comme un échec, notre investissement affectif comme naïf, et si nous pensons que désormais nous ne pouvons plus faire confiance aux autres, notre estime personnelle sera à la baisse et l'image que nous avons de nous et des autres sera plutôt négative. Par contre, si nous tentons de voir les aspects positifs de nos expériences et les apprentissages qu'elles nous ont permis d'effectuer, un événement qui nous semblait au départ négatif pourra se transformer en une expérience enrichissante.

Voyons maintenant comment un modèle du cycle de vie peut utiliser, plutôt que la notion de rôle, celle de crises internes et de tâches développementales comme des phénomènes contribuant au développement de l'identité.

LE MODÈLE DES TÂCHES DÉVELOPPEMENTALES

Les tâches développementales peuvent être considérées comme des marqueurs du cycle de vie. Le modèle du psychologue et psychanalyste américain Erik Erikson (1980) suggère que l'individu traverse des crises particulières à chaque période de sa vie. Ces crises déterminent, selon leur issue (favorable ou non), le développement ultérieur de la personne. Une crise bien vécue mène à un épanouissement et à une vie équilibrée, alors qu'une crise mal résolue complexifie le développement ultérieur. Les stades de développement plus avancés mettent donc à profit les ressources acquises lors des stades précédents.

Erikson met l'accent sur les aspects sociaux du développement en affirmant que l'individu traverse huit crises psychosociales (présentées au tableau 1.3). Ces crises sont associées à différents âges de la vie et, heureusement, Erikson soutient qu'un conflit non résolu au moment opportun peut l'être ultérieurement.

La première crise, qui survient lors de la première année de vie, correspond au sentiment de **confiance** envers le monde ou, au contraire, de **méfiance**. Selon la façon dont la personne responsable de l'enfant répond à ses besoins physiologiques et psychologiques, celui-ci développe ou non ce qu'Erikson appelle la ressource de l'espoir, soit la croyance que ses désirs sont réalisables et que ses besoins peuvent être comblés. S'il reçoit les soins adéquats, il peut faire confiance aux autres et intègre qu'il est lui-même digne de

Tableau 1.3 Les huit crises psychosociales selon Erikson.

1re crise	Confiance ou méfiance	La première année de vie
2e crise	Autonomie ou honte et doute	L'enfance (1-3 ans)
3e crise	Initiative ou culpabilité	La deuxième enfance (3-5 ans)
4e crise	Travail ou infériorité	L'âge scolaire (6-12 ans)
5e crise	Identité ou confusion de rôles	L'adolescence
6e crise	Intimité ou isolement	Le début de l'âge adulte
7e crise	Générativité ou stagnation	La quarantaine
8e crise	Intégrité personnelle ou désespoir	La vieillesse

confiance, puisque les autres répondent à ses besoins. Au contraire, si on ne tient pas compte de ses besoins, l'enfant perçoit son environnement comme hostile. Il se sent abandonné et développe une méfiance à l'égard des autres ainsi qu'un manque d'estime personnelle. La confiance de base se traduit donc principalement par la capacité de recevoir ou de prendre, selon ses besoins. Il peut s'agir, par exemple, d'accepter de l'aide lors d'une situation difficile ou encore de ne pas hésiter à demander un service, de ne pas craindre de sans cesse déranger.

Vers l'âge de deux ou trois ans, l'enfant développe une plus grande autonomie. S'il est encouragé dans ses activités, il acquiert le sentiment d'être distinct, compétent et maître de lui-même. Si, au contraire, les exigences sont trop élevées ou les restrictions trop brimantes, il développe un sentiment de honte. Il s'agit de la deuxième crise selon Erikson, celle de l'**autonomie** ou du **doute**. Ainsi, quelqu'un peut dire : « Je suis réfractaire quand il y a trop de contrôle, que ce soit sur le plan relationnel ou professionnel. J'ai besoin de garder des zones, des espaces où c'est moi qui décide, sans avoir à consulter les autres. » Cette personne a un bon sentiment d'autonomie qui lui permet d'accepter des restrictions légitimes à son autonomie, mais qui n'apprécie pas trop de contrôle. À l'inverse, une personne dont le sentiment d'autonomie est fragile sera réfractaire à tout contrôle. On peut prévoir tout de suite qu'une telle personne aura de la difficulté à vivre l'intimité, dont l'un des éléments consiste à consentir à ce que l'autre ait un certain pouvoir sur sa propre vie, lors de certaines prises de décision qui doivent être faites à deux, par exemple.

La troisième crise, celle de l'**initiative** ou de la **culpabilité**, apparaît vers l'âge de trois ans pour se résoudre vers l'âge de six ans. L'enfant fait alors l'apprentissage de nouvelles habiletés. Il prend davantage d'initiatives et désire collaborer avec les autres. Si les parents encouragent les initiatives manifestées par l'enfant et se montrent enthousiastes, celui-ci développe une attitude dynamique. Il se sent capable de prendre des décisions. Si au contraire chaque geste d'autonomie suscite des reproches et des réprimandes, l'enfant éprouve de la culpabilité.

La quatrième crise s'étend entre six et douze ans. L'enfant, maintenant d'âge scolaire, devient davantage conscient qu'il peut faire des apprentissages et réaliser des projets. Ses réussites accumulées lui permettent de développer un sentiment de **compétence**, tandis que des échecs répétés font naître chez lui un sentiment d'**infériorité**. En effet, si l'enfant évolue dans sa capacité de production, il prend plaisir à partager ses apprentissages avec les autres. Au contraire, s'il croit que ses réalisations sont insatisfaisantes, il se sent inadéquat et sans valeur.

La cinquième crise apparaît avec l'adolescence. Elle est marquée par la quête de soi-même qui entraîne la conscience de son **identité** ou, au contraire, une **confusion** et une diffusion des rôles. L'adolescent se pose alors des questions comme : Qui suis-je ? Que vais-je devenir ? Qu'est-ce que je veux devenir ? La clarification de ses désirs, de ses croyances et de ses idéaux se fait par la libération du pouvoir exercé par les adultes, en l'occurrence les parents. Si l'adolescent ne réussit pas à intégrer à sa personnalité les nombreux changements qui caractérisent sa vie, il est confus quant aux rôles à adopter.

Avoir une identité claire peut se traduire par un message semblable à celui-ci : « J'ai bien l'impression de savoir qui je suis et pourquoi je fais ce que je fais. Je réussis à apprécier mes rôles de conjoint, de père, d'enseignant, d'une façon claire, fonctionnelle et productive. » Parallèlement, quelqu'un dont l'identité serait diffuse dirait plutôt : « Je ne suis pas bien dans ma peau et je ne l'ai jamais été. Je ne peux pas dire que j'aime ce que je fais, mais je ne sais pas ce que j'ai le goût de faire. »

En s'engageant dans une relation amoureuse, les couples développent des relations intimes durables.

La sixième crise apparaît avec le début de l'âge adulte, alors que l'individu développe des relations d'**intimité** avec les autres. En s'engageant dans des relations amicales ou amoureuses, l'individu apprend à établir des relations durables sans craindre de perdre son identité ou il peut, au contraire, vivre un sentiment d'**isolement**.

À l'âge mûr, l'adulte développe sa **générativité** par le biais de son implication dans ses divers rôles, officiels ou non : travailleur, conjoint, parent, confident, etc. Il répond ainsi à son désir d'être fécond, de servir à quelque chose, de donner un sens à sa vie. Si le sujet ne réussit pas à sentir qu'il a de l'importance dans la vie de ses proches et de son milieu, il risque de connaître un sentiment de **stagnation** et de se replier sur lui-même.

Enfin, lors de la dernière crise, la personne âgée dresse un bilan de sa vie et reconnaît qu'elle approche de la mort. Si elle est satisfaite de sa vie et en accepte les composantes positives et négatives, elle acquiert un sentiment d'**intégrité** et de plénitude. Par contre, si un regard sur sa vie suscite des sentiments de déception et d'inutilité, elle vit du **désespoir**.

LES APPLICATIONS À L'EXPÉRIENCE DU DEUIL

Un deuil est une expérience déstabilisante qui mobilise toutes les ressources mises en place dans les stades antérieurs du développement du sujet. Chaque dimension du modèle d'Erikson est ébranlée dans la personnalité de l'endeuillé, et plus particulièrement les suivantes :

- sa confiance dans sa capacité de s'en sortir et sa confiance en la vie;
- son autonomie, c'est-à-dire sa capacité de se prendre en charge à la suite de la disparition de l'être cher;
- son identité, c'est-à-dire sa capacité de réaménager son image de soi;
- sa capacité de maintenir des liens nourrissants avec les proches qui restent, et de créer au besoin d'autres liens pour compenser celui qui le rattachait à l'être cher;
- sa générativité, c'est-à-dire sa capacité de donner un sens à sa vie par son travail ou son engagement auprès de personnes ou dans des causes;
- son intégrité, c'est-à-dire sa capacité de parvenir à un bilan positif dans l'histoire qu'il a partagée avec le défunt.

UNE CRITIQUE DU MODÈLE D'ERIKSON

Différentes forces caractérisent le modèle d'Erikson. Il est optimiste puisque selon lui l'individu est en constante démarche de développement. De plus, il part de la personnalité saine et présente une vue d'ensemble du développement par une série de défis à relever, de la naissance jusqu'à la mort. Ainsi, le modèle englobe l'ensemble des expériences humaines, chacune d'entre elles s'influençant mutuellement. Il est ouvert et non déterministe : des changements sont toujours possibles au cours de la vie.

Toutefois, ce modèle présente aussi certaines faiblesses. Il sous-tend que la mauvaise résolution d'une étape entraîne des difficultés dans la résolution des étapes subséquentes, alors qu'il semble que ce ne soit pas toujours le cas. En effet, quelqu'un qui a de la difficulté à la sixième crise (intimité ou isolement), par exemple, peut très bien s'en tirer au stade de générativité, dans un rôle de professeur qui nécessite une certaine distance dans les rapports interpersonnels.

De plus, Erikson a élaboré son modèle exclusivement à partir d'observations cliniques personnelles, auprès de la classe moyenne. L'existence des différentes crises n'a jamais été mesurée de façon empirique, et il est difficile d'affirmer que son modèle puisse se généraliser à l'ensemble de la population.

LA HIÉRARCHIE DES BESOINS SELON MASLOW

Comme l'ensemble des humanistes, Maslow (1968) soutient que l'individu est sans cesse motivé par un désir de croissance personnelle. Ce psychologue a conçu un modèle hiérarchique des différents besoins auxquels l'être humain tente de répondre tout au long de sa vie. Ces besoins sont habituellement présentés sous forme pyramidale (figure 1.1), et Maslow considère qu'ils émergent selon un ordre préétabli.

Ainsi, les besoins du premier niveau ne sont pas seulement les premiers à apparaître, mais ils gardent toujours une priorité en raison du fait qu'ils sont, pour la plupart, associés à la survie. Il s'agit des besoins de base, soit les besoins physiologiques, qui consistent à manger, à boire, à éliminer, à dormir et à se reproduire.

Figure 1.1 Hiérarchie des besoins selon Maslow.

Suivent les besoins matériels ou de sécurité qui visent à se protéger des dangers de l'environnement, à se loger, à se vêtir et à avoir un revenu. Ces besoins varient beaucoup d'une personne à l'autre.

Les trois derniers niveaux favorisent davantage la croissance personnelle et il est plus difficile d'établir un ordre rigoureux pour ceux-ci. Les besoins d'affection correspondent au besoin d'être aimé et de bénéficier de relations interpersonnelles significatives. Les besoins d'estime de soi correspondent au besoin de se sentir compétent, d'être reconnu et de réussir. Enfin, les besoins d'actualisation de soi représentent les besoins de connaître, de créer et d'explorer.

Selon Maslow, l'individu ne peut accéder aux paliers supérieurs que lorsque les besoins des paliers inférieurs sont comblés. La hiérarchie est fondée sur des priorités de l'organisme qui demeurent tant et aussi longtemps qu'une personne est vivante. Il faut donc continuellement maintenir un certain taux de satisfaction des besoins du premier niveau avant que puissent émerger les besoins d'un niveau supérieur. Cette ordonnance spécifique des besoins sous forme pyramidale, quoique discutable, rappelle la complexité humaine. Ainsi, une expérience de perte peut influer différemment sur l'ensemble de ces besoins, selon les individus et les situations. Les impacts du décès d'un conjoint, par exemple, peuvent être exclusivement affectifs pour une personne, alors que pour une autre ils seront physiologiques et financiers. Par ailleurs, certains peuvent voir leur estime personnelle diminuer après la mort d'un conjoint très valorisé socialement.

Maslow définit ainsi les caractéristiques permettant de reconnaître un individu qui s'actualise :

- il perçoit la réalité avec une certaine objectivité;
- il s'accepte et accepte les autres tels qu'ils sont;
- il est spontané dans ses pensées et ses conduites;
- il manifeste un bon sens de l'humour à l'égard des autres et de lui-même;
- il crée;
- il résiste aux pressions d'uniformisation exercées par l'environnement, sans toutefois sombrer dans l'anticonformisme et une attitude défensive;
- il se préoccupe du bien-être de l'humanité;
- il apprécie profondément les diverses expériences de la vie;
- il entretient des relations interpersonnelles intimes et satisfaisantes avec des individus significatifs de son choix;
- il accepte l'incertitude et l'impossibilité de tout contrôler.

Par ailleurs, certains comportements ou attitudes peuvent faciliter l'actualisation de soi. Bien que chacun de nous ait découvert ses propres conduites favorisant un sentiment de réalisation personnelle, en voici quelques-unes qui, selon Maslow, peuvent servir d'indices sur la voie à suivre pour mieux s'actualiser :

- découvrir la vie avec un regard d'enfant, en se concentrant sur ici et maintenant;
- tenter de nouvelles expériences plutôt que de se limiter à ce qui est familier;
- écouter ses propres sentiments dans l'évaluation de ses expériences plutôt que d'écouter l'autorité, la majorité ou ce qui devrait être;
- être honnête et authentique; éviter de jouer des jeux ou la comédie, tant face à soi qu'aux autres;
- être responsable et assumer ses gestes;
- persévérer et fournir l'effort nécessaire pour atteindre ses objectifs;
- identifier et tenter d'abandonner les mécanismes derrière lesquels on s'abrite et les modèles limitatifs qui caractérisent sa vie.

Ces pistes de croissance représentent un investissement à long terme pour l'accompagnement dans le deuil. Une personnalité ouverte et épanouie favorise en effet une communication de qualité avec les autres.

Voilà qui conclut notre tour d'horizon sur le développement de la personne. Vous êtes maintenant apte à mieux vous comprendre et à mieux comprendre les gens auprès de qui vous serez appelé à intervenir.

Les activités artistiques contribuent à l'actualisation de soi.

POUR MIEUX SE CONNAÎTRE

MODÈLE D'ERIKSON

Exemple : Christine se situe à 8, car elle estime faire spontanément confiance aux gens, même à ceux qu'elle connaît moins bien. Or, il y a des occasions où elle hésite à faire confiance, aux hommes particulièrement.

Méfiance									**Confiance**
1	**2**	**3**	**4**	**5**	**6**	**7**	**8** (encerclé)	**9**	**10**

Sur une échelle de 1 à 10, tentez de vous situer personnellement sur chacune des crises du modèle d'Erikson que vous avez vécues, en justifiant brièvement votre choix.

Méfiance									Confiance
1	2	3	4	5	6	7	8	9	10

Honte et doute									Autonomie
1	2	3	4	5	6	7	8	9	10

Culpabilité									Initiative
1	2	3	4	5	6	7	8	9	10

Infériorité									Travail
1	2	3	4	5	6	7	8	9	10

Confusion de rôles									Identité
1	2	3	4	5	6	7	8	9	10

Isolement									Intimité
1	2	3	4	5	6	7	8	9	10

Stagnation									Générativité
1	2	3	4	5	6	7	8	9	10

Désespoir									Intégrité personnelle
1	2	3	4	5	6	7	8	9	10

INTROSPECTION

Le concept de soi

1. Quelle image avez-vous de vous-même ? Comment vous percevez-vous ?
2. Quels éléments (stimulateurs ou détracteurs) ont contribué à cette image ?

3. Quels changements aimeriez-vous apporter à votre image personnelle ? Que faites-vous concrètement pour y arriver ?
4. Identifiez une personne pour qui vous adoptez un rôle stimulateur. Rappelez-vous les occasions où vous avez joué ce rôle.
5. Identifiez une personne pour qui vous adoptez un rôle détracteur. Rappelez-vous les occasions où vous avez joué ce rôle.

POUR DÉVELOPPER SA COMPÉTENCE

Jean, 65 ans, vient de perdre sa femme, morte d'un cancer.

1. Imaginez quelles peuvent être les répercussions d'une telle perte pour Jean :
   a) dans la satisfaction de ses besoins, selon la hiérarchie de Maslow;
   b) selon les composantes du modèle d'Erikson.
2. Reprenez chacune des caractéristiques d'une transition et appliquez-les à cette situation.

QUESTIONS DE RÉVISION

1. Répondez par vrai ou faux.
   a) En général, l'individu n'a pas de contrôle sur son état de santé mentale. _________
   b) Le rôle marquant la trentaine est surtout relié aux plans familial et professionnel. _________
   c) Une transition est toujours subite. _________
   d) Les transitions peuvent quelquefois ressembler à des expériences antérieures ou, au contraire, être tout à fait nouvelles. _________
   e) La théorie de l'activité repose sur le postulat que la satisfaction face à la vie est proportionnelle aux heures de loisirs. _________
   f) Les indicateurs de la santé mentale sont distincts et indépendants les uns des autres. _________
2. Laquelle des caractéristiques suivantes ne correspond pas à une composante de la santé mentale ?
   a) Une image de soi positive.
   b) Des relations significatives.
   c) Le sens à la vie.
   d) La flexibilité mentale.
   e) La dépendance aux autres.

3. Lequel des énoncés suivants est inapproprié en ce qui concerne la personne humaine comme organisation stable ?
   a) Il semble que la personnalité soit, en partie, déterminée génétiquement.
   b) Nous pouvons identifier des éléments de notre personne qui sont demeurés les mêmes depuis notre enfance.
   c) Les gens qui s'intéressent aux traits de la personnalité considèrent la personne comme une organisation stable.
   d) L'individu a le potentiel de se créer par ses choix conscients.
   e) Aucune de ces réponses.
4. Associez les énoncés suivants aux composantes de la typologie d'Hippocrate.
   a) La personne est distante, froide et en contrôle d'elle-même.
   b) La personne est plutôt pessimiste, triste et réservée.
   c) La personne est chaleureuse et optimiste.
   d) La personne est impulsive, active et agressive.
5. Quels sont les cinq traits de la personnalité qui demeurent stables à partir de l'âge adulte ?
6. Expliquez le rôle des stimulateurs et des détracteurs dans le développement du concept de soi.
7. Selon la théorie des stades de développement psychosocial d'Erikson, quelles sont les crises vécues à chaque âge de la vie ?
8. Expliquez la hiérarchie des besoins selon Maslow.

Clin d'œil...

Un proverbe soufi dit : aucun raisin mûr ne redevient acide.

Paroles de sage

LES RÈGLES DU JEU DE LA VIE

1. **Vous recevrez un corps.** Vous pouvez l'aimer ou le détester. Or, il sera votre compagnon toute votre vie.
2. **Vous apprendrez sans cesse.** Chaque période du développement, chaque personne rencontrée ou chaque événement est notre maître, à l'école de la vie. Si vous êtes vivant, c'est que vous avez à apprendre.
3. **Vous ne ferez jamais d'erreur, seulement des apprentissages.** Vos apprentissages, votre cheminement et votre croissance sont faits d'échecs et de réussites. Expérimentez.

4. **Une expérience sera répétée jusqu'à ce qu'elle soit intégrée et comprise.** Une même expérience vous sera présentée sous diverses formes jusqu'au jour où vous l'aurez intégrée et comprise.

5. **Vous saurez qu'une expérience est intégrée lorsque vos actions changeront.** Vous passerez alors à une autre expérience.

6. **Rendez votre vie intense.** Savourez chaque instant comme s'il était le dernier de votre vie.

7. **Là-bas n'est pas meilleur qu'ici.** Ce que vous vivez, ici et maintenant, est ce qu'il y a de meilleur pour vous, à l'instant où vous le vivez.

8. **Les autres sont un miroir de ce que vous êtes.** Ce que vous aimez ou détestez chez une autre personne est toujours le reflet d'une partie de vous-même, que vous aimez ou que vous détestez.

9. **Vous déciderez ce que vous désirez faire de votre vie.** Vous avez toutes les ressources nécessaires pour vous actualiser. Il n'en tient qu'à vous de choisir et d'agir.

10. **Vous avez en vous les réponses à vos questions.** Faites confiance à la vie, soyez attentif et ouvert. Une réponse pour chaque question repose en vous.

11. **Vous aurez tendance à oublier tout cela.**

12. **Vous pouvez vous le rappeler quand vous voulez.**

(D'après Chérie Carter-Scott dans Canfield, J. et coll., 1998, p. 108-110.)

2

chapitre

L'APPRIVOISEMENT DE LA MORT

« Puisque la vie était si fragile, il y avait certainement quelque chose d'infiniment moins fragile qu'elle : c'était le lien avec celui que j'avais perdu, ce serait plus tard le lien avec l'absence, avec ce qui n'occupe pas directement le champ du regard. »

(Pontalis, 1986, p. 86)

Sommaire

Lorsqu'on aborde le développement de l'individu, on escamote souvent le thème de la mort, sujet encore tabou, au profit des premières années de la vie. Pourtant, chacun de nous aura, un jour, à vivre la perte d'un être aimé et, ultimement, sa propre mort. Dans ce deuxième chapitre, nous réfléchirons sur la façon dont l'être humain réagit lorsqu'il se trouve confronté à la mort d'un proche ou à la perspective de sa propre mort.

2.1 PERSPECTIVE DÉMOGRAPHIQUE

De l'origine de l'humanité jusqu'au XVIIIe siècle, la mort était pour l'être humain une compagne de tous les jours : on mourait jeune et on voyait mourir les gens autour de soi. En fait, une personne, quel que fût son âge, n'avait toujours qu'une chance sur deux d'être encore en vie 15 ans plus tard.

Jusqu'à l'aube du XIXe siècle, on estime que les trois quarts des gens mouraient avant l'âge de 35 ans et que la durée moyenne du mariage n'était que de 12 ans. Cette répartition de la mortalité par groupe d'âge est présentée à la figure 2.1.

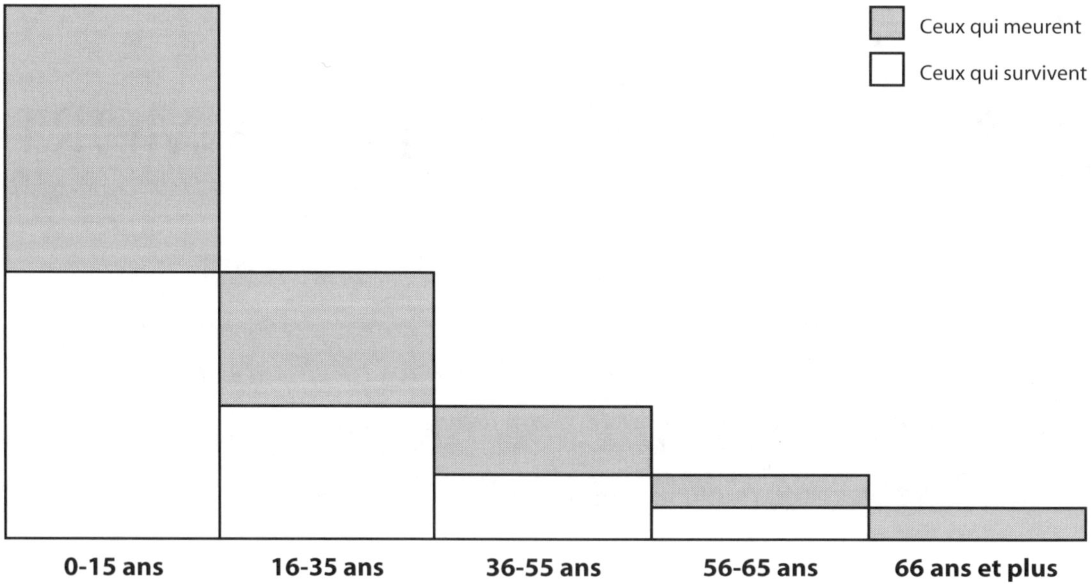

Figure 2.1 Répartition de la mortalité par groupe d'âge jusqu'au XIXe siècle.

Au XIXe siècle, avec l'industrialisation, les conditions d'hygiène se sont considérablement améliorées, en bonne partie grâce à l'aménagement des aqueducs et des égouts, et des vaccins ont été mis au point. L'espérance de vie a plus que doublé en moins de deux siècles, de sorte que maintenant ce sont surtout les personnes âgées qui meurent. La figure 2.2 illustre ce contraste.

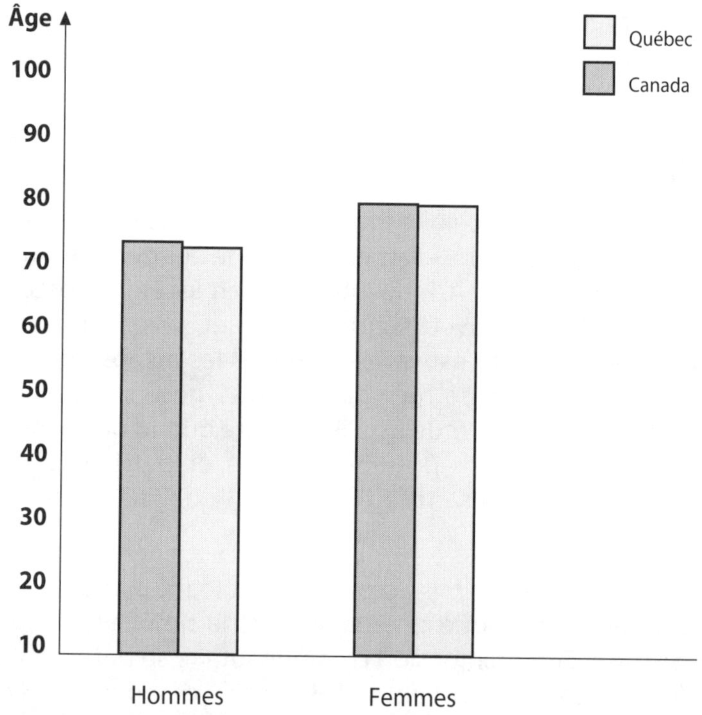

Source des données : Statistique Canada, *Catalogue 84-537*, 1992.

Figure 2.2 Espérance de vie moyenne chez les hommes et les femmes en 1992.

Ces changements démographiques spectaculaires ont-ils eu une influence sur notre relation avec la mort ? Était-il plus facile autrefois d'envisager notre mort ou de vivre la mort d'un proche ? Les travaux d'un historien français du nom de Philippe Ariès peuvent nous aider à répondre à ces questions.

2.2 PERSPECTIVE HISTORIQUE

Ariès (1975) s'est particulièrement intéressé aux attitudes des Occidentaux face à la mort. Dans son livre *Essais sur l'histoire de la mort du Moyen Âge à nos jours*, il présente la synthèse de ses recherches sur le sujet, ainsi que quatre de ses conférences portant chacune sur une période différente de l'histoire et une série d'articles traitant de la mort.

Selon cet auteur, les changements, successifs et lents, permettent d'identifier quatre étapes dans l'histoire de la mort : la mort apprivoisée, la mort de soi, la mort de toi et la mort interdite. Nous utilisons ces étapes en toile de fond pour décrire les changements qui surviennent au fil des années ainsi que les longues périodes d'immobilité. En outre, nous posons un regard critique sur l'essentiel des découvertes d'Ariès, non pas tant du point de vue de la méthodologie, qui présente certaines faiblesses, que de l'interprétation des données. Cette critique nous permettra d'amorcer une réflexion sur la mort dans notre société actuelle.

LA MORT APPRIVOISÉE

Jusqu'au XIIe siècle, l'attitude face à la mort semble opposée à l'attitude actuelle, c'est-à-dire que la mort apparaît comme « familière, proche et atténuée » (p. 24). Ariès qualifie cette mort de **mort apprivoisée**. L'individu reconnaît les signes précurseurs de la mort, qui est d'ailleurs précédée d'un avertissement. Le sujet, parce qu'il est malade ou grièvement blessé, sait que son heure est venue et prend les dispositions requises pour faire une « bonne mort ». Ariès précise qu'il s'agit là de « gestes qui lui sont dictés par les anciennes coutumes, des gestes rituels qu'il faut faire quand on va mourir » (p. 21-22). Le mourant attend la mort, dans une position couchée, et le prêtre lui donne l'absolution, seul acte écclésiastique caractérisant cette époque (l'extrême-onction était réservée aux clercs).

Jusqu'au XVIIe siècle, parents et amis accompagnent le mourant. La mort constitue alors une forme de cérémonie publique et organisée où la simplicité et l'absence d'émotion excessive sont de mise. Cette dimension communautaire se poursuit au-delà de la mort : les dépouilles des plus pauvres sont entassées dans de grandes fosses communes, tandis que celles des plus riches sont enterrées à l'intérieur de l'église. L'auteur écrit : « Le spectacle des morts, dont les os affleuraient à la surface des cimetières, comme le crâne d'Hamlet, n'impressionnait pas plus les vivants que l'idée de leur propre mort. Ils étaient aussi familiers avec les morts que familiarisés avec leur propre mort. » (p. 30-31).

Mis à part la brièveté de la vie à cette époque et une épidémie meurtrière comme la peste, Ariès présente la mort comme naturelle, sobre et acceptée. Le mourant et la communauté demeurent solidaires et familiarisés avec la mort, avec les morts. Les romans et les épopées de l'époque constituent, pour Ariès, les principales sources d'information.

LA MORT DE SOI

Contrairement aux siècles précédents, au cours desquels l'individu conçoit sa mort comme l'accomplissement d'un destin collectif qu'il accepte, la seconde partie du Moyen Âge (à partir des XIe et XIIe siècles) est caractérisée par un souci de l'individualité. Ariès traduit cette attitude par **la mort de soi** : l'individu accorde une importance particulière à sa propre existence qu'il prétend être déterminante de son sort à sa mort. Ce n'est qu'à partir du XVIIIe siècle que des thèmes tels le romantisme, l'érotisme, le dramatique et la rhétorique sont associés à la mort. Il s'agit alors de **la mort de l'autre**.

Au-delà de la destinée collective de chaque humain s'inscrit un rite individualisé et la notion du jugement dernier. À partir du XIIe siècle, les peintures représentent le mourant dans son lit, en présence d'êtres surnaturels, de la voûte céleste et de Satan. Ainsi, l'individu est jugé, au moment de sa mort, selon ses bonnes et ses mauvaises actions. Certaines fresques présentent même les ressuscités avec au cou une pièce d'identité, soit le livre sur lequel figure le recensement d'une vie.

La sérénité traditionnelle se trouve ainsi ébranlée par l'inquiétude du mourant face à son sort. À cette époque, on croit volontiers que la mort est l'occasion de se repentir de ses péchés. En faisant une bonne mort, on a ainsi le pouvoir de racheter ses fautes passées. Au fil des siècles, les gens deviennent donc davantage conscients du pouvoir qu'ils peuvent exercer sur leur existence.

L'individualisation de la mort se reflète notamment par le nombre élevé d'inscriptions funéraires indiquant le nom de la personne, son occupation et la date de son décès. Ariès voit là le désir de se souvenir du défunt tout en conservant l'identité de la tombe.

C'est également à cette époque, plus précisément aux XVe et XVIe siècles, qu'apparaît le macabre. Les représentations artistiques de la mort sont caractérisées par le cadavre en décomposition et la momie. Ariès interprète cette vulgarisation des objets macabres comme le reflet d'une forme d'angoisse devant la mort physique, un signe de l'amour de la vie. Ainsi, l'individu de cette époque est conscient qu'il est lui-même un mort en sursis et que la grande faucheuse viendra un jour le briser. Encore aujourd'hui, on trouve des vestiges de cette dramatisation de la mort.

LA MORT DE TOI

Alors que les sujets macabres du XVe siècle ne présentaient aucun sens érotique, du XVIe au XVIIIe siècle, Thanatos semble se rapprocher d'Éros. En effet, au théâtre, dans les arts (religieux notamment) et dans la littérature, l'érotisation et les scènes d'amour côtoient fréquemment les tombeaux et la mort. Le classique *Roméo et Juliette* en témoigne.

Ce culte de l'érotisme associé à la mort donne à celle-ci un nouveau sens, celui de la rupture. Ariès écrit : « Comme l'acte sexuel, la mort est désormais de plus en plus considérée comme une transgression qui arrache l'homme à sa vie quotidienne, à sa société raisonnable, à son travail monotone, pour le soumettre au paroxysme et le jeter dans un monde irrationnel, violent et cruel. » (p. 47). Maintenant associée à la séparation de l'autre, la mort engendre un romantisme qui se manifeste par la dramatisation, par un débordement d'émotions et d'affectivité. Ainsi, les rituels de la mort sont très visibles et souvent exagérés : convois d'enterrement, pleurs, prières et gesticulations, coutumes particulières chez les endeuillés qui vont fleurir les tombes, adoptent des tenues vestimentaires particulières, etc.

Un autre grand changement caractéristique de la fin du XVIIIe siècle est la relation qu'a le mourant avec les membres de sa famille, à qui il délègue souvent une partie de ses pouvoirs. Parallèlement, le testament devient un acte légal laïcisé visant à répartir les avoirs du mourant entre ses proches. Les relations familiales, devenues

Ce détail du *Jugement dernier* de Michel-Ange rend bien les émotions qui président à une séparation.

source d'affection et de sentiments, rendent alors les deuils plus tristes, plus douloureux. On ne redoute plus la mort de soi, mais la mort de l'autre. Le culte du souvenir et le souci de la localisation des tombeaux sont d'ailleurs associés à ce romantisme et à cette notion de rupture. En effet, le vivant va témoigner sa vénération au mort, se recueillir et exprimer sa sensibilité sur le tombeau de l'être cher.

LA MORT INTERDITE

Du haut Moyen Âge au milieu du XIXe siècle, les changements sont peu perceptibles. Mais depuis, la familiarité avec la mort s'est estompée pour laisser place à une mort qualifiée par Ariès de « honteuse et objet d'interdit » (p. 61). La famille tente de cacher au malade l'éventualité de sa mort. Ce silence s'étend d'ailleurs à l'ensemble de la société à laquelle on souhaite éviter les douleurs associées à la mort. Ariès écrit : « (...) éviter, non plus au mourant, mais à la société, à l'entourage lui-même le trouble et l'émotion trop forte, insoutenable, causée par la laideur de l'agonie et la simple présence de la mort en vie heureuse, car il est désormais admis que la vie est toujours heureuse ou doit toujours en avoir l'air » (p. 62).

Le lieu de la mort se déplace de la maison au centre hospitalier, lieu privilégié pour lutter contre cet adversaire qui gagne toujours. En voulant préserver à tout prix l'image ou la nécessité du bonheur, on vit le deuil en solitaire, et toute manifestation émotive en public devient proscrite, voire interdite. Ce tabou de la mort suscite de nouveaux rites funéraires, visant souvent à donner, selon Ariès, « l'illusion du vivant » (p. 193) chez le mort. De plus, comme la sexualité jadis, la mort fait l'objet de sublimation, que ce soit par le travail, la folie ou les arts, afin qu'elle devienne acceptable pour notre société actuelle.

L'élément de causalité prioritaire proposé par Ariès pour expliquer ce tabou de la mort est ce désir, né aux États-Unis au début des années 1930, de préserver le bonheur individuel et collectif. L'individu cherche à éviter tout ce qui peut provoquer de la tristesse ou de l'ennui, d'où cette tendance à escamoter la mort.

Cette nécessité du bonheur se paie, et la mort devient rapidement marchande. Or, pour que le commerce de la mort soit rentable et prospère, cette dernière doit être rendue aimable. L'*undertaker* hérité du XIXe siècle devient donc le *funeral director*, qui verra à transformer la mort et à la maquiller afin de bannir la tristesse qui lui est associée. Sans disparaître, puisque ce serait la fin des profits, la mort devient un état qu'il faut abréger et effacer.

CRITIQUE

À la lecture d'Ariès, on peut être tenté d'idéaliser cette période pendant laquelle l'individu semble en accord avec l'idée de sa mort et de celle des autres. Or, Vovelle (1993) précise que plusieurs ignorances subsistent sur cette période et que l'idée de cette mort naturelle est illusoire. En effet, même si les traces archéologiques des cimetières, des églises ou des couvents nous donnent quelques indices, il est difficile de prétendre à une vérité historique et de restituer l'histoire avec ces quelques vestiges. De plus, l'interprétation des indices laissés par l'histoire repose sur un univers cognitif différent du nôtre.

Par ailleurs, on peut s'interroger sur la corrélation entre une mort dite familière et une mort apprivoisée. La familiarité ne va pas toujours de pair avec l'apprivoisement et l'acceptation. À cet effet, Hétu (1994) donne l'exemple d'un handicapé qui se bat et se révolte toute sa vie contre une situation qui lui est très familière puisque présente dans son quotidien. Ariès, quant à lui, ne se questionne pas sur ce lien entre l'acceptation et la familiarité.

Il est notamment possible de se conformer docilement à une situation, tels les rites funéraires, et de vivre simultanément cette situation comme anxiogène. La relation non conflictuelle avec la mort, rapportée par Ariès, apparaît donc comme utopique. Il nous semble audacieux d'attribuer à la familiarité la notion d'apprivoisement. Parallèlement, le qualificatif de sauvage pour caractériser la mort actuelle, qui fait peur « au point que nous n'osons plus dire son nom » (Ariès, 1975, p. 24), est plutôt péjoratif. En effet, de tout temps, il semble y avoir eu une répulsion face à la mort et Ariès (1978, p. 22) dit même, dans un autre de ses ouvrages, que « la mort a toujours été liée au mal ». Plus loin, il écrit : « la mort était comprise comme quelque chose qui devait arriver, une nécessité liée à l'existence du mal ».

Il va sans dire que l'attitude de cette époque où la mort est considérée comme familière et proche s'oppose à celle de nos jours, caractérisée par le déni et la crainte. À l'époque, par exemple, on ne concevait pas que les morts puissent avoir un terrain bien à eux, d'où ils sont indélogeables. Aujourd'hui, on tente de les isoler ou encore d'estomper leur trace par l'incinération, peu de temps après la mort. Peut-être est-ce pour faire comme si cette mort ou cette vie n'avait pas eu lieu. La sublimation, par les arts ou autrement, vient souvent contrer ce déni de la mort. Il s'agit d'un moyen de reconnaître et d'accepter ce qui, habituellement, est exclu du champ de regard. Ainsi, la tendance d'Ariès à considérer ce qui est ancien comme plus valable demeure aussi peu fondée que le mythe de la supériorité de la nouveauté. D'ailleurs, lorsqu'on parle de mort apprivoisée, on laisse entendre qu'il y avait initialement quelque chose d'apeurant : les craintes actuelles ne seraient donc pas nouvelles.

Lorsqu'il aborde la mort de soi, Ariès tente d'établir certains liens entre les notions d'échec de la seconde moitié du Moyen Âge et celle d'aujourd'hui. « Aujourd'hui, nous ne mettons pas en relation notre échec vital et notre mortalité humaine. La certitude de la mort, la fragilité de notre vie sont étrangères à notre pessimisme existentiel. » (Ariès, 1975, p. 40).

Or, on constate encore aujourd'hui les vestiges de ce qu'Ariès appelle « la dernière épreuve ». En effet, bien qu'on ne croie plus que l'attitude d'une personne lors de sa mort donne un sens définitif à son existence, il est de plus en plus fréquent, depuis qu'il existe une médecine préventive, d'entendre l'entourage du mourant expliquer ce qu'il aurait pu faire pour éviter la mort. Le sida fait encore l'objet de nombreux préjugés : s'il est homosexuel ou toxicomane, le sidéen semble porter une part de responsabilité; les hémophiles, quant à eux, demeurent les victimes.

Par ailleurs, la notion de culpabilité est de plus en plus présente lors d'une maladie. L'individu en vient à juger ses habitudes de vie, son alimentation, sa gestion du stress, etc., pour tenter de comprendre les sources et les causes de son malaise physique, et, éventuellement, de sa mort. Malheureusement, Ariès aborde peu cet aspect et ne voit aucun parallèle entre ces deux types de jugements.

L'ouvrage d'Ariès comporte plusieurs anachronismes, ce qui ne facilite pas la compréhension de l'histoire. Par exemple, *Don Quichotte*, écrit à l'aube du XVIIe siècle, est utilisé

La mort est source d'inspiration comme le montre le détail de ce vitrail

pour illustrer l'étape de la mort apprivoisée, qui se termine au XIIe siècle. L'évolution entre les époques demeure abstraite et suscite une interrogation. La relation avec la mort était-elle similaire d'une époque à l'autre ? Étaient-ce seulement les représentations artistiques qui mettaient l'accent sur des éléments différents ? À cet égard, Ariès est peu convaincant. Il utilise souvent les arts religieux et les représentations artistiques comme sources justificatives de son discours. Or, on sait que les arts et la littérature correspondent davantage à l'imaginaire des artistes qu'au quotidien.

Malgré leurs faiblesses, les thèses d'Ariès ont le mérite de nous faire réfléchir sur notre relation avec la mort. Sa description d'une mort apprivoisée rejoint d'ailleurs à plusieurs égards notre conception d'une mort désirable : le mourant est ouvertement conscient de ce qui lui arrive (on ne lui joue pas la comédie et il ne la joue pas à ses proches), il est serein, en paix avec lui-même et avec sa vie, et il fait ses adieux à ceux qu'il aime. Nous reviendrons sur ces éléments importants.

2.3 L'ANXIÉTÉ FACE À LA MORT

La mort suscite des réactions anxiogènes chez plusieurs personnes. Est-ce notre instinct de survie qui est à l'origine de cette peur ? Voici deux explications, l'une culturelle et l'autre psychologique.

SUR LE PLAN CULTUREL

Nous allons tous mourir : c'est une certitude et un élément de justice pour chacun. Pourtant, qui n'a pas senti chez ses interlocuteurs une certaine curiosité ou une certaine gêne après avoir dit qu'il travaillait dans le milieu funéraire ou auprès des personnes mourantes ? « Étrange choix professionnel », pensent plusieurs.

La peur ressentie actuellement à l'égard de la mort est quasi comparable aux tabous qui entouraient autrefois la sexualité. May (1967) considère notre ère comme une période transitoire dans laquelle les valeurs d'autrefois n'ont plus de sens. L'individu est de plus en plus seul. Les attaches familiales, sociales et religieuses qui le reliaient jadis aux autres ont disparu. On prône la liberté et l'indépendance. Or, cette liberté et cette indépendance ne viennent pas contrer l'angoisse de se retrouver seul devant sa mort.

La technologie et la médecine n'ont toujours pas vaincu la mort. Malgré les euphémismes et les pratiques visant à la masquer, cette réalité est inéluctable.

SUR LE PLAN PSYCHOLOGIQUE

Habituellement, la maladie et le vieillissement amènent l'individu à réfléchir sur sa propre mort. La peur et l'anxiété sont les réactions les plus fréquentes. Certains tentent d'atténuer leur angoisse par un usage abusif de psychotropes, d'autres sombrent dans un état dépressif, alors que les plus privilégiés font une relecture de leur vie, ressentent de la quiétude ou de l'accomplissement. De façon générale, toutefois, les peurs qui entourent la mort sont les mêmes pour chacun. Becker (1973) pose d'ailleurs l'angoisse de mort comme fondamentale à la condition humaine.

Le tableau 2.1 présente les principales peurs reliées à la mort. La peur fondamentale correspond à la peur de l'extinction, et les peurs associées peuvent prendre plusieurs formes : peur des accidents, des agressions, de la noirceur, du silence, de la nouveauté, etc. La peur de l'abandon et la vulnérabilité correspondent à la crainte de voir une personne chère mourir, particulièrement si elle est malade ou si elle s'expose à des risques, en pratiquant un sport dangereux par exemple. La peur de la souffrance et de la déchéance regroupe les différentes peurs reliées à la dégradation physique et morale : perte de mémoire, perte d'autonomie, etc. La peur de la punition ou du rejet de Dieu lors de l'agonie ainsi que la peur des représailles lors de la mort de l'autre sont habituellement reliées au sentiment de culpabilité; le mourant ou l'endeuillé craint alors d'être puni par Dieu ou par le défunt. Cette peur dépend souvent de certaines croyances face à l'au-delà.

Tableau 2.1 Les principales peurs reliées à la mort.

	MA MORT	LA MORT DES AUTRES
PEURS FONDAMENTALES ET ASSOCIÉES	**L'extinction** Peur de mourir. Les peurs associées peuvent prendre plusieurs formes : peur des accidents, des agressions, de la noirceur, du silence, de la nouveauté, etc.	**L'abandon** Peur de voir une personne chère mourir. **La vulnérabilité** Peur de voir une personne chère dans des situations à risque (maladie, travail ou sport dangereux, etc.).
PEURS LIÉES AU PROCESSUS DU MOURIR	**La souffrance** Peurs liées à la douleur physique ou morale. **La déchéance** Peurs liées à la dégradation physique et morale (perte de mémoire, perte d'autonomie, etc.).	Voir **La souffrance** Voir **La déchéance**
PEURS LIÉES À L'APRÈS-MORT	**La punition** Peur d'être puni par Dieu ou par des forces supérieures et de vivre une souffrance physique. **Le rejet** Peur d'être rejeté et de vivre une souffrance morale.	**Les représailles** Peur d'être puni par le défunt. Cette peur est liée au sentiment de culpabilité envers le défunt ou encore à des croyances en l'au-delà. **La perte de la relation** Peur d'être oublié par le défunt alors qu'il pourrait offrir de l'aide dans des moments difficiles.

En plus de la peur, plusieurs réactions peuvent apparaître à l'approche de la mort et lors du processus de deuil. Nous verrons cela un peu plus loin, avec le modèle de Kübler-Ross.

2.4 LA MORT APPROPRIÉE

Nous savons tous que certaines morts sont moins souffrantes et plus paisibles que d'autres. Certaines personnes, par exemple, connaissent une mort physiquement douloureuse, dans un climat de tension ou de détresse, alors que d'autres meurent à la maison, entourés de leur famille, sans vraiment souffrir. Ces différences soulèvent la question de la bonne mort.

Avery Weisman, psychiatre américain ayant étudié pendant plus de 35 ans le phénomène du mourir (ou de l'agonie), a inventé l'expression « mort appropriée » (1972, p. 41) pour caractériser ce qui se rapprocherait le plus d'une « bonne mort ». Selon lui, la mort appropriée possède quatre traits (1993, p. 100).

1. Le sujet sait qu'il va mourir.
2. Le sujet accepte le fait qu'il va mourir.
3. La mort arrive à un moment approprié, adéquat.
4. La façon dont la mort survient est compatible avec les valeurs du mourant et avec celles de ses proches.

LES ATTITUDES FAVORISANT LA MORT APPROPRIÉE

Smith et Maher (1993) ont interrogé 327 coordonnateurs de maisons américaines de soins palliatifs. Ils leur ont présenté 12 échelles d'attitudes face au mourir et leur ont demandé d'y indiquer les tendances chez les mourants qui selon eux avaient bien vécu leurs derniers moments. Le tableau 2.2 présente ces attitudes et les résultats obtenus.

Bien sûr, ce ne sont là que les perceptions des responsables de centres en soins palliatifs. On ne peut présumer qu'elles sont partagées par d'autres catégories d'intervenants comme les infirmières, les médecins ou les aumôniers, ou dans d'autres environnements comme un hôpital, un centre d'accueil ou une maison privée.

Par ailleurs, ces attitudes peuvent varier selon les maladies. En effet, une personne qui vit une bonne mort à la suite d'un cancer a-t-elle les mêmes attitudes qu'une autre qui vit une bonne mort provoquée par le sida ? Au chapitre 4, qui traite des morts particulières, nous verrons que dans certaines situations le deuil peut être plus difficile.

Cela dit, cette recherche tend à confirmer l'idée que certaines morts sont perçues comme meilleures, plus faciles, voire plus réussies que d'autres. De plus, les bonnes morts correspondraient à un profil typique : le mourant est conscient qu'il va mourir et il en parle, il désire être entouré de ses proches, etc.

Tableau 2.2 Classification des attitudes des mourants face à la mort.

	3	2	1	1	2	3	
Préféraient que ce soient les autres qui décident de leurs soins.						2,25	Préféraient avoir le plus de contrôle possible sur ces décisions.
Préféraient exprimer leurs émotions plutôt que de les contrôler.			0,07				Préféraient la maîtrise de soi à l'expression des émotions.
Désiraient éviter de discuter des implications pratiques de leur mort.						2,07	Désiraient discuter de ces implications.
Préféraient ne pas aborder la question de l'au-delà.					1,41		Désiraient aborder cette question.
Aimaient revenir sur le passé.					1,93		N'aimaient pas revenir sur le passé.
Préféraient le sérieux à l'humour.					1,45		Préféraient l'humour.
Voulaient qu'on leur épargne les vérités pénibles.						2,37	Voulaient connaître la vérité, même pénible.
Désiraient discuter des questions religieuses ou spirituelles.					1,93		N'éprouvaient pas ce désir.
Attachaient beaucoup d'importance à leur apparence et à leur hygiène.	2,04						Ne se préoccupaient pas de ces questions.
Préféraient avoir des proches autour d'eux.	2,61						Préféraient ne pas être entourés de leurs proches.
Aimaient les contacts physiques affectueux.	2,01						Préféraient éviter les contacts.
Étaient perçus comme attendant passivement.					1,70		Étaient perçus comme attendant activement.

Une fois ces attitudes identifiées, nous pouvons nous interroger sur notre rôle comme intervenant pour aider quelqu'un à développer des attitudes appropriées face à la mort et sur la possibilité de généraliser ces attitudes à d'autres situations de perte.

En effet, ces attitudes positives face à la vie en général gagnent à être adoptées. On les associe d'ailleurs à la stabilité émotive, qui se caractérise par la sérénité, l'assurance, la tolérance face aux frustrations, l'objectivité, la résistance aux impulsions, etc.

QUELQUES CARACTÉRISTIQUES D'UNE BONNE MORT

Nuland (1994, p. 243) écrivait : « C'est l'amour qui rend une mort bonne. » Cependant, d'autres facteurs semblent contribuer à une mort appropriée. Hétu (1994) en dresse une liste. Bien que cette façon de voir soit parfois critiquée par des auteurs qui craignent que l'on impose aux gens une façon de bien mourir, il semble effectivement exister un ensemble de conditions qui, selon la personnalité de chacun et les circonstances du décès, facilitent non seulement la mort, mais aussi le deuil qui s'ensuit.

LE MOURANT EXERCE UNE FORME DE CONTRÔLE

Le contrôle sur le mourir peut s'exercer de plusieurs façons. Le mourant peut choisir le moment et le lieu de sa mort, les personnes qui l'accompagnent dans ce processus ou encore les soins, les traitements et les médicaments qu'il reçoit. Une femme, par exemple, voulait célébrer la fête des mères une dernière fois et demeurer à la maison le plus longtemps possible, avec son mari. C'est ce qu'elle a réalisé, tout en contrôlant sa douleur à l'aide d'une médication adéquate. Cette femme a eu une forte influence sur sa façon de mourir : elle a vécu une mort appropriée.

Le mourant ne peut pas toujours tout choisir, mais le fait d'être informé lui donne souvent un certain contrôle sur sa situation. Alors que plusieurs préfèrent mourir à la maison, par exemple, lorsque le mourant est informé du fait que l'évolution de la maladie requiert des soins particuliers, il peut choisir d'être hospitalisé pour éviter un surplus de tâches à ses proches.

LE MOURANT A ACHEVÉ SES PROJETS

Le mourant qui a l'impression d'avoir achevé ses projets vit un sentiment d'accomplissement propice à une bonne mort. Par exemple, le jour de sa mort, un homme confiait à son épouse qu'il pouvait mourir en paix, puisque chacun de leurs onze enfants avait un emploi et était autonome; de plus, son plus jeune fils s'occuperait de la ferme. Il avait ainsi l'impression d'avoir mené à terme ce qui lui était cher.

LE MOURANT ET SES PROCHES SONT PRÊTS POUR LA MORT

Lors d'une mort appropriée, les proches savent et acceptent qu'ils ne peuvent plus rien pour le mourant. Parallèlement, ce dernier sait qu'il va mourir et se sent prêt. Tous ont exprimé leurs émotions, sans toutefois laisser de malaise ou susciter de culpabilité chez les autres. Un équilibre a lieu entre le moment où chacun est prêt pour la mort et le moment où celle-ci survient. Si elle tarde trop, certains peuvent considérer le mourant comme s'il était déjà mort, ce qui irait à l'encontre d'une mort appropriée.

LE MOURANT EST MATÉRIELLEMENT PRÊT À MOURIR

Nous avons tous entendu parler de conflits qui surviennent lorsqu'une personne meurt sans avoir planifié sa succession. Ainsi, lors d'une mort appropriée, le sujet a pris soin d'éviter ces ennuis à ses proches : il a rédigé son testament et les a informés de l'endroit où sont placés ses documents importants.

LE MOURANT FAIT SES ADIEUX

Le mourant qui fait ses adieux exprime aux gens qui lui sont chers qu'ils sont importants pour lui. C'est une façon idéale de terminer la relation et d'éviter les malentendus. Non seulement le mourant part alors en paix, mais il laisse à ses proches un sentiment de sérénité et de gratitude qui facilite le processus de deuil. Les adieux peuvent être explicites ou implicites. Une mère fait des adieux explicites à ses enfants si elle leur dit, par exemple : « Vous avez été de bons enfants et vous m'avez apporté beaucoup de bonheur. » Si elle dit, en parlant à son fils de ses petits enfants : « Je ne suis pas inquiète pour Myriam et Simon. Ils ont reçu une bonne base. Ils vont bien se débrouiller dans la vie », le message implicite est qu'ils sont de bons enfants, que son fils est un bon père et qu'elle part en paix.

Certains adieux sont encore plus implicites et peuvent se faire de façon non verbale. C'est le cas typique d'une personne qui ne mourra pas tant que ses enfants ne seront pas venus à son chevet. Au-delà des mots échangés, c'est la présence physique qui est désirée.

L'adieu qu'un proche fait au mourant équivaut toujours à une permission qu'il lui donne de mourir. L'absence d'adieu risque d'ailleurs de compliquer le processus du mourir. Dans certains cas, l'intervention d'une tierce personne peut devenir déterminante, comme dans l'exemple d'une femme mourante, plus ou moins lucide, qui réclame la présence de sa fille décédée avant elle. L'accompagnatrice lui dit : « Votre fille Lucille est morte. Elle est au ciel et elle vous attend. Vous allez la revoir bientôt. » Un autre exemple serait : « Votre fils Antoine, ne l'attendez pas, il ne peut pas venir. C'est le mariage de sa fille aujourd'hui et il demeure trop loin pour venir ici. Mais il dit qu'il est présent avec vous, par la pensée. » Parfois, des mourants ou des proches ont besoin de l'aide d'un intervenant pour faire leurs adieux. Le temps disponible, le climat et la sensibilisation de chacun peut faciliter ou compliquer cette étape.

C'est ainsi qu'aidé d'un intervenant, un homme a pu, quelque temps avant sa mort, dire à son fils homosexuel qu'il l'aimait, qu'il était fier de lui et qu'il regrettait les reproches passés. Ces paroles, dites entre deux conversations plus superficielles, ont aujourd'hui une signification inestimable pour le fils, qui, désormais, grâce à son père, se sent accepté tel qu'il est. L'intervenant avait sensibilisé le père à cette dimension; heureusement, cet homme a eu le temps de parler à son fils dans un climat qui s'y prêtait.

LE MOURANT ET SON ENTOURAGE LÉGITIMENT LA MORT

Légitimer la mort veut dire lui trouver un sens, la percevoir comme acceptable dans une situation et un contexte donnés. Lors d'une mort appropriée, le mourant et son entourage donnent la permission à la mort de venir. Souvent, en légitimant la mort, on en favorise une plus grande acceptation. La relecture de vie, que nous approfondirons au chapitre 10, permet souvent de donner un sens à la mort, de l'insérer dans un système cohérent de croyances et ainsi de la légitimer.

L'exemple suivant illustre bien la légitimation de la mort. Une femme est morte à 80 ans après avoir souffert de la maladie d'Alzheimer pendant des années. À sa mort, ses enfants ont considéré qu'elle s'était libérée de ses souffrances.

LE MOURANT LAISSE DES TRACES

Nous espérons tous survivre au-delà de notre mort. Or, le principal moyen dont nous disposons pour cela est de laisser des traces dans la mémoire des vivants. Que ce soit par les souvenirs, par nos enfants ou par nos créations, nous souhaitons que l'on se souvienne de nous.

Gabrielle Roy illustre bien comment sa mère a pu laisser des traces, par un simple souvenir : « D'un coup d'aile, elles furent parmi nous, une bonne vingtaine qui avait fait dire à maman, un autre jour où elle était en veine de parler des mouettes, qu'il appelait l'âme à la liberté comme nul autre cri au monde ne le pouvait faire. Et elle avait pris ma main pour la serrer avec force en disant encore que rien n'était plus nécessaire et plus précieux à l'être humain que sa liberté. Mes sœurs aux yeux rougis, à l'expression sombre, ne durent rien comprendre à mon regard lorsqu'elles le surprirent à suivre presque en extase le vol plané des oiseaux blancs au cri de solitude. Je venais de comprendre que de ma mère morte je recevais, à travers ce qu'elle avait aimé et m'avait fait aimer, plus encore peut-être que ce qu'elle m'avait donné au temps que nous appelions celui de sa vie. » (1997, p. 59-60).

Chaque défunt laisse des traces dans la mémoire des vivants.

UNE MORT QUI SERT DE MODÈLE

Depuis la mort de sa sœur, Suzanne se montre beaucoup plus sereine. En effet, l'accompagnement dans son processus du mourir l'a ramenée à sa propre finitude, et elle souhaite adopter une façon de vivre et de mourir similaire à la défunte. Ainsi, cette dernière a eu une mort qui sert de modèle : elle permet à Suzanne de mieux cheminer vers sa propre fin.

Le concept de mort appropriée a donc le mérite de nous sensibiliser aux conditions qui contribuent à rendre plus signifiant le cheminement du mourir ou, du moins, qui aident le mourant et ses proches à mieux composer avec cette crise ultime.

À partir des observations faites autour du concept de mort appropriée, certains auteurs ont identifié les principales tâches dont le mourant, ses proches et les intervenants doivent s'acquitter. Ceux qui désireraient approfondir cet aspect peuvent le faire en se référant à Hétu (1994, p. 113-115).

2.5 LE MODÈLE DE KÜBLER-ROSS

Élizabeth Kübler-Ross, éminente psychiatre d'origine suisse, s'est particulièrement intéressée aux états de conscience des mourants. Installée aux États-Unis, elle constate que la médecine s'intéresse peu aux malades en phase terminale. Elle consacrera donc toute sa carrière à sensibiliser à la fois l'opinion publique en général et les intervenants en particulier à la nécessité d'accompagner le mourant et ses proches, tant aux points de vue physique et psychologique que spirituel.

Son modèle, qui définit différentes étapes dans le processus du mourir, comporte plusieurs idées sous-jacentes :

- le mourant a des réactions prévisibles et typiques;
- dans le processus du mourir, ces réactions suivent une séquence et sont reliées entre elles;
- la dernière étape est à privilégier.

Le rôle de l'intervenant est de faciliter le passage d'une étape à l'autre.

LES ÉTAPES DANS LE PROCESSUS DU MOURIR

Kübler-Ross (1989) définit six étapes dans le processus du mourir : le choc, la négation, la colère, le marchandage, la dépression et l'acceptation.

LE CHOC

L'annonce de la mort inévitable suscite d'abord un état de choc. Il s'agit d'une réaction normale d'urgence qui permet l'autoprotection contre l'envahissement d'un sentiment de perte soudaine. La personne est figée, abasourdie et s'interroge : « Cela m'arrive à moi ? » Elle use alors de mécanismes de défense pour ne pas s'écrouler ou se laisser complètement envahir par la douleur. Cette réaction lui permet de continuer à fonctionner; les émotions sont paralysées, l'organisme reste crispé et l'énergie est coupée. La personne ressent alors souvent la nécessité de dire et de répéter les détails de la maladie, de l'accident ou du décès pour sortir de son état de choc.

LA NÉGATION

Vient ensuite le stade de négation où l'individu ne croit pas ce qui arrive et conteste la réalité. « Ce n'est pas vrai, pas moi... » se répète-t-il sans cesse. Lors d'une maladie, cette réaction se présente au moment du diagnostic. Le patient a la certitude que les médecins se sont trompés. La négation lui permet de diminuer l'impact de la prise de conscience de la mort inéluctable. La négation peut se manifester par des comportements qui vont à l'encontre d'un traitement. L'individu évite alors de parler de sa situation, intellectualise les symptômes de la maladie et se dissocie de ses émotions. Lors d'un décès, l'individu a l'impression que le défunt est en voyage, qu'il reviendra, qu'il ne peut être mort, qu'il y a eu erreur d'identification, etc.

LA COLÈRE

En reconnaissant que la perte est bien réelle, l'individu peut vivre des moments de colère et d'irritation. « Pourquoi moi ? » s'interroge-t-il. Confronté au non-sens de la vie et à sa solitude, il en veut à Dieu, à l'humanité, à ses amis, aux services rendus, etc. L'intervenant est d'ailleurs souvent victime de ces sentiments d'hostilité et de rancœur. Il s'agit bien sûr d'une étape difficile pour ceux qui reçoivent cette colère, mais celle-ci, il importe de se le rappeler, n'est pas réellement dirigée contre un individu, mais contre la situation. Ainsi, avant de se sentir exaspéré, l'intervenant victime de la colère doit se rappeler qu'elle fait partie du processus habituel de deuil. Par ailleurs, l'individu le plus colérique est souvent celui qui a le plus besoin d'une intervention pour calmer sa peur et sa souffrance. Il est légitime, après avoir été abandonné par un être significatif par exemple, de ressentir de l'agressivité. Lors d'un processus de deuil, la colère peut être perçue comme un pas vers la guérison. En effet, alors que la tristesse mobilise l'énergie de l'individu et l'affaiblit, la colère correspond à une hausse d'énergie et incite à l'action. Seules l'écoute et la compréhension peuvent atténuer la colère. Souvent, la personne endeuillée ne se permet pas de ressentir cette colère, encore moins de l'exprimer, surtout contre le défunt. Elle peut alors la retourner contre elle-même en adoptant des comportements autodestructeurs.

Certaines sources légitimes de la colère du mourant n'ont rien à voir avec une démarche d'ajustement à la perte. En voici quelques exemples :

- le médecin ou les proches refusent d'être francs avec lui;
- un proche anxieux (souvent le conjoint) devient surprotecteur et exerce un contrôle excessif. Souvent, un mourant aux soins palliatifs tente de faire comprendre à ses proches qu'il désire être seul pendant quelques heures;

- des gens ont fait preuve de négligence à son endroit, avec pour conséquence que ses affaires matérielles ne sont pas réglées : un comptable, un courtier ou un notaire, par exemple, ne lui a toujours pas fait parvenir un document important;
- le rôle que la personne elle-même a pu jouer dans sa maladie : consommation excessive d'alcool ou de nicotine, surcharge de travail, etc.

LE MARCHANDAGE

Le marchandage correspond essentiellement à l'expérience de la résistance. L'individu refuse d'admettre la réalité et d'agir en conséquence. Il cherche à éviter la souffrance ou à gagner une extension de la vie en ayant recours à Dieu ou en tentant de gagner du temps en échange d'un changement de comportement. Il offre ses dévotions et, par des moyens qui confinent à la pensée magique, offre maintes promesses pour atténuer sa douleur. Il cherche des recettes miraculeuses à sa souffrance, magasine les approches alternatives, etc. Les formulations telles que « oui, mais si seulement, je..., en retour je ferai... » représentent bien cette étape. Ces promesses étant habituellement peu tenues, la culpabilité et l'anxiété augmentent. Le marchandage est donc, essentiellement, le temps dont le mourant ou ses proches ont besoin pour se faire à l'idée de la mort, et les différentes façons dont ils s'y prennent pour justifier ce délai.

LA DÉPRESSION

La personne reconnaît qu'elle est malade et que, malgré tous les efforts déployés, elle va vraisemblablement mourir sous peu. La phase dépressive, l'une des dernières du processus, se caractérise donc par la prise de conscience des pertes subies. Lors d'une maladie, l'individu sait que son image corporelle, son autonomie, ses relations seront différentes. Le patient anticipe sa propre mort. Il se distancie de ses proches, devient plus calme et se concentre sur un travail de réconciliation avec lui-même.

La famille interprète souvent cette attitude comme une soumission prématurée ou un manque de courage. La tristesse du mourant est alors exacerbée par les efforts du milieu qui l'incite à lutter, alors qu'il est presque parvenu à vivre pleinement en acceptant la réalité de sa mort prochaine.

L'ACCEPTATION

Le dernier stade est celui de l'acceptation. C'est souvent à cette étape que le mourant commence à organiser sa mort, à faire ses adieux, à offrir des objets en cadeau à ses proches, etc. Il accepte la réalité et en arrive au point d'appréciation ultime de sa vie. Une femme confie, à propos de sa mère : « La veille, elle a demandé à recevoir les derniers sacrements, à voir ses amis et ses proches une dernière fois. Le matin de sa mort, elle m'a confié de vieux souvenirs. Nous éprouvions un sentiment de paix, d'euphorie et de d'affection véritable. Le soir, elle m'a caressé le visage pour ensuite s'abandonner en souriant, les larmes aux yeux. Je me sentais profondément impuissante, mais très sereine. Onze mois plus tard, je ne peux pas la pleurer. Elle me manque, mais je ressens toujours cette même sérénité. Je sais qu'elle est bien maintenant, et qu'elle est morte satisfaite de sa vie. » L'acceptation se manifeste donc chez l'endeuillé par une intériorisation de la présence de l'être cher et la capacité de parler ouvertement de la mort et des émotions qui l'entourent.

CRITIQUE

Le modèle de Kübler-Ross comporte certains points faibles, dont le principal est l'absence de confirmation empirique satisfaisante. En effet, on y relève certaines failles méthodologiques. Entre autres, Kübler-Ross était la seule à évaluer l'état émotif du sujet; la présence de plusieurs observateurs aurait été souhaitable pour s'assurer de la fidélité des interprétations.

De plus, ce modèle présente les étapes de façon séquentielle et ne tient pas compte des différences individuelles dans la progression du processus du mourir. Ces différences peuvent pourtant susciter des variations dans l'ordre et dans le rythme des étapes. En effet, plusieurs attitudes sont possibles devant la mort : une personne peut chevaucher certaines étapes ou les vivre dans un autre ordre que celui que propose Kübler-Ross.

La chercheuse suppose également que le dernier stade du processus est le plus approprié. Bien qu'une acceptation de la réalité soit souhaitable pour le bien-être d'un individu, il faut résister à la tentation de définir un concept de deuil idéal auquel chacun doit accéder. D'ailleurs, Kübler-Ross (1970) précise que le manque de temps et de ressources peut empêcher une personne d'accéder à un stade.

Le modèle de Kübler-Ross demeure toutefois utile à plusieurs égards. Par sa simplicité, il facilite notre compréhension du processus du mourir. Il nous rappelle que certains mourants réussissent à composer adéquatement avec le stress de la confrontation avec leur mort, et il met l'accent sur la notion de processus dans lequel un ajustement à sa mort ou une certaine acceptation, plus ou moins complète, est possible. Il peut aussi nous aider à comprendre nos réactions à d'autres pertes : une relation amoureuse, un emploi, un animal de compagnie, etc.

De plus, ce modèle offre aux intervenants des points de repère qui leur permettent à la fois de se faire une idée des réactions auxquelles ils peuvent s'attendre de la part du mourant ou de l'endeuillé, et de la façon dont ils peuvent faciliter ce processus d'ajustement, soit essentiellement en favorisant l'expression des émotions. Nous reviendrons sur ces enjeux de l'intervention au chapitre 7.

Comme nous l'avons vu dans la première section, la mort est maintenant un phénomène largement associé à la vieillesse. Cela a pour conséquence la possibilité de passer près des deux tiers de sa vie sans se trouver personnellement confronté à la mort : à 50 ans, on peut encore avoir tous ses enfants, son conjoint, tous ses frères et sœurs, ainsi que ses deux parents. Pendant 50 ans, on a donc pu faire abstraction de la mort, faire comme si elle ne concernait que les autres. C'est ce que les psychologues et les anthropologues entendent par la **négation de la mort**.

POUR MIEUX SE CONNAÎTRE

QUESTIONNAIRE « LA MORT ET MOI »*

Lisez chaque énoncé et donnez votre avis en cochant la colonne appropriée.

	DÉSACCORD		ACCORD	
	COMPLET 1	PARTIEL 2	PARTIEL 3	COMPLET 4
1. On ne devrait pas se préoccuper de la mort avant d'être vieux.				
2. Je suis plus préoccupé(e) par la mort que la plupart des gens.				
3. La mort me préoccupe à peine.				
4. Ce n'est pas mon genre d'avoir des pensées morbides.				
5. Envisager ma mort me rend anxieux.				
6. Envisager ma mort me déprime.				
7. Envisager la mort des êtres qui me sont chers suscite chez moi de l'anxiété.				
8. La certitude que je vais inévitablement mourir ne change rien à ma façon de vivre.				
9. Le portrait que je trace de ma mort est celui d'une expérience douloureuse et épouvantable.				
10. Mourir me fait peur.				
11. Être un mort me fait peur.				
12. La vue d'une fosse nouvellement creusée ne suscite aucun malaise chez moi.				
13. Je suis troublé(e) quand je songe à la brièveté de la vie.				
14. C'est gaspiller mon temps que de réfléchir à la mort.				
15. On ne devrait pas considérer la mort comme une tragédie lorsqu'elle survient au terme d'une vie bien remplie.				
16. La mortalité inéluctable de l'être humain remet sérieusement en question la signification de son existence.				
17. La mort de l'individu est en fin de compte salutaire, car elle permet à la société de changer.				
18. J'aimerais continuer à vivre après ma mort.				
19. Je suis tourmenté(e) par la question de la vie après la mort.				

* Exercice inspiré de Dickstein, 1972, p. 563-571.

Pour chaque énoncé, indiquez par un crochet dans la colonne appropriée s'il s'agit d'un événement qui se produit souvent, quelquefois, rarement ou jamais.

	SOUVENT 1	QUELQUEFOIS 2	RAREMENT 3	JAMAIS 4
20. Je réfléchis à ma propre mort.				
21. Je pense à la mort d'êtres chers.				
22. Je suis préoccupé(e) par l'idée de mourir jeune.				
23. Je me dis que je pourrais être tué(e) en traversant la rue.				
24. J'ai des visions de ma propre mort.				
25. Avant de m'endormir, je pense à la mort.				
26. J'essaie d'imaginer quelles seraient mes réactions si on m'annonçait qu'il ne me reste que quelque temps à vivre.				
27. Je me demande ce que les membres de ma famille feront et ce qu'ils éprouveront lorsque je mourrai.				
28. Quand je suis malade, je songe à la mort.				
29. Si je suis dehors pendant un orage, je me dis que je pourrais être frappé(e) par la foudre.				
30. Quand je suis en automobile, le taux élevé de morts accidentelles est présent à mon esprit.				

Pour le calcul et l'interprétation des résultats, voir la page 48.

Introspection

La signification de la mort pour moi

1. Quelle image vous vient la première à l'esprit lorsque vous pensez à la mort ?
2. Qu'est-ce que la mort pour vous ?
3. Que signifie mourir pour vous ?
4. Si la mort était une personne, comment vous la représenteriez-vous ? (Vêtements, âge, sexe, personnalité, etc.)
5. Quels liens faites-vous entre cette description et la mort dans votre vie ?

La mort et la peur

6. Vous venez d'apprendre que vous allez mourir dans une semaine. Quelles sont vos peurs ou vos appréhensions ?
7. Vous venez d'apprendre qu'une personne chère mourra dans une semaine. Quelles sont vos peurs ou vos appréhensions ?

8. Vos réponses coïncident-elles avec les principales peurs relatives à la mort de soi et à la mort de l'autre relevées par les recherches ?

La mort et ma vie professionnelle

9. Pourquoi avez-vous choisi un champ d'étude ou de travail relié à la mort ?
10. Quels objectifs vous fixez-vous quant à vos relations avec des personnes en situation de perte ?
11. Selon vous, quelles sont les difficultés du travail avec des personns en situation de perte ?

POUR DÉVELOPPER SA COMPÉTENCE

Pour travailler avec des personnes en deuil, les accompagner et leur offrir le soutien dont elles ont besoin, l'intervenant doit amorcer une réflexion sur le phénomène universel des pertes afin d'être capable de parler ouvertement de la mort et du deuil.

1. En groupe de trois personnes, échangez sur l'un des thèmes suivants. Choisissez celui qui vous rejoint le plus.
   - Les pertes et les morts dans votre vie.
   - Les pertes et les morts dans l'actualité.
   - Les menaces à votre vie : maladies, accidents, pollution, etc.
   - Vos connaissances générales sur la mort : religion, lectures, etc.
   - La mort dans la nature : le cycle de la nature.

2. Montrez comment la présence ou l'absence des caractéristiques d'une mort appropriée peuvent influer sur votre travail. Donnez des exemples.

QUESTIONS DE RÉVISION

1. Il existe plusieurs peurs reliées à la mort. Deux peurs caractérisent le processus du mourir, tant pour la mort de soi que pour la mort des autres. Quelles sont-elles ?
   a) L'abandon et la vulnérabilité.
   b) Le rejet et la perte de la relation.
   c) La souffrance et la déchéance.
   d) Les représailles et la punition.
   e) La souffrance et la perte de la relation.

2. Quels sont les énoncés qui correspondent au concept de mort appropriée selon Weisman ?
   a) Le mourant contrôle le lieu, les soins et les médicaments.
   b) Le mourant a le sentiment de laisser des traces.
   c) Le mourant laisse aux autres la chance de terminer ses projets.
   d) La mort psychologique précède la mort physique et social.
   e) Toutes ces réponses sont bonnes.
   f) a et b.
   g) a, b et d.

3. Décrivez brièvement la mort aux siècles passés et aujourd'hui, selon les quatre grandes périodes déterminées par Ariès.

4. Vous désirez aider une personne à vivre le mieux possible les derniers moments de sa vie. Selon Hétu, quelles conditions devriez-vous vous attacher à réunir ?

5. Les réflexions suivantes sont celles d'une mère qui a perdu son fils. Indiquez à quels stades, selon Kübler-Ross, elles correspondent.
   a) Pourquoi cela m'arrive-t-il à moi ? ____________________
   b) Ça ne se peut pas. Mon fils ne peut pas mourir aussi jeune. ____________________
   c) Si seulement Dieu pouvait m'entendre. Je ferais n'importe quoi pour qu'il revienne.____________________
   d) Je n'en peux plus. Je ne peux plus vivre comme cela. ____________________
   e) C'est injuste. Pourquoi moi ? ____________________
   f) Je t'aime, mon fils. Je suis contente de t'avoir connu et tu seras toujours dans mon cœur. ____________________

Clin d'œil...

L'expression « mourir de rire » est une invention de Voltaire. Introduite dans son dictionnaire encyclopédique, elle fait référence aux prétendus crimes que l'on faisait avouer à force de chatouillements sur la plante des pieds. Cet homme, qui a fait inscrire sur sa pierre tombale : « J'ai été ce que tu es; tu seras ce que je suis », souhaitait-il nous faire mourir de rire ?

Paroles de sage

La mort de la paroisse

Sur les murs et dans le journal de la ville apparaît une étrange annonce funèbre : « Nous avons la profonde douleur d'annoncer la mort de la paroisse Sainte-Eufrasie. Les funérailles auront lieu dimanche prochain, à onze heures. »

Le dimanche, naturellement, l'église de Sainte-Eufrasie était remplie comme jamais. Plus aucune place n'était libre, même les places debout ! Devant l'autel était dressé un cercueil en bois sombre. Le curé prononça un simple discours :

« Je ne pense pas que notre paroisse pourra retrouver vie et ressusciter, mais, du moment que nous sommes là presque tous, je voudrais essayer une ultime tentative. J'aimerais que vous passiez tous, autant que vous êtes, devant le cercueil et que vous jetiez un dernier coup d'œil sur la défunte. Vous avancerez en file indienne, l'un après l'autre, et après avoir regardé le cadavre, vous sortirez par la porte de la sacristie. Puis, ceux qui le voudront pourront revenir par le portail pour la messe. »

Le curé ouvrit le cercueil. Tous se demandaient qui pouvait bien s'y trouver, qui était vraiment le mort.

Lentement, le défilé commença, chacun prit son temps pour regarder dans le cercueil, puis sortit de l'église comme prévu, en silence et passablement confus. Car, tous ceux qui voulaient voir le cadavre de la paroisse Sainte-Eufrasie et regardaient dans le cercueil, voyaient, dans un miroir posé au fond, leur propre visage. »

(Ferrero, 1997, p. 50)

Calcul des résultats — Questionnaire « La mort et moi »

Pour les énoncés 1, 3, 4, 8, 12, 14, 15, 17 et 18, attribuez-vous :
1 point pour chaque crochet de la colonne 1
2 points pour chaque crochet de la colonne 2
3 points pour chaque crochet de la colonne 3
4 points pour chaque crochet de la colonne 4

Pour chacun des autres énoncés, attribuez-vous :
4 points pour chaque crochet de la colonne 1
3 points pour chaque crochet de la colonne 2
2 points pour chaque crochet de la colonne 3
1 point pour chaque crochet de la colonne 4

Interprétation des résultats Si vous avez obtenu un résultat faible, nous vous invitons à réfléchir sur vos sentiments et votre expérience liés à la mort. Vous pouvez vous faire aider dans cette démarche.

Un résultat élevé indique un certain niveau d'apprivoisement de la mort ou une disposition à travailler dans le domaine de la thanatologie. Une réflexion est déjà amorcée. Bien sûr, cela est vrai dans la mesure où vos réponses reflètent bien votre vécu !

Chapitre 3

LE PROCESSUS DE DEUIL

« *Sur tous les sommets*
C'est le silence,
Sur la cime de tous les arbres
Tu sens à peine un souffle;
Les petits oiseaux se taisent dans la forêt.
Prends patience, bientôt
Tu te reposeras aussi. »

(Kundera, 1990, p. 47)

Sommaire

- Les pertes et les renoncements de la vie
- Quelques repères sur le deuil
- Les facteurs influant sur les réactions de deuil
- Les modèles théoriques

Chaque expérience influe sur le déroulement de notre vie; mais un deuil modifie également notre façon de vivre nos expériences ultérieures. Après un deuil, plus rien n'est comme avant. Les changements de vie et de valeurs ont d'ailleurs souvent pour origine l'intensité émotive liée à une perte.

Nous sommes tous, un jour ou l'autre, confrontés à l'expérience de la mort d'un être cher, à la perte d'un être significatif. S'amorce alors une réaction universelle : le processus de deuil. Celui-ci vise l'intégration de la perte à notre vie, ou encore une adaptation de notre vie à cette perte.

Devoir renoncer à la présence physique d'un être cher déstabilise nos façons de voir, de réagir et de faire. Voyant s'écrouler l'avenir que l'on s'était imaginé, on se réinterroge sur le sens de la vie, on ressent de la tristesse et la peur de l'abandon, on change notre façon d'être et d'agir avec autrui.

Cette souffrance et ces renoncements sont difficiles à supporter. Celui qui n'a jamais vécu une telle expérience a peine à comprendre la douleur physique et viscérale qui envahit l'endeuillé. Par ailleurs, celui qui a vécu la douleur de la perte tente souvent d'abréger la durée des moments pendant lesquels il se retrouve témoin d'une aussi grande intensité émotive. Il désire accélérer le processus de deuil pour fuir la souffrance. L'endeuillé, devant ce manque d'ouverture de son entourage, tait ou camoufle souvent ses réactions de deuil, ce qui entrave le processus d'adaptation normal subséquent à une perte.

L'intervenant auprès des endeuillés joue alors un rôle important. Il peut reconnaître leur souffrance et les rassurer sur le caractère normal du déséquilibre provoqué par la perte. Il peut répondre à leurs besoins, sensibiliser et informer les gens pour leur permettre de vivre leur affliction le plus ouvertement possible.

De nombreuses situations peuvent susciter des réactions de deuil. Dans ce chapitre, nous verrons les principales pertes qui caractérisent chaque période du développement. Nous nous attarderons davantage aux aspects théoriques et pratiques du deuil lié au décès d'un être cher, mais les concepts présentés s'appliquent aussi à d'autres types de deuil.

3.1 LES PERTES ET LES RENONCEMENTS DE LA VIE

Chaque période du développement se caractérise par des pertes et des renoncements spécifiques, et la façon dont nous les vivons influe grandement sur nos attitudes face à la mort et nos réactions lors d'un deuil. Il est cependant intéressant de constater que, peu importe les moments de notre vie où ces pertes surviennent, nous adoptons souvent les mêmes attitudes, consciemment ou pas. Qu'ils soient provoqués ou subits, planifiés ou fortuits, ces pertes et ces renoncements nous préparent déjà à vivre les pertes ultimes, soit la mort d'un être cher ou notre propre mort. En effet, que ce soit sur le plan physique, psychologique, professionnel, social ou spirituel, ils constituent des expériences de « mort » dans lesquelles un processus de deuil et d'adaptation sont nécessaires.

Une **perte** est la suppression ou la séparation de quelque chose ou de quelqu'un : il s'agit d'une privation. Un **renoncement** est le fait de renoncer volontairement à des liens, à des acquis. Renoncer ou perdre est donc en soi naturel.

Pour nous sensibiliser davantage au sens élargi du concept de « mort », réfléchissons aux pertes qui caractérisent chaque période du développement. Le tableau 3.1 présente les principales pertes ou renoncements susceptibles de survenir à chaque période de la vie, de la naissance à la mort. Ces moments clés de l'existence rappellent, à leur façon, une vérité trop souvent oubliée : *Memento mori* (souviens-toi que tu vas mourir).

Tableau 3.1 Les pertes et les renoncements au cours de la vie.

La naissance	■ Expulsion du ventre maternel	■ Perte de la symbiose avec la mère...
L'enfance	■ Changement de professeur ■ Perte d'une amitié ■ Diminution des moments de jeux	■ Divorce d'adultes significatifs ■ Mort d'un animal domestique ■ Limites liées à ses compétences...
L'adolescence	■ Perte d'une amitié ■ Perte d'un premier amour ■ Perte du statut d'enfant	■ Changements physiques ■ Perte des idéaux parentaux...
La jeunesse adulte	■ Renoncement à l'insouciance de la jeunesse ■ Départ du foyer familial	■ Modification du réseau social ■ Pertes amoureuses ■ Perte du statut d'étudiant...
La maturité	■ Départ des enfants ■ Perte d'emploi ■ Revers financier important ■ Divorce ■ Changement de milieu, de maison	■ Altération de l'apparence physique ■ Maladie, modification de la santé ■ Décès d'un ami, d'un parent ■ Perte de la fertilité féminine...
La vieillesse	■ Retraite ■ Maladie, perte d'autonomie ■ Décès du conjoint	■ Solitude causée par des deuils ■ Vente de biens et départ de la résidence ■ Anticipation de sa propre mort...

De façon générale, nous pouvons dire qu'il existe trois types de pertes : les pertes matérielles, les pertes psychologiques et les pertes associées.

Le décès d'un être cher, l'incendie de sa maison ou encore une grave maladie sont des pertes concrètes et tangibles pour lesquelles on reconnaît facilement une période de deuil. Il s'agit des **pertes matérielles**.

Une rupture amoureuse, une cessation d'emploi ou un changement de statut social sont des **pertes psychologiques**.

Les **pertes associées** sont les conséquences des pertes précédentes, et elles en dépassent parfois la portée. Lors de la mort d'un conjoint, par exemple, la perte d'une source de revenu et celle d'un partenaire dans l'éducation des enfants sont des pertes associées. Il arrive d'ailleurs que les pertes associées soient pires que la perte principale. Par exemple, l'homme qui perd un vieil oncle qu'il ne voyait jamais vit une perte psychologique mineure. Or, lorsqu'il apprend que cet oncle ne lui laisse pas l'héritage qu'il attendait pour acheter sa maison, il vit une perte associée majeure.

Tout au long de sa vie, l'individu vivra de nombreuses pertes.

Un travail de deuil est requis dès qu'une perte, quel que soit son type, cause une souffrance ou un déséquilibre. En fait, une perte matérielle ou associée est significative lorsqu'elle est en même temps psychologique.

3.2 QUELQUES REPÈRES SUR LE DEUIL

Le **deuil** (du latin *dolore*, qui signifie souffrir) est le processus d'adaptation d'un individu au stress provoqué par une perte significative comme la mort d'un être cher. Le sujet passe alors par toute une gamme d'émotions et de perturbations physiologiques, cognitives, affectives et comportementales. Ces réactions varient en intensité et en durée selon l'importance de la perte pour l'endeuillé.

Les gens utilisent deux verbes pour parler du deuil : être et faire. « Être en deuil » fait référence à la situation objective de la personne qui vit une perte, sans considération pour les différentes manifestations présentes. L'expression « faire son deuil », au contraire, rappelle la nécessité pour la personne endeuillée de s'engager activement dans un travail personnel et subjectif visant à se détacher progressivement de l'objet aimé.

LA DURÉE DU DEUIL

La durée d'un deuil variant considérablement d'une personne à l'autre, il est difficile de fixer une durée normale. De façon générale toutefois, le processus d'un deuil dure entre 18 et 24 mois. Les réactions les plus intenses ont souvent lieu entre le sixième et le douzième mois (Rando, 1984).

Cependant, chez certaines personnes, des symptômes du deuil peuvent apparaître bien avant la mort. Les épouses de soldats en temps de guerre, par exemple, se sentaient en deuil et en manifestaient les signes parce qu'elles anticipaient la mort de leur conjoint et ses conséquences. De même, les personnes qui accompagnent un mourant dans une longue maladie terminale se préparent à l'événement de la mort et amorcent un travail de deuil avant qu'il ne survienne. L'endeuillé qui a vécu cette préparation émotionnelle lors d'une maladie à évolution fatale rapide s'adapte mieux que celui qui fait face à une perte soudaine.

Au début du siècle, diverses pratiques réglementaient la durée du deuil. L'usage du crêpe, un petit tissu noir que l'on fixait à ses vêtements, durait pendant un temps bien défini selon les liens familiaux avec le défunt. Le service anniversaire était une forme de cérémonie de clôture marquant la fin du deuil. Aujourd'hui, la codification relative à une durée de deuil est abolie. Chacun peut mener son deuil à sa guise. Certaines pressions sociales cherchent toutefois à en réduire la durée et à atténuer les manifestations émotives. Il arrive parfois que la pression joue en sens inverse, les proches se scandalisant de la rapidité avec laquelle le sujet émerge de son deuil. Cette réaction est souvent celle d'enfants adultes en deuil de leur mère ou de leur père, lorsque le parent toujours en vie dévoile des projets rapides de fréquentations et de remariage. L'absence de rituel collectif et la répression des émotions suscitent d'ailleurs pour certains endeuillés des symptômes dépressifs chroniques ou des symptômes psychosomatiques. Des rituels marquant le deuil de façon tangible sont donc à privilégier.

Habituellement, les manifestations de deuil changent au fil des mois. Le tableau 3.2 présente quelques résultats d'une étude longitudinale (Shuchter et al.,1993) faite en Californie auprès de 350 veufs (29 %) et veuves (71 %). Les mesures ont été prises 2 mois, 7 mois et 13 mois après la mort du conjoint. Les chercheurs disposaient aussi d'un groupe-contrôle composé de 85 femmes et de 41 hommes mariés.

Tableau 3.2 Perceptions des endeuillés selon une étude longitudinale.

PERCEPTIONS DES ENDEUILLÉS	**2 mois** (%)	**7 mois** (%)	**13 mois** (%)
Je m'ennuie de lui (d'elle).	77	70	58
J'ai du mal à le croire.	70	61	49
Je ne peux pas parler de lui (d'elle) sans pleurer.	61	59	49
Je me sens seul(e).	59	51	39
Je me sens seul(e) même en présence des autres.	37	28	23
Je me sens soulagé(e).	28	10	10
J'ai de la difficulté à me concentrer.	20	21	14
Je suis fâché(e) contre le médecin.	17	12	10
Je me sens engourdi(e).	12	6	4
Je me sens coupable.	12	12	8
Je suis fâché(e) contre moi-même.	11	10	7
J'envie les autres.	8	15	13

LES MANIFESTATIONS HABITUELLES DU DEUIL

Même si l'expérience du deuil est universelle, chaque personne la vit différemment. De façon générale cependant, lors d'un deuil, la perception que l'individu a de lui-même et de son environnement est modifiée. L'endeuillé a des réactions physiologiques, affectives, comportementales et cognitives. Souvent, il se préoccupe moins de sa santé, mais l'inverse peut aussi se produire : ayant peur de mourir de la même maladie que le disparu, il surveille anxieusement l'apparition des symptômes.

Tableau 3.3 Les manifestations habituelles du deuil.

MANIFESTATIONS PHYSIOLOGIQUES	■ Céphalée ■ Constipation ou diarrhée ■ Contraction dans la gorge ou dans la poitrine ■ Faiblesse musculaire (adynamie)	■ Fatigue excessive ■ Gorge sèche ■ Hypersensibilité aux bruits ■ Hypertension ■ Palpitations	■ Perturbation de l'appétit ■ Sudation ■ Tension musculaire ■ Tremblements ■ Vide abdominal ■ Vision brouillée
MANIFESTATIONS AFFECTIVES	■ Ambivalence ■ Amertume ■ Anxiété ■ Colère	■ Culpabilité ■ Ennui ■ Frustration ■ Insécurité	■ Sentiment de trahison ■ Solitude ■ Soulagement ■ Tristesse
MANIFESTATIONS COMPORTEMENTALES	■ Alcoolisme, boulimie ■ Attachement aux symboles du disparu ou évitement de ceux-ci ■ Automatismes ■ Distraction ■ Hostilité	■ Hyperactivité ■ Impatience ■ Isolement ■ Pleurs ■ Propension à la toxicomanie ■ Recherche du disparu	■ Repli sur soi ■ Rêves, cauchemars ■ Rires nerveux ■ Soupirs ■ Troubles du sommeil ■ Verbalisation excessive
MANIFESTATIONS COGNITIVES	■ Absence de sens à la vie ■ Concentration difficile ■ Confusion ■ Doute et incrédulité ■ État de choc	■ Hallucinations auditives ■ Hallucinations visuelles ■ Idéalisation ■ Identification	■ Impression de la présence du défunt à ses côtés ■ Négation de la réalité ■ Souvenirs

Une panoplie d'émotions (anxiété, culpabilité, hostilité, etc.), souvent contradictoires, envahissent l'endeuillé. Par ailleurs, ses façons d'agir et de penser diffèrent de leur mode habituel. Il éprouve des difficultés à se concentrer ou à prendre des décisions. Les manifestations habituelles d'une expérience de deuil sont présentées au tableau 3.3; elles peuvent être immédiates ou tardives, continues ou intermittentes, brèves ou prolongées, aiguës ou lancinantes, exagérées ou inhibées, etc. Certaines de ces réactions peuvent nous surprendre, sans pour autant être inquiétantes. On verra plus loin, toutefois, que certaines façons de réagir peuvent être l'indice d'un deuil problématique.

UNE PARTICULARITÉ

Une enquête menée par Rosenblatt et ses collègues (1976) révèle que la majorité des gens croient à la présence des esprits des morts et à leurs apparitions aux vivants dans les mois qui suivent un décès. Il arrive souvent que l'endeuillé rêve au défunt, sente sa présence, le voie apparaître et communique avec lui.

Or, même si les apparitions sont des manifestations particulières et difficiles à saisir, elles répondent à un besoin psychologique qu'il faut respecter. En effet, lorsqu'un décès survient soudainement, et même parfois dans le cas contraire, les apparitions et les conversations peuvent permettre au survivant de régler certaines affaires qui l'unissaient au défunt ou de consolider sa relation avec lui.

Plusieurs endeuillés sont angoissés lorsqu'ils sentent la présence d'un défunt, souvent parce qu'elle est perçue comme anormale par l'entourage. Ils ont alors l'impression de perdre la raison. Les personnes en contact avec des endeuillés devraient donc leur rappeler que les rêves concernant le mort, les sentiments de présence et d'apparition sont des manifestations habituelles et normales du deuil. Les gens se verraient ainsi rassurés quant à leur état psychologique.

LE DÉROULEMENT TYPE D'UN DEUIL

Malgré les nombreux modèles théoriques différents sur le processus de deuil, il semble possible de dégager un schéma typique, rejoignant la succession de phases ou d'étapes proposées par Bowlby (1961). On observe d'abord une première phase de choc ou de torpeur (état de dissociation et de négation du décès), suivie d'une phase de désorganisation accompagnée de douleur et de désespoir et, enfin, une phase de réorganisation.

La **phase de choc ou de torpeur** suit immédiatement la nouvelle du décès. Elle se caractérise par l'impression d'irréalité qui assaille l'individu lorsqu'il apprend qu'il vient de perdre quelqu'un. Cette réaction est en fait une mesure de survie qui l'empêche de se sentir complètement envahi et qui lui permet de continuer à fonctionner. Cette étape peut durer plusieurs semaines ou plusieurs mois. Souvent, lors des funérailles par exemple, l'individu dit se sentir comme un somnambule. Coupé de ses émotions, il fonctionne alors comme un automate pour poursuivre les activités entourant le décès et agir dans son quotidien.

Lorsque l'état de choc protecteur commence à se dissiper, l'individu se sent envahi par divers tumultes émotifs. Il entre alors dans la **phase de désorganisation ou de déséquilibre**. Les émotions du début sont pleinement ressenties. La tristesse, la culpabilité, la colère et plusieurs autres états affectifs peuvent donner à la personne endeuillée le sentiment de perdre le contrôle d'elle-même et de sa vie. Cette période douloureuse s'accompagne de plusieurs manifestations physiologiques.

Tôt ou tard, la blessure tend à se cicatriser et l'endeuillé se fait à l'idée de la perte. Il y a de plus en plus de périodes pendant lesquelles il ne pense plus au défunt et au cours desquelles il reprend plaisir à la vie. Cette **phase de réorganisation** conduit habituellement à une maturation et à la construction d'une vie nouvelle. La personne redéfinit ses valeurs, réintègre sa vie sociale et retrouve un équilibre.

Examinons un cas vécu afin de nuancer l'application du modèle en trois étapes (choc/torpeur, désorganisation, réorganisation) et de mieux comprendre certains aspects du processus du deuil. Une jeune femme dit : « Quand j'avais 10 ans, ma grand-mère a été happée par un autobus qui l'a traînée sur 3 coins de rue. Elle est morte sur le coup et elle était méconnaissable. J'ai réagi spontanément par beaucoup de colère. Je trouvais la vie injuste de m'avoir enlevé ma grand-mère préférée. Je me souviens d'avoir lancé un livre dans ma chambre. J'étais enragée contre Dieu... »

Ce témoignage fait ressortir des points intéressants. D'abord, on ne trouve pas de signes de choc où le sujet reste figé, sans comprendre ce qui se passe. Il n'y a pas non plus de négation. La fillette ne dit pas : « Grand-maman n'est pas morte; ils se sont trompés, ce n'est pas elle mais une autre femme qui lui ressemble. » ou « Grand-maman n'est pas morte. Elle est inconsciente, mais elle va se réveiller bientôt et elle va guérir. »

De plus, alors qu'on associe habituellement le deuil à la tristesse, c'est la colère qui prédomine chez cette fillette. La colère est en effet une réaction instinctive à une perte, et ce n'est souvent que dans un deuxième temps, lorsqu'on commence à en éprouver les nombreuses implications, que l'on devient triste. Il est aussi intéressant de remarquer que la fillette n'est pas révoltée par le type de mort horrible que sa grand-mère a connue, mais qu'elle est plutôt bouleversée d'avoir perdu « sa » grand-mère préférée. En effet, la mort de quelqu'un s'accompagnant habituellement de plusieurs pertes associées, l'endeuillé pleure souvent pour lui-même plutôt que pour le défunt. La fillette perd peut-être ici une confidente, une compagne de jeux, son statut de petite-fille préférée, etc. Ces pertes sont directement liées à sa nouvelle situation d'endeuillée.

LE TERME DU DEUIL

Il est difficile de déterminer à quel moment survient la fin d'un processus de deuil, chaque situation étant unique et incomparable. Est-il vraiment possible de terminer ou de résoudre un deuil ? Cette question pourrait être longuement débattue. Disons simplement que certains indices (voir encadré 3.1) laissent présager la cicatrisation de la blessure causée par le décès d'une personne chère et le retour à une bonne qualité de vie; ils peuvent servir de repères dans le parcours d'une personne endeuillée. Habituellement, on considère un deuil comme achevé lorsque la personne se réinvestit socialement et affectivement.

Encadré 3.1 Indices de résolution d'un deuil.

L'endeuillé :

- a retrouvé un équilibre émotif
- se prend en charge
- intériorise la présence du défunt
- réinvestit dans des activités
- se réinvestit affectivement et socialement
- explore de nouveaux rôles
- ressent du plaisir
- fait des projets pour le futur

La première tâche à accomplir lorsqu'on a perdu un être cher, c'est de reconnaître cette perte.

Hétu (1994) présente le modèle d'une psychologue américaine, Thérèse A. Rando (1993), qui définit sous forme de tâches les différents défis auxquels l'individu doit faire face après le décès d'une personne significative. Ces tâches sont :

- reconnaître la perte : reconnaître que le décès est survenu et comprendre les circonstances qui l'ont entouré (tâche 1);
- réagir à la séparation : ressentir, identifier et exprimer les différentes émotions inhérentes à une perte; identifier les pertes associées et en faire son deuil (tâche 2);
- revivre sa relation avec le défunt : se rappeler la relation avec le défunt et revivre les sentiments associés à cette relation (tâche 3);
- renoncer à ses liens passés et à son ancienne vision du monde : délaisser les habitudes reliées au défunt (tâche 4);
- évoluer vers un nouvel univers sans oublier l'ancien : se définir une nouvelle identité en redéfinissant sa vision du monde, ses priorités et en développant une nouvelle relation avec le défunt (tâche 5);
- réinvestir dans de nouveaux projets et de nouveaux rôles : s'investir dans de nouvelles activités et s'engager dans des rôles satisfaisants (tâche 6).

Rando possède une longue et riche expérience clinique auprès des endeuillés et est bien au fait des nombreuses théories et recherches sur le deuil. Elle a aussi à son actif de nombreuses publications. Son modèle par les tâches est simple et complet, et il constitue un bon instrument diagnostique pour les intervenants. En écoutant l'endeuillé, en effet, il est relativement facile d'identifier les tâches accomplies, celles qui ont été évitées, et celles avec lesquelles il a le plus de difficultés. On peut alors le sensibiliser, s'il y a lieu, à l'importance des tâches laissées en plan, et le guider délicatement dans ce travail.

Comme tout modèle constitué d'étapes, celui de Rando peut être utilisé d'une façon rigide par des intervenants peu sensibles aux difficultés éprouvées par l'endeuillé dans son cheminement. On pourrait alors exercer sur lui une pression indue, en méconnaissant le fait qu'il existe bien des façons de cheminer dans un deuil et que chacun a le droit de le faire à son rythme. Dans de telles circonstances cependant, le problème résiderait dans l'inexpérience ou la maladresse de l'intervenant plutôt que dans la validité du modèle comme tel. Nous y reviendrons.

3.3 LES FACTEURS INFLUANT SUR LES RÉACTIONS DE DEUIL

On observe de nombreuses différences dans la façon dont les endeuillés perçoivent leur perte et y réagissent. Pierre-Paul, 63 ans, se sent seul et dépourvu : après 36 ans de vie commune, il vient de perdre son épouse, qui veillait à l'entretien de la maison et s'occupait de tout. Il s'ennuie d'elle et aimerait même parfois aller la rejoindre.

Réjeanne a le même âge. Son mari est décédé il y a huit mois. Pour sa part, après avoir sacrifié 25 années de sa vie à s'occuper de cet homme atteint de la sclérose en plaques, elle se sent maintenant revivre. Quoiqu'elle aimait beaucoup son mari et que sa mort laisse un grand vide, Réjeanne apprécie vraiment sa nouvelle vie. Elle se découvre de nouveaux intérêts, rencontre des amis, etc.

On voit bien ici que la perte du conjoint est vécue différemment d'une personne à l'autre. Plusieurs facteurs influent sur la nature et l'intensité des réactions de deuil. Ces facteurs, présentés au tableau 3.4, peuvent être regroupés en cinq catégories : les facteurs physiques, les facteurs personnels, les facteurs circonstanciels, et les facteurs économiques et sociaux.

Tableau 3.4 Facteurs influant sur les réactions de deuil.

FACTEURS	COMPOSANTES	
Physiques	■ État de santé	■ Sexe des veufs
Personnels	■ Croyances ■ Degré de résolution des deuils antérieurs	■ Relation avec le défunt ■ Traits de personnalité
Circonstanciels	■ Caractère soudain ou non du décès ■ Nature et circonstances de la mort	■ Situations de perte dans les cycles de vie
Économiques et sociaux	■ Appartenance à un groupe culturel ou religieux ■ Fonctionnement du système familial ■ Modèles	■ Niveau socio-économique ■ Participation aux rituels ■ Soutien affectif et moral

LES FACTEURS PHYSIQUES

Aucune recherche récente n'a démontré que les facteurs physiques comme l'âge, le sexe ou l'état de santé influent sur le déroulement d'un deuil. Selon les statistiques, toutefois, les veufs présentent un taux de mortalité plus élevé que les veuves, et les veufs non remariés manifestent des signes de dépression plus intenses que les veuves dans la même situation (Glick et al., 1974). Cette tendance apparaît deux à quatre ans après la perte. De plus, les morts violentes par suicide et par accident sont plus fréquentes chez les veufs dans la période suivant immédiatement le décès. Bacqué (1995) suppose que les femmes résolvent plus facilement leur deuil que les hommes parce qu'elles bénéficient d'un meilleur soutien et que leur réseau social est plus élargi.

L'incidence d'un état de santé précaire sur la qualité du deuil n'est pas démontrée clairement. On peut néanmoins supposer que la santé physique et mentale joue un rôle dans les capacités d'adaptation. En effet, le deuil nécessitant un potentiel adaptatif, l'individu malade risque davantage de vivre cet événement de façon problématique.

LES FACTEURS PERSONNELS

Différents facteurs tels que l'histoire personnelle, les croyances et la personnalité de l'endeuillé peuvent aussi influer sur la façon de s'ajuster à la perte. La relation entretenue avec le défunt, la nature et la qualité des liens sont aussi déterminantes.

Bowlby (1984) affirme que les différents deuils précédant une perte facilitent ou embrouillent le deuil subséquent, puisque ce dernier dépend de la résolution des deuils antérieurs. Ainsi, la personne qui n'a pas résolu les deuils précédents sera incapable de vivre le deuil en cours sans compléter les étapes des deuils antérieurs. Ces deuils peuvent être reliés à diverses expériences de pertes importantes, une rupture amoureuse ou une cessation d'emploi par exemple.

Les croyances peuvent réconforter l'endeuillé et ainsi faciliter son processus de deuil. Mais il semble que le soutien apporté par une communauté religieuse ou culturelle soit davantage significatif dans le déroulement d'un deuil.

La nature, la durée et la qualité de la relation entretenue avec la personne avant son décès sont déterminantes dans la façon dont un deuil sera vécu. Par exemple, lorsque les liens affectifs avec le défunt étaient très fusionnels, la résolution du deuil est plus difficile. En effet, plus le niveau de dépendance envers la personne décédée était élevé, plus les pertes associées sont nombreuses. Le défunt pouvait être source d'affection, de sécurité financière, de sagesse, etc. La personne survivante doit donc retrouver une autonomie pour chacune de ces dimensions. Par ailleurs, les relations conflictuelles ou ambivalentes constituent un facteur de risque dans la résolution de deuil et entraînent habituellement des sentiments de culpabilité accentués. Tamarro (1994, p. 204) écrivait : « Les morts pèsent moins par leur absence que par ce qui — entre eux et nous — n'a pas été dit. » Ainsi, le survivant qui n'a pas réglé ses conflits ou clarifié sa relation avec le défunt vit davantage de culpabilité et d'états dépressifs. Certains deuils peuvent aussi être marginalisés : le conjoint homosexuel ou l'amant clandestin éprouve plus de difficultés à vivre son deuil s'il n'est pas reconnu ou soutenu socialement.

Les ressources personnelles influent également sur la façon dont un deuil est vécu. La stabilité émotive, la confiance en soi, l'autonomie et la capacité à gérer son stress et à s'adapter à des situations nouvelles sont des forces que l'endeuillé peut utiliser pour surmonter sa souffrance.

LES FACTEURS CIRCONSTANCIELS

Des éléments circonstanciels, c'est-à-dire liés au contexte du décès ou à des dimensions externes à l'endeuillé, ont aussi des répercussions sur le déroulement du deuil.

L'intensité et la résolution d'un deuil varient selon la position occupée par la personne dans le cycle de vie. La réaction des proches est habituellement moins grande lors du décès d'une personne âgée que lors du décès d'une personne plus jeune ou d'un enfant. De plus, les différentes fonctions que remplissait la personne décédée peuvent être déterminantes dans le déroulement du deuil. Si celle-ci était le soutien de la famille, le dernier parent vivant, ou la personne-ressource dans son milieu de travail, le deuil sera vécu différemment.

La façon dont les événements entourant le décès se sont déroulés et la cause de celui-ci influent grandement sur les étapes d'un deuil. Par exemple, un suicide, de même qu'un accident de la route d'un conducteur en état d'ébriété, peut entraîner un deuil problématique. Le décès d'un enfant constitue également un facteur de risque. La question de la nature de la mort sera approfondie au chapitre 4, qui porte sur les deuils particuliers.

Le temps d'accompagnement influe aussi sur le processus de deuil. Lundin (1984) a en effet démontré que les symptômes du deuil problématique sont plus importants lorsque le décès est brutal que lorsque la mort survient au terme d'une longue maladie.

Lorsque plusieurs personnes d'une même famille décèdent d'une même maladie ou à des âges similaires, le survivant peut craindre une généralisation, ce qui complique son processus de deuil.

LES FACTEURS ÉCONOMIQUES ET SOCIAUX

Le milieu social dans lequel évolue l'individu influe sur ses réactions lors du décès d'un proche. Généralement, un niveau socio-économique élevé entraîne un meilleur ajustement au deuil et en réduit les conséquences psychologiques et physiques.

L'appartenance à un groupe culturel ou religieux de même que la qualité du soutien moral reçu sont aussi des facteurs qui influent sur le deuil (Worden, 1991), et plus particulièrement sur l'acceptation de la mort ainsi que sur la démarche pour aller chercher et accueillir l'aide. Selon Rando (1984), plusieurs facteurs sociaux peuvent se conjuguer pour faire obstacle à une réponse saine du deuil : la négation sociale, l'incapacité de parler de la perte, l'isolement social ou la distance géographique séparant l'endeuillé du soutien social et le fait d'assumer un rôle de « personne forte ».

Les valeurs religieuses, les priorités, l'ouverture et l'écoute de la famille peuvent faciliter le déroulement d'un deuil. Les principales forces d'une famille en deuil sont présentées dans l'encadré 3.2.

Encadré 3.2 Les forces d'une famille en deuil.

- Habileté à donner des soins à ses proches
- Habileté à être sensible aux manques de la famille
- Habileté à communiquer pensées et sentiments
- Habileté à offrir du soutien
- Habileté à entretenir une relation avec la communauté pour bénéficier de soutien
- Habileté à grandir à travers les difficultés
- Habileté dans la flexibilité des rôles
- Habileté à accepter de l'aide
- Habileté à respecter les autres et à se respecter soi-même
- Habileté à vivre dans le doute

En présence de modèles positifs dans la façon de vivre une expérience de perte, l'endeuillé peut s'en inspirer et voir ainsi son deuil facilité.

Le soutien d'amis ou de personnes significatives aide à mieux vivre une perte. De plus, la présence d'enfants en bas âge a un effet positif sur la santé des endeuillés, qui

Les rituels funéraires aident le déroulement du deuil.

présentent alors moins de symptômes physiques ou d'états dépressifs que ceux dont les enfants sont plus âgés (Strœbe et coll., 1987).

La façon dont les rituels funèbres se déroulent influe sur le deuil. En effet, la période des funérailles permet souvent de laisser libre cours à ses émotions, de reconnaître et d'intégrer la réalité du décès. L'exposition du corps du défunt favorise l'amorce du processus de deuil parce qu'elle rend le déni difficile (Lindemann, 1944). Ainsi, le fait de voir le défunt est un facteur facilitant le détachement ultérieur. Brilvocas et coll. (1995) démontrent qu'en présence du corps exposé les endeuillés montrent des réactions émotives (ce qui ne se produit pas en l'absence de rites) et, par là, reconnaissent davantage la réalité du décès. Ces chercheurs précisent que l'absence de rite nuit au processus de réadaptation. Les endeuillés ont donc avantage à privilégier les rituels. Même s'il ne s'agit que d'un rite crématoire, l'endeuillé ne peut plus nier le décès. Ainsi, l'exposition, la crémation, la confrontation à l'urne des cendres ou l'inhumation peuvent être favorables au déroulement du deuil.

3.4 LES MODÈLES THÉORIQUES

Nous avons examiné le modèle de Kübler-Ross, au chapitre 2, pour comprendre les réactions du mourant à ses multiples pertes. Puis nous avons vu le modèle des tâches de l'endeuillé (Rando, 1993) dans le présent chapitre. Plusieurs autres modèles tentent de rendre compte du processus de deuil, dont celui d'Horowitz (1990) — qui conçoit le deuil comme un syndrome de stress post-traumatique caractérisé par des manifestations comme l'hyperactivité et une explosion émotive (voir aussi Humphrey, 1986 et Flatt, 1987) — et celui de Monbourquette (1994), que nous étudierons dans cette section.

LE MODÈLE DE MONBOURQUETTE

« Voilà, il m'arrive une chose douloureuse, qu'est-ce que je peux en faire ? Il y a certainement quelque chose à comprendre. » écrivait Yhuel (1992, p. 88). Cette façon de considérer la souffrance correspond bien au modèle théorique proposé par Monbourquette (1994), modèle selon lequel l'expérience de la souffrance, suscitée par un deuil ou une blessure personnelle, favorise un cheminement positif pour l'individu. Ainsi, si on utilise une terminologie jungienne, alors que le quotidien contraint souvent à s'attarder à des éléments extérieurs au Soi, une expérience de souffrance peut ramener au Soi profond.

Les gens qui vivent une perte ou qui ont à travailler avec des endeuillés apprécient particulièrement les ouvrages de cet auteur, thérapeute et conférencier, qui se distinguent par leur clarté, leur simplicité et les applications pratiques proposées. Huit étapes constituent les repères dans le processus évolutif d'une perte selon Monbourquette. Voyons-les brièvement afin d'en saisir les portées thérapeutiques. Ces étapes sont, dans l'ordre, la résistance à la souffrance, la négation, l'expression des émotions, la réalisation des choses non finies, la découverte d'un sens à la perte, le pardon, l'héritage et la célébration du nouveau moi.

La première étape, la **résistance à la souffrance**, est un mécanisme de défense qui évite l'effondrement de l'individu. Elle se manifeste par le choc, une forme de blocage nuisant aux perceptions du réel. La vie émotive, sensorielle et cognitive se trouve alors en quelque sorte figée afin de permettre à l'individu d'utiliser seulement les ressources nécessaires pour faire face à sa détresse.

À la deuxième étape, il arrive que la personne nie la perte ou les affects qui y sont reliés. Elle ne veut pas reconnaître la réalité. Monbourquette distingue deux types de **négations** : la négation intellectuelle (l'endeuillé oublie que la personne est décédée et fuit les rappels possibles du malheur) et la négation émotive (la personne bloque consciemment l'émergence d'émotions).

La troisième étape est celle de l'**expression des émotions** et des sentiments. Alors que l'on croit souvent que l'endeuillé n'a plus besoin d'aide, apparaissent des sentiments de peur, d'impuissance, de dépression, de colère, de culpabilité ou autres. Ces émotions surviennent souvent à l'improviste et, comme l'écrivait Jasmin (1989, p. 241) à la suite du décès de son fils âgé de 13 ans : « Le deuil est un volcan qui sommeille : la tristesse s'en échappe à des moments inattendus que les meilleurs sismologues du cœur ne peuvent prédire. » À cette étape, les interventions devraient permettre à l'endeuillé d'exprimer les émotions qui bouillonnent en lui. Un cadre thérapeutique peut alors être très bénéfique à une démarche constructive de résolution de deuil.

La quatrième étape, la **réalisation des choses non finies**, constitue une forme de passage aux gestes concrets, reflétant le détachement intérieur qui se manifeste. Tout ce que l'individu n'a pas eu le temps d'accomplir avec la personne décédée, tout engagement non rempli ou situation non réglée sont ce qu'on appelle des choses non finies. L'endeuillé est donc invité à identifier ce qui n'a pas été terminé et à poser des gestes qui vont faciliter la résolution de son deuil. Quoique ces choses non finies puissent être complexes et exigentes, elles peuvent aussi être très simples. Il peut s'agir d'accomplir les dernières volontés du défunt ou encore de donner ses effets personnels. Ces gestes permettent de terminer ce qui avait été laissé en suspens et d'ainsi faciliter le pardon. Nous y reviendrons.

La cinquième étape consiste à découvrir et à donner **un sens à sa perte**. En prenant un certain recul et en délaissant la dimension émotive, l'endeuillé arrive à donner une signification, souvent d'ordre spirituel, à sa situation. Il acquiert alors une plus grande autonomie personnelle. Il tente d'identifier les prises de conscience que la perte lui a permis de faire, que ce soit sur lui-même ou sur le sens de la vie. C'est souvent à cette étape que la personne endeuillée est à même d'identifier certaines de ses limites, mais aussi des ressources qu'elle ignorait posséder.

Vient ensuite le **pardon** de soi et de l'autre, qui permet de se dégager de la culpabilité et de la colère. Monbourquette (1992) précise en quoi consiste le pardon dans son livre

Comment pardonner ? Lors de cette étape, l'individu décide de vivre dans le présent, de ne plus se venger et d'accepter sa colère. Il identifie sa perte, reconnaît sa blessure, il partage cette dernière avec quelqu'un et lui trouve un sens. Il se pardonne à lui-même pour ensuite pardonner progressivement, selon son rythme. Cette étape ne peut être imposée; l'endeuillé change plutôt progressivement sa perception du défunt.

La septième étape, nommée l'**héritage**, consiste à s'approprier l'amour de l'être cher disparu et les qualités que l'on a aimées chez lui. Très souvent, ce que l'endeuillé aimait chez l'autre était une partie de lui-même. À cette étape, il découvre de nouveaux intérêts, de nouvelles habiletés et de nouvelles manières de voir, d'entendre et de sentir. Une femme, par exemple, se rend compte qu'elle appréciait particulièrement les petites attentions que portait sa sœur défunte à son entourage, ainsi que ses talents culinaires. Elle se découvre alors de nouveaux intérêts pour la fine gastronomie et se montre plus attentionnée envers les autres. Elle se rend compte qu'elle savoure davantage les petits plaisirs du quotidien depuis la mort de sa sœur, et elle lui est reconnaissante pour cette nouvelle façon de vivre.

Enfin, l'individu en arrive un jour à célébrer la fin de son deuil et il amorce ainsi une vie nouvelle : c'est la **célébration du nouveau moi**. À cette étape, il est dégagé de ses émotions et vit un certain état d'accalmie. Le souvenir de la personne décédée est intégré, l'endeuillé a commencé à réorganiser sa vie et il amorce différents projets personnels.

CRITIQUE

Monbourquette juxtapose deux réalités existentielles, soit la souffrance suscitée par une perte et la croissance sous-jacente à la découverte de ses ressources intérieures. Bien que nous soyons préoccupés par la quête du bonheur, il suggère d'entrer dans notre souffrance et de faire face à nos blessures affectives plutôt que de nous en détourner. Une des forces de son modèle est d'encourager l'endeuillé à accepter de se laisser déstabiliser douloureusement par sa perte, pour pouvoir ensuite ressortir de cette expérience avec plus de maturité. L'expérience humaine n'est pas sans heurt et, sans s'y enliser, il importe de laisser émerger la souffrance. En outre, la personne qui a vécu une perte et qui a su trouver des mécanismes d'adaptation a de fortes chances d'acquérir ultérieurement une nouvelle sagesse. Les difficultés éventuelles, au lieu d'être perçues comme dramatiques, pourront être envisagées comme une source de dépassement, voire un enseignement. Monbourquette invite donc l'endeuillé à se laisser instruire par son expérience, même si elle s'avère pénible au moment où elle est vécue.

Le modèle proposé par Monbourquette est très optimiste : les expériences traumatisantes et les difficultés d'un individu, si elles sont bien intégrées, deviennent elles-mêmes porteuses d'une croissance. Cependant, un modèle aussi généraliste minimise l'individualité de l'expérience humaine. Bien qu'il soit sécurisant de penser que derrière chaque souffrance se cache une expérience de croissance, ce n'est pas lors d'une expérience de crise, tel un deuil, que cet apprentissage doit avoir lieu. Pour être conscient de cette dimension de croissance, l'individu doit avoir bénéficié déjà, dès son jeune âge, d'une éducation selon laquelle chaque événement de la vie, chaque instant, est en soi porteur d'apprentissages. Malheureusement, la souffrance est contraignante et désagréable. Y percevoir une expérience positive ne se fait pas spontanément et nécessite souvent une part de rationalisation.

Ainsi, bien que Monbourquette propose des exercices concrets pour chaque étape, il importe que chacun s'accorde le temps nécessaire et ne bouscule pas son rythme personnel.

Le tableau 3.5 met en parallèle les modèles de Bowlby, de Kübler-Ross et de Monbourquette. Ces modèles sont forcément schématiques et ne s'appliquent pas à toutes les situations. On doit les prendre pour ce qu'ils sont : des points de repère provisoires et approximatifs pour nous aider à démythifier et à comprendre l'expérience vécue par l'endeuillé.

Ces modèles peuvent ainsi nous donner soit un début de compréhension, soit une piste d'intervention. Il faut se rappeler que le meilleur modèle qui soit ne nous dispensera jamais d'être à l'écoute de l'univers subjectif de chaque être humain. Nous reviendrons au chapitre 7 sur les implications concrètes de ce chapitre pour les interventions centrées sur la facilitation du deuil.

Tableau 3.5 Comparaison des modèles de Bowlby, Kübler-Ross et Monbourquette.

BOWLBY	KÜBLER-ROSS	MONBOURQUETTE
■ Négation de la disparition ■ Colère ■ Appels à l'aide ■ Retrait, désorganisation et désespoir ■ Réorganisation (le goût de vivre et de se créer de nouvelles relations revient) ■ Choc (Moi ?)	■ Déni (Pas moi !) ■ Colère (Pourquoi moi ?) ■ Marchandage (Pas maintenant) (Oui, mais...) ■ Dépression (Pauvre moi, c'est triste et difficile.) ■ Acceptation (Ça va, c'est ainsi.)	■ Résistance à la souffrance (choc, négation, blocage des émotions) ■ Négation et déni de la perte ■ Expression des sentiments et des émotions (colère, peine, amour, libération) ■ Réalisation des tâches rattachées au deuil (affaires à régler, adieux à exprimer) ■ Découvrir et donner un sens à sa perte ■ Pardon de soi et de l'autre (niveau affectif) ■ Héritage ■ Célébration du nouveau moi

POUR MIEUX SE CONNAÎTRE

INTROSPECTION

Mon expérience de deuil la plus significative

Le mot *deuil* désigne le processus naturel par lequel nous nous remettons d'une perte. Chacun a sa façon de s'engager dans ce processus, et cette façon peut se modifier d'une perte à l'autre. Il se peut toutefois qu'un modèle émerge, et que ce style devienne typique de notre façon de composer avec l'ensemble de nos pertes. Les questions suivantes, inspirées de Dershimer (1990), ont pour objectif de vous aider à vérifier si vous avez développé un style personnel et, le cas échéant, si vous êtes satisfait ou satisfaite de votre fonctionnement.

1. Quelle a été votre première perte majeure ?
2. Quel âge aviez-vous ?
3. Que faisiez-vous au moment où vous avez reçu la nouvelle ?
4. Quelle a alors été votre première réaction ?
5. Pendant les jours suivants, quelles ont été vos réactions, vos pensées et vos émotions dominantes ?
6. En présence de quelle(s) personne(s) avez-vous manifesté ces réactions ? Avec qui avez-vous partagé ces pensées et ces émotions ?
7. Comment ces personnes ont-elles réagi ?
8. Quel autre changement majeur a précédé de peu ou a suivi immédiatement cette perte ?
9. Quelle est votre perte significative la plus récente ?
10. Que faisiez-vous au moment où vous avez reçu la nouvelle ?
11. Quelle a alors été votre première réaction ?
12. Pendant les jours suivants, quelles ont été vos réactions, vos pensées et vos émotions dominantes ?
13. En quoi cette réaction ressemble-t-elle à celle que vous avez eue lors de votre première perte ?
14. En quoi cette réaction diffère-t-elle de celle que vous avez eue lors de votre première perte ?

Réfléchissez à vos autres pertes. Essayez d'en identifier le plus grand nombre possible et notez les sentiments éprouvés suite à chacune. Pouvez-vous discerner un modèle commun à ces réactions ? Répondez aux questions suivantes lorsque vous vous sentirez prêt ou prête.

15. Habituellement, comment réagissez-vous lorsque vous apprenez qu'une perte est survenue ou qu'elle est imminente ?

16. Quel sentiment suit votre réaction initiale ?
17. Quel est votre état émotif dominant dans les jours qui suivent ?
18. Comment décririez-vous votre style personnel ?
19. Quels étaient vos besoins lors de ces pertes ?
20. Quelles sont vos réactions et vos sentiments, maintenant, face à ces expériences de perte ?
21. Que retenez-vous de ces expériences de perte ?

Mon cimetière personnel

Toutes les personnes décédées que nous avons connues reposent quelque part dans un coin de notre conscience. Voici une démarche d'imagerie mentale permettant de clarifier votre relation avec ces personnes.

Imaginez un vaste cimetière que vous pourriez aménager à votre guise : emplacement des morts, tracé des allées, localisation des arbres et des bosquets, etc.

Vous pouvez diviser ce cimetière en différents secteurs : un secteur pour la parenté et un autre pour les amis, ou un secteur pour les gens dont le souvenir est encore vivant en vous et un pour ceux qui sont presque totalement passés dans l'oubli, ou encore une section pour les gens avec lesquels vous vous sentez en paix et une autre pour ceux avec lesquels vous avez des affaires non terminées; vous pouvez ajouter une section pour des personnages célèbres (René Lévesque, la princesse Diana, etc.).

Lorsque c'est fait, tentez de répondre aux questions qui suivent.

1. Y a t-il des tombes encore fleuries ?
2. Y en a-t-il qui sont envahies par la végétation ?
3. Y en a-t-il où vous vous rendez régulièrement ?
4. Y a-t-il des tombes où vous aimeriez aller vous recueillir ? Si oui, pourquoi et qu'est-ce qui vous en a empêché jusqu'à maintenant ?
5. Avez-vous développé des rituels liés à votre cimetière personnel ? Le visitez-vous mentalement lors de certains événements ou de certains anniversaires ou encore à la vue d'un cimetière réel ?
6. Décrivez ce que cette démarche a remué en vous.

POUR DÉVELOPPER SA COMPÉTENCE

Voici quelques exemples de témoignages d'endeuillés. Associez chaque énoncé à l'une des caractéristiques du processus de deuil. Utilisez le choix de réponses suivant :

a) Réactions initiales et choc.
b) Recherche compensatoire de l'autre.
c) Évitement compulsif de l'autre.
d) Colère, blâmes, culpabilité.
e) Dépression.
f) Construction d'une nouvelle identité.

1. J'en arrive à penser que si certaines personnes s'étaient comportées différemment, les choses auraient tourné autrement. _______
2. Les premiers temps, j'avais de la difficulté à fonctionner normalement (peu d'appétit, insomnie, insécurité, etc.). _______
3. Je trouve la vie bien cruelle de me soumettre à une telle épreuve. _______
4. Sur le coup, je n'ai rien ressenti du tout, sauf que j'étais tendu comme une barre. _______
5. Au fond, l'autre est encore là. Bien des choses me le rappellent. _______
6. Je n'y crois pas vraiment. J'ai l'impression de traverser les événements comme un somnambule. _______
7. Je peux dire que maintenant j'envisage la vie avec confiance. _______
8. Ça prend un bon moment avant de cesser de le voir un peu partout dans la maison et dans les endroits familiers. _______
9. Au fond, j'ai l'impression que l'autre est encore là. Je peux lui parler malgré son absence. _______
10. Je me retrouve souvent à imiter ses intonations, à porter certains de ses vêtements ou à adopter son point de vue sur certains sujets. _______
11. Il m'arrive de me forcer à m'occuper pour ne pas me mettre encore à penser à lui. _______
12. Ça peut paraître fou, mais malgré moi, je lui en veux encore un peu. _______
13. Autant que possible, j'écourte toutes les conversations à son sujet avec les personnes qui la connaissaient. _______
14. S'il n'en tenait qu'à moi, tout ce qui lui appartenait serait donné ou rangé à l'extérieur. _______
15. J'ai été très bouleversé émotivement au début ! J'ai vécu beaucoup d'émotions intenses, de fréquents changements d'humeur; j'ai souffert de pleurs abondants. _______
16. À certains moments, j'en viens à croire que si tel ou tel geste avait été posé à temps, les événements auraient peut-être tourné autrement. _______
17. J'ai de la difficulté à accepter que cela m'arrive à moi. _______
18. Ça va sans doute être difficile de surmonter mon chagrin. _______
19. Certains jours, je parviens difficilement à ne pas penser constamment à elle. _______
20. Il m'arrive encore de m'ennuyer profondément de lui. _______
21. Ma vie ne sera plus jamais ce qu'elle était. _______
22. Je crois qu'il me sera difficile d'aimer à nouveau. _______
23. Je pense que j'en ai fait mon deuil. Je suis prête pour un autre départ. _______
24. Je commence à refaire ma vie sans elle. _______

(Tiré de Tessier, 1990.)

QUESTIONS DE RÉVISION

1. À quels indices peut-on reconnaître qu'une personne s'approche de la résolution de son deuil ?
2. Vous êtes invité(e) à donner une conférence sur les principaux facteurs influant sur les réactions de deuil. Que dites-vous ?
3. Quelle précaution doit-on prendre vis-à-vis des différents modèles théoriques sur le processus de deuil ?
4. Quelles sont les similarités et les particularités des modèles de Kübler-Ross et de Monbourquette ?
5. Lisez ce qui suit et relevez trois ou quatre facteurs ayant facilité le deuil de ces parents d'une victime du drame de l'École polytechnique.

> Le soir du 6 décembre 1989, Pierre Leclair se rend à l'École polytechnique en tant que responsable des communications à la police de la Communauté urbaine de Montréal. Jamais l'idée qu'il va y trouver sa fille assassinée ne lui a effleuré l'esprit.
>
> « Je marche d'un étage à l'autre, stupéfait d'un tel carnage. Je ne m'inquiète pas pour Maryse, comme si ce genre de drame n'arrivait qu'aux autres. » Parvenu au local 307 : « Je m'avance et vois Maryse étendue par terre, Lépine près d'elle. »
>
> Il redescend à l'entrée où un collègue le fait reconduire à la maison. Son épouse, Louise, est rentrée de son travail et elle suit à l'écran les nouvelles du drame. « Lorsque, vers 19 h, Pierre tourne la poignée de la porte, explique-t-elle, je sais que Maryse est morte. Ce n'est pas normal que Pierre revienne à la maison si tôt. »
>
> Un an plus tard, Pierre et Louise acceptent de partager cette douloureuse expérience. « Pour dire à tous que nous pouvons traverser une terrible tragédie avec le soutien de la famille, des amis, des citoyens. Ceux qui croient qu'à Montréal tous les citoyens vivent en égoïstes se trompent. C'est incroyable, le soutien que nous avons eu. Par exemple, dans la rue où nous habitons, personne l'an dernier n'a installé ses décorations de Noël. Par respect pour les Leclair, a-t-on appris plus tard. »
>
> Ils ont déménagé à Sainte-Foy, où Pierre a obtenu un poste de cadre supérieur à la police. Avec le temps, ils apprennent à vivre avec ce coup de massue. Ils parlent du drame avec calme. « Bien sûr, nous avons pleuré souvent. Nous avons été près l'un de l'autre, échangeant nos émotions, nous rappelant nos beaux souvenirs », explique Louise.
>
> « Récemment, j'ai trouvé dans un livre de recettes une feuille sur laquelle j'avais noté, il y a 23 ans, la quantité de lait qu'il fallait donner à Maryse, née prématurément. En trouvant cette note, je la sentais près de moi. Je me suis dit qu'un jour je serai près d'elle. Je peux même affirmer que j'ai moins peur de la vie depuis ce drame. »
>
> La maison des Leclair est chaleureuse, accueillante; on sent que la vie a repris son cours, même s'ils pensent tous les jours à leur fille. « Nous avons confiance en la vie, aux jeunes. Ceux qui sont en détresse doivent être aidés », disent-ils ensemble. À propos de Marc Lépine, ils disent : « Nous ne pouvons en vouloir à un homme visiblement malade, même si notre peine est grande. »

Ils affirment qu'ils sont en mesure de poursuivre leur vie. « Peut-être aurons-nous besoin d'aide un jour. Nous ne le savons pas. Ce que nous savons, c'est que quelqu'un sera là pour nous secourir si nous le demandons. Le monde n'est pas si méchant. »

(Extrait d'un article de Pierre Pépin paru dans *La Presse* (Montréal), 1er déc. 1990.)

Clin d'œil...

De l'un des patients de Freud : « Si l'un de nous deux vient à mourir, je crois que j'irai vivre à Paris ! »

Témoignage d'une veuve ambivalente : « Mon mari était plein d'attentions. Il m'a laissé une assurance de 100 000 $. Je donnerais bien 1000 $ pour le revoir vivant à mes côtés... »

Paroles de sage

Rondeurs des jours

« Les jours commencent et finissent dans une heure trouble de la nuit. Ils n'ont pas la forme longue, cette forme des choses qui vont vers des buts : la flèche, la route, la course de l'homme. Ils ont la forme ronde, cette forme des choses éternelles et statiques : le soleil, le monde, Dieu. La civilisation a voulu nous persuader que nous allions vers quelque chose, un but lointain. Nous avons oublié que notre seul but, c'est vivre et que vivre nous le faisons chaque jour et tous les jours et qu'à toutes les heures de la journée nous atteignons notre but véritable si nous vivons. Tous les gens civilisés se représentent le jour comme commençant à l'aube ou un peu après, ou longtemps après, enfin à une heure fixée par le début de leur travail; qu'il s'allonge à travers leur travail, pendant ce qu'ils appellent « toute la journée »; puis qu'il finit quand ils ferment les paupières. Ce sont ceux-là qui disent : les jours sont longs.

Non, les jours sont ronds.

Nous n'allons vers rien, justement parce que nous allons vers tout, et tout est atteint du moment que nous allons tous nos sens prêts à sentir. Les jours sont des fruits et notre rôle est de les manger, de les goûter doucement ou voracement selon notre nature propre, de profiter de tout ce qu'ils contiennent... d'en faire notre chair spirituelle et notre âme, de vivre. Vivre n'a pas d'autre sens que ça.

Tout ce que nous propose la civilisation, tout ce qu'elle nous apporte, tout ce qu'elle nous apportera, rien n'est rien si nous ne comprenons pas qu'il est plus émouvant pour chacun de nous de vivre un jour que de réussir en avion le raid sans escale Paris-Paris autour du monde. »

(Giono, 1943, p. 114)

chapitre 4

QUELQUES DEUILS PARTICULIERS

« Un proverbe dit : Il n'est nulle douleur que le temps ne saurait atténuer.

Oui, mais voilà : où trouver la force d'attendre, quand le visage aimé est recouvert de terre ? »

(Bobin et Boubat, 1996, p. 26)

Sommaire

L'endeuillé a besoin d'exprimer et de vivre ses émotions, de sentir que l'on comprend et accepte sa façon de réagir à la perte. Cependant, certaines circonstances de décès, plus que d'autres, incitent les endeuillés à taire leur souffrance ou encore à s'isoler. Dans les pages qui suivent, nous examinerons quelques types de deuils rendus particulièrement exigeants par leur caractère inhabituel ou par les attitudes de l'entourage. En effet, dans notre société qui se targue d'être ouverte, tabous, préjugés et méconnaissance subsistent dans certaines situations particulières.

4.1 L'ORIGINE DES SITUATIONS PARTICULIÈRES

Les attitudes problématiques prennent habituellement trois formes : la méconnaissance de l'endeuillé, la méconnaissance de la perte et la réprobation de la relation avec le défunt.

LA MÉCONNAISSANCE DE L'ENDEUILLÉ

On sous-estime le chagrin de certains endeuillés parce qu'on les taxe à tort d'inconscience. Les enfants, par exemple, sont perçus comme trop jeunes ou inconscients pour vivre un deuil. Pourtant, nous verrons au chapitre 6 qu'ils ressentent eux aussi les manifestations inhérentes à une perte. Les personnes souffrant de déficience intellectuelle ou de certaines maladies mentales sont, elles aussi, souvent oubliées lors d'un décès. Or, tous ces endeuillés doivent s'ajuster, à leur façon, à la mort d'une personne significative.

Il arrive également que les gens en deuil d'une personne handicapée physiquement ou psychologiquement voient leur souffrance minimisée par l'entourage qui, percevant le décès comme la délivrance d'un fardeau, projette son propre soulagement et exprime maladroitement sa sympathie.

LA MÉCONNAISSANCE DE LA PERTE

Certaines pertes ne sont pas reconnues ou attirent moins de sympathie que d'autres. Par exemple, le lien unissant un maître à son animal de compagnie, particulièrement chez les personnes âgées et les individus esseulés, peut être très significatif. Toutefois, peu de gens sont sensibilisés à ce type de lien affectif. Les personnes en deuil d'un animal reçoivent donc rarement un soutien approprié de la part de leur entourage et taisent souvent leur souffrance de crainte d'être ridiculisées.

L'exemple de Jacqueline reflète aussi ce genre d'attitude. Elle a perdu son premier amoureux à l'âge de 16 ans, et ses parents ont alors cru qu'elle l'oublierait rapidement. Pourtant, 15 ans plus tard, cette absence laisse encore en elle une impression de manque. La non-reconnaissance de la relation a joué un rôle déterminant dans l'évolution de son deuil.

LA RÉPROBATION DE LA RELATION AVEC LE DÉFUNT

La réprobation du lien de la personne survivante avec le défunt peut aussi être à la source d'un deuil particulier. Ainsi, les relations extraconjugales ou homosexuelles, les relations de travail, de colocation ou encore d'amitié ne bénéficient pas toujours de l'attention que reçoivent les membres de la famille du défunt. Cette absence de reconnaissance nuit souvent au déroulement du deuil.

4.2 LA MORT D'UN ENFANT

Malgré la fréquence élevée des morts néonatales et périnatales, plusieurs personnes sont insensibles à l'expérience subjective de ce type de perte. Cette méconnaissance de la part des professionnels, mais surtout de l'entourage, entraîne plusieurs difficultés. Les parents endeuillés ne reçoivent pas toujours le soutien et l'attention dont ils auraient besoin. Heureusement, on assiste à la mise en place de nouvelles formes de ressources en milieu hospitalier pour aider les parents à faire face à de tels drames.

LES EFFETS PSYCHOLOGIQUES

La mort d'un enfant va à l'encontre du déroulement habituel de la vie. Le deuil des parents est donc particulièrement difficile à faire, peu importe l'âge de l'enfant au moment du décès. En fait, l'attachement des parents pour le bébé débute avec le désir de grossesse, et c'est souvent dès la conception que les parents commencent à élaborer des projets concernant leur enfant. Et plus le décès survient tôt dans la vie de l'enfant, moins il est reconnu et plus le deuil risque d'être compliqué (Witzel et Chartier, 1989).

LA MORT NÉONATALE

La **mort néonatale** signifie que l'enfant disparaît avant même d'avoir vu le jour. Qu'il s'agisse d'une fausse couche ou d'une interruption de grossesse après un diagnostic d'anomalie, les conséquences psychologiques sont plus nombreuses que celles inhérentes à une interruption volontaire de grossesse (Bacqué, 1995).

Quoique les réactions psychologiques varient considérablement d'une personne à l'autre, la culpabilité et un sentiment d'échec sont des réactions fréquentes. La mère peut croire que la fausse couche ou l'anomalie est un châtiment pour une faute commise, ou encore qu'elle échoue dans sa mission de procréation (Madden, 1986).

Informer les parents des facteurs pouvant contribuer à une fausse couche permet souvent d'atténuer les sentiments de culpabilité, particulièrement pour les gens qui vivaient une ambivalence face au désir de grossesse et qui s'accusent de ne pas avoir suffisamment désiré leur enfant.

La colère, réaction courante chez les femmes en deuil à la suite d'un décès néonatal, est souvent accentuée par les attitudes de l'entourage qui sous-estime la signification et

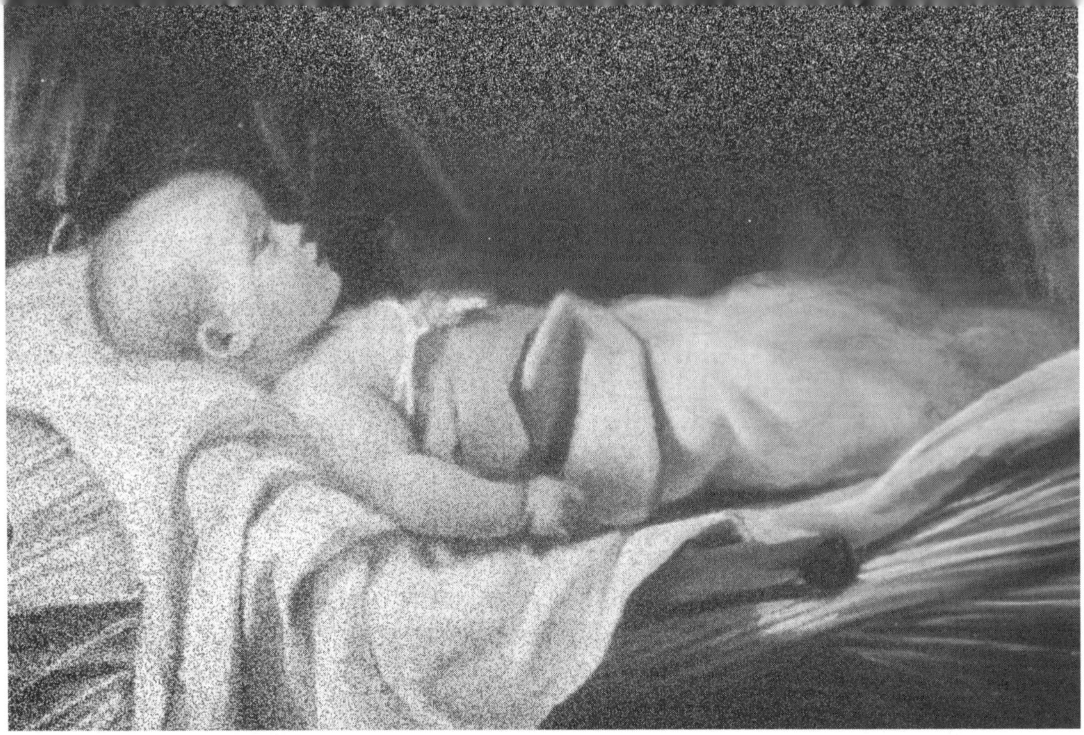

La mort d'un enfant suscite un deuil particulièrement difficile.

l'importance de cette perte pour la femme. Des messages comme « tu en auras un autre » ou encore « au moins, tu n'as pas eu le temps de t'attacher » suscitent un sentiment d'être incomprise pouvant complexifier le deuil.

Parmi les autres réactions, notons la dépression, un sentiment de vide et de tristesse. Les femmes expriment toutefois davantage leur chagrin que les hommes. Il semble que les attentes de la société face aux attitudes masculines soient à l'origine de leur retenue. Cette différence entre hommes et femmes dans la façon de vivre le deuil suscite souvent des conflits au sein du couple.

LA MORT PÉRINATALE

La **mort périnatale** ou **postnatale** survient au terme de la grossesse. Il peut s'agir d'enfants mort-nés ou d'enfants décédés peu de temps après la naissance ou en très bas âge.

Plusieurs études ont été faites sur les deuils vécus suite au syndrome de mort subite du nourrisson (SMSN). Les causes du décès, qui survient alors que l'enfant est âgé de moins d'un an, demeurent inexpliquées après un examen minutieux du cas. Cet examen comprend une autopsie complète, et l'investigation des circonstances du décès et des antécédents cliniques (Côté, 1994). L'enquête policière menée lors de ce type de décès alourdit souvent le deuil des parents. À leurs sentiments d'impuissance et de culpabilité s'ajoute l'impression d'être soupçonnés de mauvais traitements. Les hypothèses émises par l'entourage pour expliquer la mort peuvent aussi laisser planer des doutes difficiles à supporter.

Pourtant, le syndrome de mort subite survient dans tous les pays du monde et constitue la première cause de mortalité chez les nourrissons dans les pays industrialisés. La mort survient habituellement entre le deuxième et le quatrième mois suivant la naissance. Un faible poids à la naissance, le tabagisme ou la consommation de drogues par la mère, le sexe masculin et la position ventrale du bébé pendant le sommeil sont des facteurs de risque. Avant de mourir de ce syndrome, le bébé semble en bonne santé, d'où la difficulté pour les parents à accepter une mort aussi soudaine et imprévisible. Envahis par un sentiment de culpabilité, ils pensent avoir failli à leur rôle parental. « Si seulement... », ne cessent-ils de répéter. Les intervenants doivent donc éviter d'user de paroles qui pourraient être perçues comme des blâmes pour les parents, déjà sous l'effet d'un choc émotif.

Les pères et les mères ont des réactions de deuil différentes lors d'une mort périnatale (Dyregrov et Matthiesen, 1987). Bien qu'il faille se garder de sous-estimer l'importance des répercussions de la perte chez les pères de même que leur affliction, il semble que les mères aient habituellement face à cette tragédie des réactions de plus forte intensité et de plus longue durée. Elles se montrent plus anxieuses, se culpabilisent davantage et présentent des dérèglements de la pensée et du sommeil plus profonds.

Plusieurs croient que le décès d'un enfant si peu connu peut s'accepter assez facilement et rapidement pour les parents, surtout si la naissance d'un autre enfant a lieu. Bien qu'une nouvelle grossesse puisse être bénéfique, elle peut aussi tendre le piège de l'enfant de remplacement. On observe en effet que certains parents tentent de combler les espoirs, les attentes et les rêves rattachés à l'enfant perdu par la conception d'un autre enfant. Or, « les conséquences de la venue d'un enfant de remplacement se font sentir non seulement dans le couple qui peut pérenniser son deuil mais encore chez l'enfant qui tient son identité d'un autre » (Séguin et Fréchette, 1995, p. 141). Dans ces conditions, on comprendra pourquoi il est important d'éviter toute autre grossesse jusqu'à ce que le deuil consécutif à la perte périnatale soit résolu.

L'EXPÉRIENCE DE DEUIL CHEZ LES PARENTS

La mort d'un enfant représente la perte d'un investissement affectif très fort. Souvent, plusieurs espoirs rattachés à l'enfant disparaissent à la mort de celui-ci. La cellule familiale n'est plus ce qu'elle était. Les parents s'inquiètent, se demandent s'ils ont joué leur rôle adéquatement. Leur deuil peut prendre bien des formes. Si le décès suit une grave maladie ou un handicap au cours de l'enfance, le temps consacré à soigner l'enfant crée un sentiment d'échec et un vide immense lorsque survient la mort. En effet, les soins donnés ont habituellement favorisé le développement d'une relation particulière avec l'enfant (Parkes, 1996).

Certains soutiennent que les incompréhensions entre conjoints en deuil haussent les taux de divorce jusqu'à trois couples sur quatre (Mercier, 1994). D'autres recherches ne confirment toutefois pas cette théorie (Rollins Bohannon, 1990; Hétu, 1997).

Plusieurs parents précisent que les anniversaires et tous les moments qui rappellent les instants partagés avec l'enfant sont particulièrement difficiles. À ce jour, la recherche a peu exploré cette dimension. Le témoignage de la mère de David (Colombo, 1997) reflète bien cette difficulté.

« Cette année, au début d'août, cela a fait sept ans que David, "notre grand garçon préféré", nous a quittés. Grand garçon préféré, c'est ainsi que nous l'appelions entre nous, parce que nous n'avions que lui. Je sais, je sais, je vous entends murmurer qu'il ne nous a pas vraiment quittés, qu'il est toujours là près de nous, en nous, mais parfois, le désir de le serrer dans nos bras est si intense que le cœur nous manque. C'est comme si nous marchions sur le bord d'un précipice et que tout à coup le gouffre nous semblait plus attirant que l'air que nous respirons.

Après la mort d'un enfant, on voudrait arrêter le temps, mais il suit son cours même si nous ne sommes plus vraiment présents. L'année qui suit, les journées marquantes nous frappent de plein fouet : la première rentrée scolaire sans lui, l'Halloween, le premier Noël, la fête des mères, des pères, Pâques et toutes les festivités qui peuvent s'ajouter selon les croyances. Pour moi qui n'avais pas d'autre enfant, ces fêtes étaient insupportables. J'étais enragée et je ne voulais plus célébrer quoi que ce soit.

En me préparant aux anniversaires qui se succédaient, je pouvais amortir le choc, éviter la vague déferlante, décider de changer de parcours. Petit à petit, j'ai organisé ces anniversaires autour du souvenir. La première année surtout, nous nous sommes rassemblés pour une messe à sa fête, un dîner ensemble, une visite au cimetière. Parfois, durant l'année, les gens se rendaient au cimetière et quand j'y allais à mon tour, je trouvais un nouveau bouquet sans savoir qui l'avait déposé, et je crois bien que ces rituels sont devenus mes anniversaires. Petit à petit, la signification de ces fêtes a changé et j'ai commencé à les apprivoiser et à accepter que les autres les vivent à leur gré.

Toutes ces fêtes qu'on voit venir, on peut y faire face, mais il y a tous ces souvenirs qui ne portent pas de nom, ceux qui ne sont pas commercialisés et qui arrivent sans crier gare, sans qu'on puisse s'y préparer, sans qu'on puisse endiguer le flot d'émotions qui nous submerge. Ce sont ces premières fois qui m'ont parfois fait chavirer. La première fois où l'on ferme ses rideaux à 4 h 30 l'après-midi à l'automne quand on sait que toute la famille est bien au chaud à l'intérieur, la première neige sans lui, les repas qu'on n'ose plus prendre à la cuisine avec cette table si grande maintenant, les souvenirs d'école avec son écriture, la composition de 2e année qu'on retrouve soudainement et dans laquelle il raconte que sa famille préférée, c'est la sienne et qu'il ne la changerait pour rien au monde...

On ne peut se préparer à toutes ces premières fois. Elles arrivent soudainement, quand on ne s'y attend pas et comme dit André Frossard (1990) en évoquant le malheur de la mort de son enfant : "Il n'y a pas de malheur plus grand. Le temps l'atténue, mais ne l'éloigne jamais beaucoup, et pour qu'il revienne nous envahir, il suffit d'un objet, et de l'odeur d'une plante, d'un nom que l'on ne prononce plus soi-même, du cri d'un oiseau, d'un certain silence, d'un rien."

Il n'y a pas de recette pour traverser ces années de désert. La première année, on ne connaît pas bien les dunes, les tempêtes, les mirages. Mais la première année, il y a aussi la grâce d'avoir touché une dimension qui ne nous appartient pas encore, les clins d'œil que l'on reçoit de l'invisible si on sait être attentif. Personne ne peut nous montrer ces signes, ils sont personnels et n'existent que pour nous, mais je suis persuadée qu'ils sont bien réels même si on n'ose pas toujours les partager.

Un jour, dans le désert, on aperçoit un oasis. Ce sera le coup de fil d'un ami, l'invitation à souper de ta sœur, la journée anniversaire de la mort de ton enfant, des fleurs que tu reçois à la fête des mères, ou simplement le sourire franc d'un parfait inconnu... Mais cette fois-là, même si l'oasis ne resplendit pas, on sait très bien que ce n'est pas un mirage. »

Bien que la mort d'un enfant soit souvent considérée comme l'une des plus traumatisantes, plusieurs parents disent avoir développé une grande sensibilité et de la sagesse après avoir traversé ce deuil. Certains participent à des services d'accompagnement, particulièrement auprès d'autres parents endeuillés. Ceux-ci apprécient habituellement ce type d'aide, car ils ont l'impression que seule la personne qui a perdu son enfant peut comprendre l'intensité de leur douleur.

Les personnes âgées vivent aussi difficilement la perte de leur enfant. Quand Alphonsine, 82 ans, a perdu sa fille Lucille âgée de 57 ans, elle a vécu un deuil similaire à celui d'une jeune mère qui vient de perdre son enfant. En effet, la force de la filiation est inscrite en chacun et le décès d'un enfant contrevient à l'ordre habituel des choses. Il semble d'ailleurs que les manifestations de deuil soient plus intenses et persistantes lors du décès d'un enfant que lors de celui d'un parent ou d'un conjoint (Leahy, 1993), et cela, peu importe l'âge de l'enfant (Rando, 1992).

Les grands-parents qui perdent leur petit-enfant ont aussi l'impression de perdre la continuité des liens générationnels. Ils ressentent souvent de la culpabilité et vivent un état dépressif. L'ordre des décès ne suit pas l'évolution logique des générations. La structure familiale est désorganisée et ils voient leur rôle de grands-parents modifié (de Broca, 1997).

SUGGESTIONS D'INTERVENTIONS

Les deuils néonatal et périnatal, de même que le deuil d'un enfant, requièrent, comme toute perte, du soutien de la part de l'entourage. Le chapitre 7 est consacré aux moyens dont nous disposons pour développer une relation aidante avec l'endeuillé. Voyons pour l'instant les attitudes à privilégier pour offrir un soutien émotionnel à la famille (tableau 4.1), ainsi que quelques éléments facilitant le deuil des parents, particulièrement pour les pertes néo et périnatales.

Un élément fondamental du deuil est la capacité de produire mentalement une image de l'objet perdu (Condon, 1986). Lors d'un décès néonatal ou de celui d'un enfant en très bas âge, les parents ont peu ou pas d'image de l'enfant. Il est donc fortement suggéré que les parents qui le désirent puissent voir le fœtus, dans le cas d'une mort néonatale, afin de mieux intégrer la réalité de la perte. De plus, on peut inviter le parent à créer une biographie de l'enfant, par un récit, des jouets, des photographies ou des souvenirs durables afin de favoriser la prise de conscience de l'immensité de la perte. Ces démarches s'avèrent bénéfiques dans le déroulement du deuil (McColgan, 1989). Par ailleurs, le fait d'avoir pris ou bercé l'enfant aide notamment à cristalliser son souvenir.

Tout ce qui permet de personnifier socialement le fœtus ou l'enfant mort, de lui donner une identité, devrait être suggéré et valorisé. La symbolisation de la mort par des rituels funèbres est aussi à privilégier. Elle permet à l'entourage de reconnaître que les parents expérimentent un deuil réel; elle contribue à donner une individualité à l'enfant ou au

Tableau 4.1 Attitudes à privilégier auprès des parents endeuillés.

À FAIRE	À NE PAS FAIRE
■ Montrez que vous vous intéressez à eux et que vous êtes touché par la mort de leur enfant.	■ Ne laissez pas votre sentiment d'impuissance vous tenir à l'écart des parents.
■ Soyez disponible... pour écouter, pour faire des courses, pour vous occuper des autres enfants ou pour faire ce qui peut être utile au moment même.	■ Ne les évitez pas parce que vous vous sentez mal à l'aise en leur présence. Se sentir délaissé par ses amis augmente la peine.
■ Dites-leur que vous avez de la peine à cause de ce qui est arrivé à leur enfant et à cause de leur chagrin.	■ Ne leur dites pas que vous savez comment ils se sentent, à moins d'avoir vous-même perdu un enfant.
■ Permettez-leur d'exprimer leur peine comme ils le désirent.	■ Ne leur dites pas « tu devrais te sentir mieux maintenant » ou toute autre parole qui porte un jugement sur leurs sentiments.
■ Encouragez-les à être patients envers eux-mêmes, à ne pas exiger trop de l'un ou de l'autre et à ne pas se surcharger de « on aurait dû... ».	■ Ne leur dites pas ce qu'ils devraient faire ou ressentir.
■ Permettez-leur de parler de leur enfant aussi souvent et aussi longtemps qu'ils le désirent.	■ Ne changez pas de sujet lorsqu'ils parlent de leur enfant mort.
■ Rassurez-les. Ils ont besoin de savoir qu'ils ont fait tout ce qu'il était possible de faire, que l'enfant a reçu tous les soins nécessaires ou toute autre chose que vous savez et qui est vraie et positive concernant leur enfant.	■ Ne faites pas de remarques qui suggéreraient que leur enfant n'a pas reçu tous les meilleurs soins à la maison, à l'hôpital, etc. Les parents sont tourmentés par le doute et rien ne devrait venir intensifier leur sentiment de culpabilité.
■ Osez mentionner les qualités uniques et attachantes de leur enfant.	■ N'évitez pas de mentionner le nom de leur enfant de peur de leur faire de la peine (ils ne l'ont pas oublié).
■ Soyez attentifs aux besoins des autres enfants survivants durant les funérailles et les mois qui suivent. Les parents ne peuvent leur donner toute l'attention dont ils ont besoin.	■ Ne leur dites pas qu'ils ont au moins les autres enfants ou qu'ils pourraient en avoir d'autres. Les enfants ont tous une personnalité différente. Ils ne se remplacent pas et ne s'échangent pas.
■ Aidez les parents à prendre conscience de ce que représentait pour eux l'enfant décédé. Au sein d'une famille, souvent inconsciemment, un rôle bien spécifique est attribué à chacun.	■ Ne leur dites pas qu'ils doivent être reconnaissants pour les enfants qui leur restent. Les parents en sont conscients, et leur chagrin ne diminue en rien l'amour et l'appréciation qu'ils ont envers les autres enfants.
■ Informez-les de l'existence de groupes d'entraide pour parents endeuillés.	■ N'essayez pas de trouver une justification pour la mort de leur enfant (leçon morale, croissance personnelle, unité familiale, etc.).

Inspiré des Amis compatissants, groupe d'entraide pour parents endeuillés, et de Schmidt (1987).

fœtus. Les parents peuvent, à la vue d'un cercueil et de leurs proches rassemblés, reporter leur chagrin et leur attention sur les éléments physiques symbolisant le corps de l'enfant et ainsi exprimer leurs émotions, processus libérateur dans un deuil.

4.3 LE SUICIDE

Le suicide est un phénomène universel, touchant depuis toujours des hommes et des femmes de toutes les classes sociales, de toutes les cultures et de tous les âges.

Lorsque survient un suicide, les principales réactions des endeuillés sont la honte, la culpabilité et le déni. En effet, même s'il figure parmi les 10 premières causes de décès dans les pays industrialisés, le suicide demeure un sujet tabou. On l'entoure de mystère, souvent pour éviter la stigmatisation de la famille dans son environnement ou pour lui permettre d'obtenir des prestations d'assurances. Il est donc difficile d'évaluer la justesse des statistiques, puisque plusieurs morts dites accidentelles sont des suicides camouflés.

On tente de plus en plus de prévenir le suicide, particulièrement auprès des endeuillés par suicide, car ils sont plus susceptibles de poser des gestes suicidaires que tout autre endeuillé. Dans les pages qui suivent, nous apprendrons à reconnaître les intentions suicidaires d'une personne, à évaluer l'urgence de la crise et, surtout, à mieux comprendre ce phénomène encore entouré de mythes.

LES FACTEURS PRÉDISPOSANTS

L'acte suicidaire ne s'explique jamais par une cause isolée. C'est plutôt l'aboutissement d'un processus qui s'élabore à la suite d'événements douloureux vécus par la personne. Il est toutefois possible d'identifier, à l'aide de statistiques, les facteurs ayant une incidence sur le risque suicidaire. Les données obtenues par le Groupe d'étude sur le suicide au Canada (1994) et Mercier et Saint-Laurent (1998) nous permettent de classer ces facteurs en trois catégories : les facteurs socio-économiques, les facteurs démographiques et les facteurs personnels.

LES FACTEURS SOCIO-ÉCONOMIQUES

Les taux de suicide sont élevés :

- dans les milieux où prédominent l'incertitude et les problèmes sociaux tels que le chômage;
- dans les pays tels le Canada, les États-Unis, le Japon et l'Allemagne, qui valorisent l'indépendance, l'individualisme et la performance;
- au Québec, dans les régions périphériques (à faible densité de population), à l'exception de la Gaspésie et des Îles-de-la-Madeleine;

- chez les gens œuvrant dans le domaine de la santé et des services sociaux;
- dans les groupes privilégiés de la population âgée.

Les taux de suicide sont bas :

- dans les communautés en croissance et les groupes où l'optimisme et l'espoir sont élevés;
- dans les communautés ayant une culture riche et chaleureuse (irlandaise, italienne, norvégienne, etc.);
- dans les milieux grandement influencés par le catholicisme, qui désapprouve le suicide (Italie, Espagne, Irlande, etc.);
- chez les individus économiquement défavorisés.

LES FACTEURS DÉMOGRAPHIQUES

Les taux de suicide sont plus élevés chez :

- les hommes dans les pays industrialisés en général, bien que l'on remarque une augmentation du suicide chez les femmes. Les hommes utilisent aussi des moyens plus violents pour se suicider que les femmes;
- les personnes célibataires et les personnes mariées sans enfant;
- les veufs;
- les gens de race blanche; toutefois, les jeunes Noirs âgés entre 20 et 35 ans et vivant en milieu urbain se suicident davantage que les jeunes Blancs du même âge.

LES FACTEURS PERSONNELS

Les taux de suicide sont plus élevés chez :

- les personnes ayant déjà fait des tentatives de suicide;
- les personnes ayant des relations familiales difficiles;
- les personnes alcooliques ou toxicomanes;
- les personnes victimes ou ayant été victimes d'inceste, de mauvais traitements ou de négligence;
- les personnes ayant vécu la perte, par décès ou par séparation, d'une relation intime et privilégiée. Lorsqu'il s'agit d'un suicide, l'endeuillé est neuf fois plus à risque de s'enlever la vie qu'une autre personne;
- les personnes ayant une maladie physique;
- les personnes souffrant de troubles psychologiques, particulièrement de dépression;
- les personnes isolées socialement ou souffrant de solitude;
- les détenus.

LES SIGNES D'INTENTION SUICIDAIRE

La personne suicidaire exprime habituellement, de façon directe ou indirecte, son intention de mettre fin à ses jours. Souvent, l'entourage ignore les signes d'intention suicidaire ou ne les reconnaît pas. Ces signes peuvent être verbaux, comportementaux ou émotifs.

Signes verbaux Plusieurs messages constituent des signaux d'alarme auxquels il faut être attentif. En voici quelques exemples.

- Je veux en finir.
- La vie ne vaut pas la peine.
- Vous seriez mieux sans moi.
- Je suis inutile.
- J'aimerais ne plus me réveiller.
- Vous allez bientôt avoir la paix.
- Je vais vous débarrasser.
- Je partirais pour un long voyage.
- Des fois, j'aimerais mieux être mort.

Signes comportementaux Certains indices comportementaux trahissent la souffrance de la personne suicidaire. Habituellement, un changement soudain de comportement est un indice non négligeable. Ces changements peuvent se manifester de différentes façons :

- isolement et repli sur soi;
- intérêt pour les armes à feu, les médicaments ou tout autre moyen pour se suicider;

La personne suicidaire donne souvent des signes de désespoir.

- don d'objets personnels significatifs;
- diminution de la performance scolaire ou professionnelle;
- mise à jour de documents légaux, résolution de vieux conflits avec des amis, etc.;
- changement des habitudes alimentaires;
- troubles du sommeil;
- consommation excessive de psychotropes;
- changement dans la tenue vestimentaire ou l'hygiène personnelle;
- incohérence du langage;
- hyperactivité ou apathie extrême.

Signes émotifs Sur le plan émotif, plusieurs signes peuvent refléter la détresse de la personne suicidaire et éveiller des soupçons :

- tristesse, découragement;
- désintérêt, ennui, perte de plaisir et de désir;
- agressivité et changement d'humeur;
- émotions contradictoires : rires suivis de pleurs, par exemple.

LES MYTHES SUR LE SUICIDE

Pour composer avec des gestes qui semblent intangibles et incompréhensibles, les gens font souvent appel à des croyances et à des préjugés que nous appellerons des **mythes**. Ces mythes entourant le suicide visent à sécuriser et à protéger les proches contre des sentiments de culpabilité, d'impuissance ou d'agressivité. Les principaux mythes sur le suicide (Raymond, 1993) sont les suivants.

- *Le fait de parler du suicide avec quelqu'un ayant des tendances suicidaires l'incite à mettre fin à ses jours.*
  Au contraire, on doit aborder ce sujet avec une personne qui semble avoir des idées suicidaires. Il faut même lui demander franchement et directement si elle a pensé au suicide afin d'évaluer l'urgence suicidaire. Le fait de parler du suicide et de tenter de trouver les raisons incitant une personne à poser un acte suicidaire permet de briser l'isolement dans lequel elle se trouve et réduit la tension. Le soutien et l'écoute peuvent être déterminants. Il est certain, toutefois, qu'il ne faut pas parler du suicide à la légère, par exemple en suggérant à quelqu'un qui a des idées suicidaires de les mettre à exécution. Il s'agit plutôt de permettre à la personne d'exprimer sa souffrance pour éventuellement lui trouver des solutions de rechange.

- *La personne qui désire réellement se suicider ne donne aucun signe à son entourage de son désir de mourir.*
  Au contraire, la personne suicidaire est habituellement dépressive; elle envoie des messages sur son désir de mettre fin à sa souffrance et elle change ses comportements

habituels. Sur 10 suicidés, 8 ont donné des indices plus ou moins clairs de leurs intentions. Toute allusion à une intention de se suicider doit donc être prise au sérieux. En effet, il est faux de croire que ceux qui parlent du suicide passent rarement à l'action. Il s'agit d'un indice précurseur auquel nous devons demeurer sensibles. Toutefois, le fait qu'un suicidé sur cinq n'ait donné aucun signe de ses intentions peut aider les proches à composer avec leur culpabilité.

- *La personne suicidaire désire réellement mourir.*

  La personne qui se suicide ou tente de mettre fin à ses jours a choisi le suicide comme solution à ses problèmes. Ambivalente, elle ne désire habituellement pas mourir, mais plutôt cesser de souffrir, et elle ne voit aucune autre issue possible. Des interventions appropriées pourront lui permettre de trouver des façons de faire face à ses difficultés et de sortir du processus suicidaire.

- *La personne suicidaire peut être considérée comme courageuse ou lâche.*

  Ces qualificatifs de lâche ou de courageux sont donnés par les gens en fonction de leurs croyances, de leurs limites et de leurs façons de gérer un problème. Pourtant, un geste suicidaire n'est ni lâche ni courageux. La personne suicidaire considère sa vie comme insupportable et la seule solution possible semble être la mort. Elle ne voit là aucun geste de courage ou de lâcheté.

- *Suicidaire un jour, suicidaire toujours.*

  Les personnes suicidaires sont souffrantes et en état de crise. Pour certaines d'entre elles, cette crise est ponctuelle et source d'apprentissages importants. Il n'y aura aucune récidive. Le processus suicidaire ne dure donc pas toute une vie et des interventions peuvent l'arrêter définitivement. Pour d'autres, il peut y avoir un état de chronicité débutant dès l'enfance ou l'adolescence, particulièrement pour une population plus à risque.

- *La personne suicidaire est victime de son hérédité.*

  Quoiqu'une personne dont l'un des parents s'est suicidé soit plus à risque, la tendance suicidaire ne se transmet pas génétiquement. L'incidence du suicide dans certaines familles tient plutôt à l'apprentissage social de façons de résoudre ses difficultés. Toutefois, un lourd héritage pèse sur la personne suicidaire dont un parent s'est suicidé. Elle croit au mythe du suicide héréditaire et peut croire qu'elle finira sans doute par se suicider.

- *La personne suicidaire souffre habituellement d'une maladie mentale.*

  La place de la maladie mentale dans le processus suicidaire ne fait pas l'unanimité. Bien que la personne suicidaire souffre, elle n'est pas nécessairement atteinte d'une maladie mentale ou d'une psychopathologie diagnostiquée. On estime qu'environ la moitié des personnes suicidaires sont dans une crise ponctuelle, alors que l'autre moitié est constituée de suicidaires chroniques ayant déjà fait plusieurs tentatives.

Le suicide est souvent l'aboutissement d'un long processus.

C'est cette dernière moitié qui est plus susceptible d'être atteinte d'une maladie mentale telle que la dépression majeure, les troubles de la personnalité, les psychoses, etc. Sans nier la présence des troubles mentaux dans un processus suicidaire, on doit considérer celui-ci davantage comme situationnel et ponctuel dans la vie de l'individu. Ces considérations permettent d'intervenir adéquatement et efficacement.

LE PROCESSUS SUICIDAIRE

Le suicide peut être considéré comme l'aboutissement d'un processus complexe de perte d'estime de soi et d'énergie. Selon le principe d'homéostasie, toute personne essaie de maintenir un état d'équilibre dans sa vie. Lorsque survient une difficulté, cet équilibre est menacé. On doit alors utiliser diverses stratégies d'adaptation pour retrouver sa stabilité. Il arrive malheureusement que les moyens choisis aboutissent à l'échec. La personne, alors dans un état de crise, peut envisager le suicide comme la solution unique pour faire cesser sa souffrance, si celle-ci est trop aiguë.

Le processus suicidaire (figure 4.1), qui dure en moyenne de 6 à 10 semaines, s'amorce alors. Au cours de ce processus, l'idée du suicide prend de plus en plus de place et se précise (Bergeron et Volant, 1992). Étant donné que la personne ne désire pas vraiment mourir mais plutôt cesser de souffrir, toute solution de rechange satisfaisante viendra freiner le processus suicidaire.

Différents critères permettent d'évaluer l'urgence de la crise suicidaire. Le degré d'urgence peut être faible, moyen ou élevé (tableau 4.2).

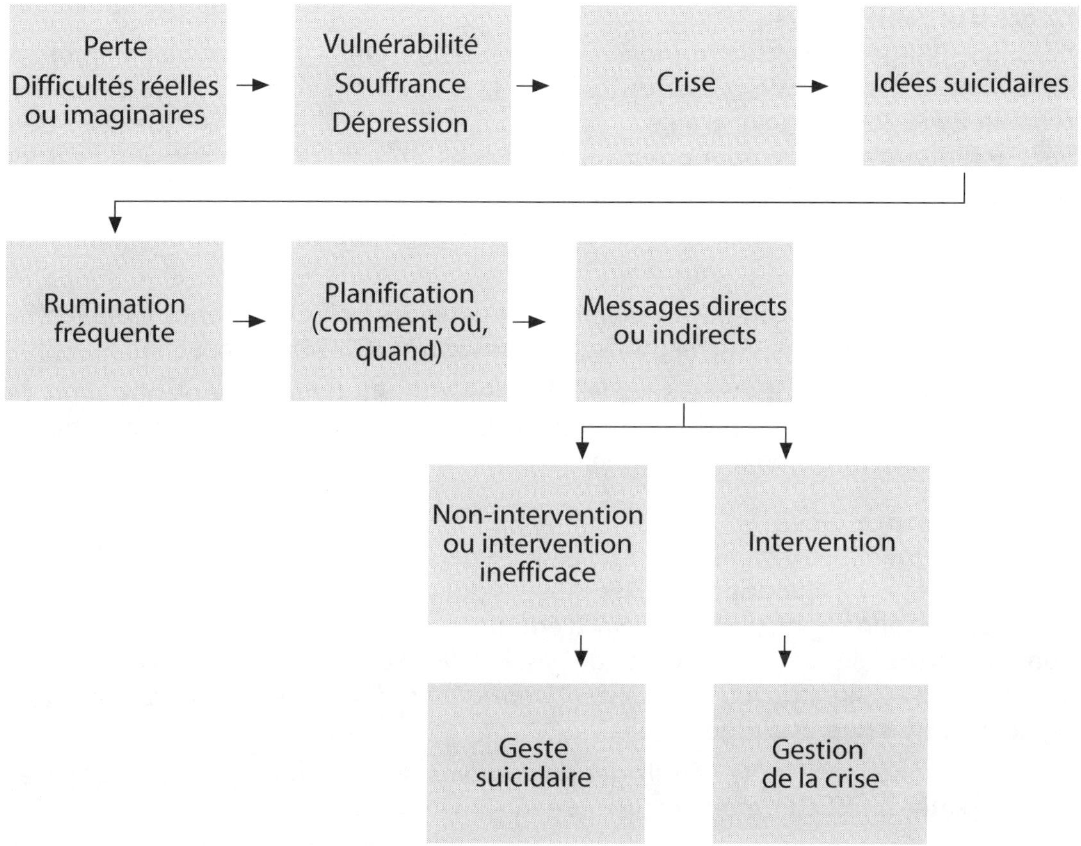

Figure 4.1 Le processus suicidaire.

Degré d'urgence faible

Le degré d'urgence suicidaire faible est celui des personnes qui ne semblent pas en crise ou alors très peu. Elles sont calmes, ressentent le besoin de parler et acceptent assez facilement l'aide extérieure. Quoiqu'elles se sentent inutiles, seules ou déprimées, elles ont encore des projets et ne sont pas vraiment troublées émotionnellement. Trois niveaux caractérisent un degré d'urgence faible.

1. La personne peut être dans un état de vulnérabilité, sans avoir d'idée suicidaire. Elle peut aussi simplement s'intéresser à la problématique du suicide pour un tiers.
2. Le suicide est considéré comme une solution face à la crise, et l'individu y a déjà pensé. Des idées diffuses du suicide apparaissent occasionnellement et la personne est troublée, sans toutefois perdre le contrôle.
3. La personne pense au suicide sans toutefois avoir de planification précise.

Degré d'urgence moyen

Le degré d'urgence suicidaire moyen caractérise les personnes troublées émotionnellement et capables de passer du calme à la crise très rapidement. Ces personnes tendent à nier leurs besoins d'aide et ont commencé à planifier leur suicide. Elles peuvent accepter d'attendre pour poser un geste mais, en général, la tentative de suicide n'est que reportée. Il y a trois degrés d'urgence moyens.

4 La rumination est fréquente et l'individu amorce une planification du geste suicidaire.

5 Le suicide est perçu comme une solution, et deux des trois éléments de planification suivants sont déterminés : méthode, lieu et moment (COQ : comment, où, quand).

6 La personne menace de se suicider dans plus de 48 heures. La planification est arrêtée. Les préparatifs peuvent même être en cours et l'individu ne remet pas en question son intention de se suicider.

Degré d'urgence élevé

Le degré d'urgence suicidaire élevé est celui des personnes qui ont planifié précisément leur suicide et ont à leur disposition les moyens pour le réaliser. La crise est très prononcée. Ces personnes ont un trop-plein d'émotions ou, au contraire, en sont coupées complètement. Elles ont souvent peur de passer à l'acte et peuvent ne pas vouloir d'aide. Elles disent n'en plus pouvoir et se sentent dépassées par ce qui leur arrive. On distingue également trois degrés d'urgence élevés .

7 La personne menace de se suicider dans moins de 48 heures. La planification est complétée (méthode, moment, lieu). Le moyen est disponible.

8 La personne a posé le geste suicidaire, la tentative est en cours.

9 Le passage à l'acte suicidaire a eu lieu et la personne est morte.

Tableau 4.2 Critères d'évaluation du degré d'urgence suicidaire.

URGENCE FAIBLE	URGENCE MOYENNE	URGENCE ÉLEVÉE
1 Aucune idée suicidaire. **2** Le suicide est une solution, l'individu y a pensé. **3** Pensées suicidaires occasionnelles sans planification.	**4** Rumination, idées suicidaires fréquentes. **5** Planification avec deux des éléments suivants : comment, où, quand. **6** Planification avec les trois éléments suivants : comment, où, quand, et dans plus de 48 heures.	**7** Planification avec les trois éléments suivants : comment, où, quand, et dans moins de 48 heures. **8** Tentative en cours, geste suicidaire posé. **9** Mort.

L'INTERVENTION AUPRÈS DES SUICIDAIRES

Comme dans toute situation d'aide, il n'y a pas de recette miracle pour intervenir auprès d'une personne suicidaire. Différentes étapes peuvent toutefois guider nos interventions (tableau 4.3). Ces étapes consistent à établir un climat de confiance, à explorer le problème, à approfondir un aspect problématique, à identifier les ressources et les solutions de rechange et à planifier l'action.

Bien que la neutralité ne soit pas de mise auprès d'une personne suicidaire et qu'un engagement personnel soit à privilégier, l'aidant doit, à chacune des étapes, se respecter en tant qu'être humain, avec ses forces et ses limites. Il ne doit pas se sentir responsable de la vie de la personne suicidaire. Elle seule est responsable de ses gestes. L'intervention consiste plutôt à désamorcer la crise en permettant à la personne de verbaliser et de se sentir importante aux yeux de quelqu'un. Plus le réseau créé autour de la personne suicidaire est grand, plus celle-ci se sentira soutenue, et moins l'aidant aura l'impression d'être responsable de la situation. Il ne s'agit donc pas de donner des recettes de bonheur ou de moraliser, mais bien d'expliquer à la personne qu'elle n'a pas besoin de faire une tentative de suicide pour être comprise et aidée.

1 Établir un climat de confiance

Quiconque désire aider une personne suicidaire doit initialement établir un climat de confiance. Pour cela, il suffit souvent d'être authentique et d'offrir une écoute active. La grande majorité des gens qui font une tentative de suicide sont ambivalents quant à leur désir de mourir. Ils aimeraient exprimer leur dilemme, mais l'entourage a de la difficulté à recevoir de tels messages. Il faut donc accueillir la personne suicidaire et reconnaître l'expérience qu'elle vit en identifiant et en validant les émotions qu'elle ressent.

2 Explorer le problème

On évalue le potentiel suicidaire de la personne en la questionnant sur sa planification du suicide. A-t-elle pensé à un moyen, à un moment et à un lieu pour poser son geste ? Cette exploration permet souvent d'identifier les événements déclencheurs du processus suicidaire et d'explorer les raisons qui amènent l'individu à penser au suicide. Il importe d'être précis et concret, de faire une synthèse du problème puis de vérifier la justesse de cette synthèse avec la personne.

3 Approfondir un aspect problématique

On choisit avec la personne suicidaire un aspect concret du problème qu'elle désire régler et on analyse les solutions possibles. Cette façon de procéder permet de prendre les difficultés une à une, de structurer les interventions et de demeurer actif dans la résolution du problème. Mieux vaut commencer par les actions les plus aidantes et les moins souffrantes afin de transmettre l'espoir et de diminuer la tension le plus rapidement possible.

Tableau 4.3 Étapes pour guider les interventions auprès d'une personne suicidaire.

ÉTAPES	QUESTIONS AUXQUELLES L'AIDANT DOIT TROUVER UNE RÉPONSE AUPRÈS DE LA PERSONNE SUICIDAIRE
1 Établir un climat de confiance	Quelles sont les émotions ?
2 Explorer le problème	Qu'est-il arrivé ?
3 Approfondir un aspect problématique	Que faut-il changer ?
4 Identifier les ressources et les solutions de rechange	Comment faire le changement ?
5 Planifier l'action	Quand faire le changement ?

4 Identifier les ressources et les solutions de rechange

On dresse la liste des ressources disponibles en identifiant celles qui sont les plus susceptibles d'aider la personne. Ces ressources peuvent être internes (liées au potentiel adaptatif de la personne) ou externes (thérapeute, organisme, etc.).

5 Planifier l'action

On planifie soigneusement les étapes à suivre en précisant le moment où chacune des actions sera posée et les moyens qui devront être pris. Il faut s'assurer que la personne suicidaire bénéficie d'un réseau duquel elle peut recevoir l'aide et le soutien dont elle a besoin, et qu'elle connaît les différentes ressources, professionnelles ou non, disponibles pour l'aider. Un contrat de non-suicide peut être fait, c'est-à-dire que la personne doit vous promettre de communiquer avec l'une de ces ressources avant de poser un geste suicidaire.

L'EXPÉRIENCE DE DEUIL APRÈS UN SUICIDE

Habituellement, après un décès, la conversation gravite autour des derniers moments du disparu et se dirige vers les bons souvenirs partagés avec lui. Mais lorsque la personne décédée s'est elle-même donné la mort, les réactions de l'entourage diffèrent. La famille se fait souvent plus discrète, mal à l'aise de parler ouvertement des causes du décès. Les amis et les proches s'éloignent ou s'absentent alors par crainte de susciter un plus grand malaise. Selon une étude portant sur le soutien reçu à la suite d'un suicide, les proches participent moins aux cérémonies funèbres et sont davantage portés à avoir une perception négative des endeuillés (Thornton et al., 1989). Il s'ensuit souvent une conspiration du silence qui donne au deuil une couleur particulière.

La négation est une réaction fréquente : les proches ne peuvent tolérer l'idée du suicide et lui substituent une autre cause pour expliquer la mort. On parle d'accident ou de maladie. Le mot même est souvent banni du vocabulaire. Pourtant, le ressentiment est grand lorsque la vérité que l'on a cachée est découverte. Il peut aussi y avoir déni des émotions : l'endeuillé préfère ne pas reconnaître les sentiments douloureux provoqués par le décès.

Le fait de ne pas pouvoir s'expliquer le geste suscite aussi de la tristesse ou un apitoiement sur soi. « L'endeuillé peut croire que la personne qu'il aimait préférait mourir plutôt que de vivre avec lui. Cette perception a pour effet de diminuer le sentiment d'estime de soi, de confiance en soi, de compétence personnelle et interpersonnelle. » (Séguin et al., 1994, p. 64). Des questions comme « Pourquoi m'a-t-il abandonné ? Pourquoi n'a-t-il rien dit ? » sont fréquentes.

Lorsqu'il survient dans la famille, le suicide suscite certaines croyances en une hérédité. « Si ma mère s'est suicidée, peut-être puis-je en arriver là moi aussi », songe l'endeuillé. Les endeuillés par suicide forment donc un groupe à risque pouvant davantage reproduire, par imitation, identification ou autopunition, le geste du défunt. Ils développent parfois une crainte à l'égard d'eux-mêmes et des gens de leur entourage : ils ont peur de ne pouvoir empêcher un autre geste fatal. Leur sécurité est ébranlée. Certains vont jusqu'à croire qu'ils ont échoué leur mission de parents. Après un suicide, les endeuillés s'interrogent souvent sur leur valeur personnelle et sur la valeur qu'ils ont aux yeux des autres (Séguin, 1989).

L'endeuillé peut aussi être hanté par des images de mort violente et la réémergence constante des images du suicidé. Que ce soit après avoir vu le corps ou non, ces images peuvent provoquer des réactions de choc importantes.

Après le suicide d'une personne significative, certains enfants peuvent reproduire le geste suicidaire dans leurs jeux et inquiéter les adultes. Il s'agit souvent pour eux d'une façon d'essayer de comprendre la réalité du suicide. Ils cherchent aussi à vérifier l'attachement réel des autres à leur égard. Ainsi, un enfant peut s'amuser à simuler une consommation excessive de médicaments ou procéder à la pendaison de sa poupée sans pour autant avoir des idées suicidaires.

La recherche d'un sens à la tragédie et des sentiments de culpabilité sont plus fréquents que lorsqu'il s'agit d'autres formes de pertes (Barett et Scott, 1990). Chacun cherche un coupable et attribue la responsabilité de la mort à une cause extérieure, à quelqu'un d'autre que le suicidé. La famille déplace sa colère vers le milieu de la santé ou le milieu de travail, les amis du défunt dirigent leurs accusations sur les membres de la famille, etc. Cette réaction crée souvent de l'isolement chez les endeuillés, qui reçoivent moins de soutien émotif que les endeuillés par mort naturelle (Farberow et coll., 1992), réduisant encore les possibilités qu'ils ont d'exprimer leurs émotions et rendant plus difficile la résolution de leur deuil.

Quoique le sombre tableau que l'on vient de brosser reflète les difficultés vécues par un grand nombre d'endeuillés par suicide, il ne faut pas croire que tous les endeuillés par suicide éprouveront nécessairement toutes ces difficultés. Dans plusieurs cas, par exemple, le défunt avait des problèmes de santé mentale sérieux et chroniques et il avait déjà fait des tentatives de suicide. Dans un tel contexte, il arrive que les proches aient épuisé leurs ressources et qu'ils se soient faits à l'idée du suicide. Ils diront par exemple : « Il était tellement malheureux », « On a tout fait et tout essayé, on ne savait plus comment l'aider », « On ne pouvait pas vivre sa vie à sa place. »

Par ailleurs, lorsque l'endeuillé, dans sa subjectivité, réussit à comprendre le décès, à le rendre acceptable ou du moins excusable, son deuil s'en trouve facilité. Il faut donc éviter de généraliser et de tenir pour acquis que tous les endeuillés par suicide doivent vivre un deuil très pénible.

Mieux vaut prévenir que guérir, dit le dicton. Or, les interventions ne permettent pas toujours de faire avorter le projet suicidaire. La prévention du suicide devrait se faire chez les jeunes enfants, de façon à leur permettre de développer des stratégies d'adaptation. On devrait les encourager à exprimer leurs émotions et leur donner des outils pour gérer leurs conflits et résoudre leurs problèmes.

4.4 LE SIDA

L'association des personnages mythiques Éros et Thanatos (Amour et Mort) ne date pas d'hier; de nombreuses œuvres d'art en témoignent. Mais aujourd'hui, avec le syndrome d'immunodéficience acquise (SIDA), elle semble plus concrète que jamais. Tentons de connaître un peu mieux cette terrible maladie entourée de préjugés.

LA TRANSMISSION DU VIH

À l'échelle mondiale, six personnes à la minute contracteraient le virus d'immunodéficience humaine (VIH) (Thibodeau, 1996). La transmission du VIH se fait par contact entre le sang, le sperme, les sécrétions vaginales ou le lait maternel contaminés et les muqueuses, surtout si elles présentent des plaies ou des infections. Il s'agit principalement de la bouche, du vagin, de l'anus et du gland. Trois modes de transmission sont actuellement connus : les relations sexuelles non protégées, la transmission par voie sanguine et la transmission mère-enfant lors de la grossesse.

Lorsqu'une personne est en contact avec le VIH, elle peut développer des anticorps. Elle est alors **séropositive**. La séropositivité ne se manifeste pas immédiatement après la contamination, et c'est pourquoi il faut attendre de trois à six mois après un contact avec le VIH pour que les tests sanguins détectent le virus.

Généralement, la personne ayant contracté le VIH ressent, dans les semaines qui suivent, des symptômes semblables à ceux d'une grippe. Par la suite, elle peut ne manifester aucun symptôme pendant des années. Puis apparaissent les complications inhérentes à la détérioration progressive du système immunitaire. C'est en moyenne après une douzaine d'années que survient une baisse importante des lymphocytes T4 ou CD4 et que la personne est déclarée sidéenne. Différentes maladies peuvent alors apparaître. La personne sidéenne vit en moyenne trois ans après avoir reçu son diagnostic. Toutefois, les nouveaux traitements tendent à prolonger cette durée de vie.

Bien que le sida touche tout le monde, hommes et femmes, hétérosexuels et homosexuels, de tous âges, nationalités et milieux, les personnes atteintes du VIH sont souvent victimes de discrimination et sont contraintes au silence et à la réclusion.

Informer son entourage de sa séropositivité comporte des avantages et des inconvénients. On peut ainsi accroître les comportements préventifs en matière de transmission et favoriser l'expérimentation des traitements disponibles. Cependant, apprendre un diagnostic de séropositivité peut aussi augmenter le stress, les peurs et la stigmatisation des personnes séropositives (La Palme et Paquin, 1989). Ces dernières craignent donc souvent de dire aux autres ce qu'elles vivent et elles ont tendance à s'isoler.

Les réactions sont les mêmes lors de l'annonce de la maladie. Mais tôt ou tard, il faudra briser le silence. « Le partage de l'information sur la maladie et son évolution va sans doute produire un choc, on ne saurait le nier; on assistera à des périodes d'incrédulité, de déni, de colère, de peur, de désespoir, de dépression. Ça arrive presque chaque fois, mais pour arriver au moment très important où il faudra parler de la mort, il aura fallu parler de la maladie dès le début. Ce qui importe le plus, c'est de ne pas abandonner le malade après avoir parlé. Se retrouver seul et isolé avec sa maladie, avec sa mort à venir est sûrement la pire condamnation qui puisse être infligée à une personne. » (Quenneville, 1989, p. 35). L'intervenant qui annonce qu'un test de dépistage est positif devrait donc s'assurer que le client reçoit l'information et les services nécessaires à ses besoins financiers, physiques et psychologiques à chacune des périodes correspondant aux réactions psychologiques généralement observées. De Montigny (1997) décrit ces réactions comme l'anesthésie psychique, la culpabilité, la peur, les idéations suicidaires, l'anxiété, la détresse, l'isolement, l'abdication devant l'inévitable, la jubilation de mourir jeune, etc.

LA SÉGRÉGATION OU L'ENTRAIDE

Initialement, ce sont surtout les hommes homosexuels, certains groupes ethniques minoritaires et les toxicomanes qui ont été touchés par le VIH. Comme ces groupes étaient déjà victimes des préjugés collectifs et de l'intolérance de la population, leur maladie n'a fait qu'accroître leur stigmatisation. Même les milieux de la santé ont adhéré aux préjugés, à la peur et à l'attitude d'exclusion de la société en présentant le sida comme une maladie d'homosexuels (Siminoff et coll., 1991; Hall, 1992).

Aujourd'hui encore, plusieurs peurs irrationnelles subsistent, et l'ensemble de la population atteinte du VIH est souvent victime, en plus de la maladie, de l'exclusion, de la haine et des attitudes culpabilisantes de la société. Malgré la médiatisation constante entourant le sida, les gens touchés par cette maladie de même que leurs proches évitent donc souvent de partager leur expérience, craignant les jugements sociaux.

En effet, on distingue souvent les « victimes innocentes », les hémophiles et les enfants séropositifs, des « victimes coupables » (Lea, 1994). Ces dernières sont considérées comme punies d'un comportement malsain et de la transgression d'un tabou. Ce discours répressif les contraint au silence ou encore les cible et les marginalise. Des femmes et des hommes hétérosexuels se sentent à l'abri de cette maladie parce qu'ils ne font pas partie des populations à risque. Or, tout le monde peut être un jour victime du sida.

Les préjugés à l'égard des personnes atteintes du VIH se manifestent souvent très insidieusement, et des expressions, des blagues ou des idées préconçues peuvent contribuer à leur maintien. Souvent, les gens mal informés désirent se dissocier des personnes qu'ils savent atteintes. Ils craignent de contracter la maladie ou encore désirent éloigner l'individu porteur des représentations de leurs propres pulsions inconscientes ou inacceptables (de Montigny et Lapointe, 1989).

Comment surmonter ses propres tumultes émotifs quand la personne aimée meurt ? Comment offrir une aide professionnelle quand des réactions de rage, d'impuissance, de chagrin nous habitent ? Pensons à un moment de notre vie où nous avons eu à partager avec un être aimé une erreur, un échec, un secret ou une difficulté qui nous contraignait jusque-là au silence. Nous souhaitions tous être reçus avec nos fragilités, sans jugement. Il en est de même lors de l'annonce d'un diagnostic de sida. La différence, la souffrance, la mort nous amènent à la perte d'un sentiment de toute-puissance. Certains profitent de cette épreuve pour développer leur spiritualité, parfaire leurs relations interpersonnelles et savourer davantage chaque instant. D'autres, au contraire, se désistent et abandonnent le sidéen, sous le poids de la honte, de la culpabilité, etc.

Il revient à chacun de se découvrir et de tirer un enseignement de cette maladie. Lorsque le temps est compté, chaque instant devient plus intense et donc plus long. Nous n'avons aucune emprise sur le sida qui emporte un de nos proches, mais notre façon d'y réagir nous appartient. Cette maladie nous permet de découvrir notre capacité d'aimer, de remettre en question nos valeurs, de dépasser nos limites. Un parent posait cette désolante question : « Fallait-il que mon fils meure pour que je découvre que je l'aimais autant ? »

Lors du décès d'une personne atteinte du sida, les deux tabous encore présents dans notre société, la sexualité et la mort, sont conjugués. Plusieurs endeuillés vivent alors d'intenses émotions de colère et d'agressivité à l'égard du défunt. Ils l'accusent de ne pas avoir veillé à se protéger de cette maladie.

Certains découvrent des secrets jamais révélés, comme l'homosexualité, la toxicomanie ou l'adultère. Une mère, mal à l'aise de découvrir l'homosexualité de son fils, voyait d'un œil défavorable la présence massive de la communauté homosexuelle au salon funéraire. Ses valeurs lui faisaient craindre le jugement des autres. Sensibilisé à cette problématique, le directeur des funérailles suggéra des heures de visite pour la famille et d'autres pour les amis. Par la suite, l'attribution de tâches lors du service funèbre créa un sentiment d'entraide entre les deux clans initiaux.

L'amant pleurant la perte de son amoureux peut se sentir exclu de la famille du défunt. Certains conjoints de fait ou partenaires homosexuels se voient refuser par leur employeur les congés auxquels ils devraient pourtant avoir droit. D'autres ne reçoivent pas de condoléances ou de soutien après le décès. Cette absence de reconnaissance sociale contribue à rendre ce deuil singulier.

De plus, certains individus, particulièrement dans la communauté homosexuelle, voient leur cercle d'amis décimé par le sida et vivent plusieurs pertes successives reliées à cette maladie. Ces pertes multiples complexifient les sentiments vécus et le processus de deuil.

Un intervenant averti peut contribuer à atténuer les préjugés. Pour cela, il doit avoir réfléchi à son propre système de valeurs et à la rigidité de certains individus devant la différence. Les intervenants dont les valeurs sont clairement définies et exemptes de préjugés peuvent contribuer à l'acceptation de la cause du décès ainsi qu'à un climat de respect et d'affection au cours de la maladie, des funérailles ou du deuil.

4.5 LES HOMICIDES

Les directeurs de salons funéraires interrogés dans le cadre d'une étude de Calhoun et ses collègues (1989) estiment que les deux types de décès suscitant le plus de malaise chez les endeuillés et leurs proches sont les suicides et les homicides.

Le deuil consécutif à une mort violente est souvent compliqué par le sensationnalisme des médias : il est courant que les proches d'une victime d'un règlement de comptes, d'une tragédie familiale ou d'un drame passionnel voient leur vie privée étalée sur la place publique. Mais dans tous les cas, ce genre de deuil est difficile, car pour trouver un sens à l'horreur, il faut pouvoir en parler et donc disposer des faits. Or, plusieurs questions restent sans réponse quand il y a homicide.

Le défunt a-t-il été agressé sexuellement ? A-t-il souffert ? Que s'est-il réellement passé ? Des images intolérables peuvent hanter l'esprit du survivant. Ce dernier peut aussi craindre pour sa propre vie dans les cas où l'agresseur n'a pas été retrouvé ou a été libéré. Il y a aussi un désir de vengeance (Weinberg, 1994). Un long travail est habituellement nécessaire pour que les bons souvenirs du défunt refassent surface dans le tumulte de la colère et de l'incompréhension.

L'homicide peut aussi survenir au sein d'une famille. L'amour d'un parent pour son enfant est souvent qualifié d'inconditionnel et d'inépuisable. On considère habituellement que le parent doit être protecteur, présent et aimant. Or, le rôle parental n'est pas inné; il exige temps, patience et adaptation. Certains, malheureusement, ne s'y font pas.

L'infanticide, meurtre d'enfant commis par l'un des deux parents, ou le fratricide, meurtre d'un frère ou d'une sœur, survient habituellement au sein d'une cellule familiale perturbée ou dont un membre présente un équilibre psychologique précaire. Le deuil a donc tendance à être plus complexe. Les pertes sont multiples : perte de la personne décédée, perte de la confiance envers le membre agresseur, perte de l'unité familiale déjà perturbée, etc.

Le parent est alors habituellement incarcéré. Pourtant, bien que la famille et l'entourage tendent à le culpabiliser pour son geste, sa participation aux rituels funèbres devrait être encouragée, même si les autorités policières doivent l'accompagner. Cela permet de reconnaître la réalité du geste et de la perte. Une aide professionnelle est habituellement suggérée lors de ce type de décès.

4.6 LES CATASTROPHES COLLECTIVES

Les catastrophes collectives sont la cause de la mort de plusieurs personnes. Elles peuvent être naturelles, accidentelles ou préméditées. Il peut s'agir de cataclysmes comme des tornades, des tremblements de terre ou des inondations, ou encore de tragédies tels des incendies, des naufrages, des écrasements d'avion, des guerres, des prises d'otages, etc. Ces catastrophes laissent un groupe d'individus d'une même communauté dans un état de choc post-traumatique. Cet état de détresse psychologique est d'autant plus important que la tragédie est inattendue. C'est précisément le caractère catastrophique de l'événement qui caractérise ce deuil et lui donne une configuration particulière.

Dans ce cas, contrairement au deuil d'un seul disparu, les pertes sont multiples au sein d'une même famille ou d'un réseau social. Les manifestations de deuil sont alors souvent complexes. Les survivants se sentent impuissants et humainement dépassés. Ils s'interrogent sur le sens d'un tel drame. Ils peuvent aussi se sentir profondément coupables de survivre alors que bon nombre de personnes sont mortes.

Lorsqu'il y a absence de rituels collectifs (en cas de guerre, par exemple) ou encore impossibilité de voir le défunt, les survivants ressentent davantage un sentiment de solitude, de dépression et de vide. Certains entreprennent une quête obsessive des personnes disparues ou encore nient le décès et tentent désespérément de retrouver le défunt.

Les contextes de guerre, de terrorisme, de répression augmentent le risque de séquelles (Fréchette, 1995). Une des principales difficultés exprimées par les survivants d'un génocide, par exemple, est qu'ils n'ont pas eu la possibilité de pleurer leurs morts. Les mécanismes de deuil habituels sont bouleversés à cause du contexte catastrophique entourant la mort. Ainsi, certains précisent que ce n'est ni la famine, ni l'humiliation, ni la torture qui est source de dépression, mais l'absence de cérémonie où ils auraient pu exprimer librement leurs émotions (Meerlo, 1968). De plus, « il y a répression des mécanismes de deuil amplifiés non seulement par l'absence d'un enterrement et des rites funéraires, mais aussi par l'absence de cadavre, ce qui bloque le travail de deuil et empêche l'acceptation véritable du décès » (Lévy, 1990, p. 17). Heureusement, dans plusieurs situations de catastrophes collectives, il y a une cohésion au sein du groupe d'endeuillés et un soutien mutuel bénéfique pour tous.

Certaines catastrophes ou tragédies collectives traduisent le désarroi humain. On n'a qu'à penser à des tueries comme celles de l'École polytechnique ou de l'Université Concordia. Les proches des victimes sont alors souvent aux prises avec des images de violence qui viennent complexifier le deuil. Ils imaginent les souffrances et les tortures que la victime a vécues avant la mort. Les sentiments de colère sont accrus. Parallèlement, les proches de l'agresseur sont aussi susceptibles de vivre un deuil compliqué puisqu'ils ressentent et supportent le poids de la collectivité en deuil.

C'est souvent un policier qui annonce le décès lors d'une catastrophe collective. Les proches ont alors besoin, par la suite, de relater les événements liés au décès pour assimiler celui-ci ou comprendre comment il est survenu. Les tragédies collectives ayant habituellement un caractère soudain, il est bon de prévoir une adresse à haute voix au défunt, des rituels collectifs ainsi que des lieux de rassemblement pour permettre aux endeuillés d'exprimer et de partager leur expérience et leurs émotions. Un soutien psychologique devrait aussi être offert aux endeuillés et aux témoins d'un tel drame.

Les drames collectifs étant médiatisés, ils renvoient chacun à sa propre mort. Il importe avant tout de favoriser l'expression de la souffrance de chacun. « Si les tremblements de terre servent à redessiner les continents, les inondations à irriguer le sol, les éruptions de volcans à faire surgir les montagnes, nos révoltes, nos tremblements d'âme et nos éruptions de l'esprit ne serviraient-ils pas à prolonger l'accouchement du monde ? » (Maillet et coll., 1992, p. 33).

Lors d'une catastrophe collective, comme celle de la Polytechnique, le soutien social que reçoivent les proches des victimes est bénéfique à tous.

La Presse

POUR MIEUX SE CONNAÎTRE

INTROSPECTION

Mes trois derniers jours de vie

On le sait, la plupart des gens appréhendent la mort. Pourtant, bon nombre ont déjà indiqué comment ils souhaitent vivre leurs derniers instants. Certains désirent mourir en compagnie de leurs meilleurs amis, d'autres précisent le lieu, par exemple à la campagne, ou encore le moment, par exemple pendant leur sommeil. En fait, chacun possède sa conception d'une mort idéale. Cet exercice vous aidera à déterminer la vôtre, à être davantage conscient ou consciente de votre finitude et à ne pas attendre pour mettre vos désirs à exécution.

Vous êtes autonome et dans votre état de santé actuel. Tentez d'imaginer qu'il ne vous reste que trois jours à vivre.

1. Que faites-vous ? Quelle est votre réaction ?
2. Voulez-vous que votre famille sache que vous allez mourir dans trois jours ? Pourquoi ?
3. Comment aimeriez-vous vivre ces trois jours ?
   a) Avec quelles personnes voulez-vous être ?
   b) Quelles personnes désirez-vous ne pas voir ?
   c) Quelles activités voulez-vous pratiquer ?
   d) À quel endroit voulez-vous passer ces trois jours ?
4. Quel est votre souhait le plus cher ?
5. Quelle est votre plus grande satisfaction ?
6. Quel est votre plus grand regret ?

Ma mort

1. À quel(s) moment(s) avez-vous le plus réfléchi à votre mort ? Pourquoi ?
2. Si c'était possible, aimeriez-vous connaître la date de votre mort ? Pourquoi ?
3. Si c'était possible, aimeriez-vous connaître les circonstances de votre mort ? Pourquoi ?
4. Jusqu'à quel âge souhaitez-vous vivre ? Pourquoi ?
5. Qu'aimeriez-vous réaliser, accomplir ou vivre avant votre mort ?
6. Quels aspects de votre vie sont les plus réconfortants lorsque vous pensez à votre mort ?

POUR DÉVELOPPER SA COMPÉTENCE

A. Pour les mises en situation suivantes, tentez d'identifier les facteurs influant sur le processus de deuil.

B. En équipe, simulez les mises en situation. Une personne joue le rôle de l'intervenant et l'autre, le rôle du client.

Mises en situation

1. Des parents viennent vous rencontrer à la suite de la mort de leur enfant. Ils se sentent coupables, malgré la cause du décès (syndrome de mort subite). Ils avaient pris un verre de trop ce soir-là et ils croient qu'ils auraient pu éviter le décès s'ils n'avaient pas dormi aussi profondément à cause de l'alcool.
2. Une femme qui travaille en garderie vient de faire une fausse couche. Elle vient vous rencontrer.
3. Des parents dont le fils s'est suicidé viennent vous rencontrer.
4. Un homme éprouvé par la mort de la femme avec qui il entretenait une relation clandestine depuis trois ans vient vous rencontrer.
5. Des parents viennent vous rencontrer à la suite de la mort de leur enfant leucémique, âgé de cinq ans.
6. Une vieille dame, plutôt isolée socialement, vient vous rencontrer à la suite du décès de son chat, son fidèle compagnon depuis 11 ans.
7. Un homme homosexuel vient vous voir à la suite du décès de son conjoint dont la famille ignore encore l'orientation sexuelle.
8. Un de vos collègues se montre déprimé et manifeste plusieurs signes avant-coureurs du suicide.

QUESTIONS DE RÉVISION

1. Paul, un de vos clients, considère le suicide comme une solution. Il sait comment et où il pourrait se suicider. Même s'il ne désire pas passer à l'acte dans les prochains jours, il va sans dire que son équilibre émotionnel est très fragile. Évaluez le niveau d'urgence.
   a) Urgence faible.
   b) Urgence moyenne.
   c) Paul n'est pas suicidaire. Il manipule.
   d) Urgence élevée.
   e) Vous ne pouvez vous prononcer.

2. Répondez par vrai ou faux.
   a) Le sentiment d'isolement et la solitude sociale sont souvent associés au suicide.
      ☐ vrai ☐ faux
   b) Tout être humain peut un jour se suicider.
      ☐ vrai ☐ faux
   c) Les personnes qui menacent de se suicider et qui vont même jusqu'au chantage ne cherchent qu'à attirer l'attention.
      ☐ vrai ☐ faux
   d) Suicidaire un jour, suicidaire toujours.
      ☐ vrai ☐ faux

3. Vous recevez en consultation un veuf, affligé par le décès récent de son épouse. Il montre différents signes avant-coureurs du suicide. Indiquez les cinq étapes de votre intervention et dites à quelle ressource professionnelle vous le référeriez.

Pour intervenir convenablement auprès de personnes suicidaires, il faut procéder par étapes.

Clin d'œil...

Deux bonnes amies, thanatologues et passionnées de théâtre, se demandent s'il y a des représentations au ciel. Elles se font la promesse suivante : la première qui mourra devra revenir en informer l'autre. Lorsque l'une d'elle mourut, l'autre attendit patiemment la réponse. Son amie décédée lui apparut alors en rêve et lui dit : « J'ai deux nouvelles à t'annoncer. Une bonne et une mauvaise. La bonne est que oui, il y a du théâtre au ciel. La mauvaise est que tu as un billet réservé pour demain soir. »

(Inspiré de Monbourquette et Lussier-Russel, 1992, p. 141.)

Paroles de sage

L'histoire de la mort à Téhéran

Un Persan très riche et très puissant se promène avec un de ses domestiques au milieu de ses jardins en fleurs. Le domestique dit : « J'ai rencontré la Mort et elle m'a menacé. » Il décide donc, avec l'accord de son maître, de s'enfuir à Téhéran, sur le cheval le plus rapide.

Quelques instants plus tard, le maître rentre chez lui et rencontre la Mort à son tour. Il l'interroge : « Mais pourquoi as-tu menacé mon domestique ? » La Mort, calmement, lui répond : « Mais je ne l'ai pas menacé. J'ai seulement été surprise de le rencontrer ici alors que je croyais avoir rendez-vous avec lui, ce soir, à Téhéran. »

(Auteur inconnu.)

5

chapitre

LE DEUIL PROBLÉMATIQUE

« (...) pour nous conserver en bonne santé, nous ne devrions pas nous modeler sur le sage, mais sur l'enfant, nous rouler par terre et pleurer toutes les fois que nous en avons envie (...). Pour avoir désappris les larmes nous sommes sans ressources. »

(Cioran, 1996, p. 171-173)

Sommaire

- Définition et facteurs de complications
- Les mouvements psychologiques dont découlent les complications
- Les types de deuils compliqués
- Le deuil chez les personnalités dites pathologiques
- Les deuils non terminés
- Les enjeux de l'intervention

Il y a sept ans, la fille de Yolande est morte, assassinée dans une cour d'école. Depuis, Yolande se réveille toutes les nuits et va attendre sa fille à la fenêtre. Elle refuse de donner ses vêtements ou de défaire sa chambre. Elle est convaincue que ce n'est qu'un mauvais rêve. Sa fille, sans doute en voyage, reviendra un jour.

Michèle se plaint de plusieurs malaises physiques depuis la mort de son mari. Elle souffre de céphalées, de maux de ventre et d'insomnie. De plus, elle se sent coupable de cette mort, mais n'ose en parler à personne. Elle se montre hostile envers son entourage et fuit les relations d'intimité. Sa consommation d'alcool a augmenté considérablement. Elle s'alimente mal et a perdu tout intérêt pour les activités qui auparavant lui procuraient du plaisir. Voilà quatre ans que son mari est décédé et les gens craignent toujours ses accès de colère et ses paroles blessantes. Malgré sa grande détresse, Michèle refuse d'aller chercher de l'aide auprès d'un professionnel ou de se laisser consoler par un proche. Elle, auparavant si sociable et aimable, s'isole et a des pensées suicidaires.

Yolande et Michèle vivent un **deuil compliqué** (ou problématique) comme environ 5 % des endeuillés (Hanus, 1995). Dans un travail de deuil normal, le sujet va tour à tour se centrer sur la réalité de sa perte et y réagir affectivement, et tenter de la dépasser en tâchant courageusement de continuer à vivre malgré elle. Dans les formes les plus courantes du deuil compliqué, cette alternance n'existe pas : le sujet est porté soit à se centrer obsessivement sur sa perte (**deuil chronique**), soit au contraire à faire comme si rien ne s'était passé (**deuil reporté ou inhibé**).

Ainsi, les personnes éprouvées par une perte ne suivent pas toutes la même trajectoire. Certains facteurs de risque ou situations particulières peuvent compliquer le déroulement du deuil.

5.1 DÉFINITION ET FACTEURS DE COMPLICATIONS

Certaines réactions de deuil, parce qu'elles se prolongent ou qu'elles nuisent à l'endeuillé et à son entourage, sont décrites comme problématiques.

Des auteurs distinguent deux grandes catégories de deuils problématiques : les deuils pathologiques et les deuils compliqués. Toutefois, cette distinction théorique subtile est contestable et il n'y a pas de consensus sur une définition de la psychopathologie du deuil. Nous utiliserons donc les termes « deuil compliqué », « deuil problématique » ou « deuil bloqué » (les trois étant synonymes) pour parler du déroulement inhabituel d'un deuil caractérisé par un ensemble de souvenirs soit inhibés, soit obsessifs. Lors d'un deuil compliqué, la personne, perturbée, est toujours sollicitée, consciemment ou non, par sa perte. Ce type de deuil peut aussi entraîner des troubles mentaux ou physiques.

Comme nous l'avons vu au chapitre 3, la nature de la relation avec le défunt est déterminante dans le déroulement du deuil. Un niveau élevé d'ambivalence ou de dépendance augmente les possibilités d'une complication, tout comme le font certaines personnalités plus fragiles et les pathologies antérieures non résolues. Les circonstances, la nature et la multiplicité des pertes, les deuils antérieurs non résolus et la solitude sont notamment des risques en matière de deuil.

5.2 LES MOUVEMENTS PSYCHOLOGIQUES DONT DÉCOULENT LES COMPLICATIONS

Selon Michel Hanus (1995), médecin psychanalyste, les complications liées à un deuil découlent des trois grands mouvements psychologiques suivants : la reconnaissance de la réalité, l'intériorisation de la relation et le travail sur des sentiments inconscients de culpabilité.

LA RECONNAISSANCE DE LA RÉALITÉ

Reconnaître la réalité de la perte signifie être pleinement conscient que la personne décédée n'est plus et ne reviendra jamais (réalité matérielle), et reconnaître les émotions et la souffrance suscitées par la mort (réalité intérieure).

Souvent, le survivant refuse spontanément de reconnaître la réalité. Bien que sachant la personne morte, il se révolte et refuse de croire cette perte définitive. Si ce conflit intérieur se prolonge, l'individu bloque le processus de deuil et les manifestations qui y sont liées. Il peut alors vivre un deuil compliqué, tel le deuil inhibé.

L'INTÉRIORISATION DE LA RELATION

Lors du déroulement habituel du deuil, l'individu se souvient des qualités du disparu qu'il appréciait et il les intériorise. Un veuf peut se souvenir de la patience et de la compréhension de son épouse à l'égard des autres et se montrer, lui aussi, plus tolérant, patient et compréhensif. Puisque la réalité objective prive l'individu de la personne aimée, la dimension subjective prend alors une place prépondérante. Souvent, le survivant entretient un nouveau type de relation avec le défunt en se remémorant ses moments avec lui. Mais nier la réalité, en s'enfermant dans le souvenir ou en vivant comme si le défunt était encore là, peut mener à un deuil compliqué. Par ailleurs, lors d'un deuil normal, s'ajoute généralement à la remémoration un **processus d'identification** qui consiste à adopter certains traits ou certaines attitudes du défunt. Ce processus permet d'accorder une survie au disparu par l'intermédiaire des gens qui l'ont connu. Cependant, quelques personnes peuvent vivre des complications inhérentes à cette identification en développant, par exemple, les symptômes de la maladie du défunt.

LE TRAVAIL SUR DES SENTIMENTS INCONSCIENTS DE CULPABILITÉ

Les sentiments de culpabilité font toujours partie du processus de deuil. Ils proviennent de l'ambivalence inhérente à chaque relation. En effet, nous ressentons simultanément des sentiments positifs et des sentiments négatifs à l'égard d'une personne. Les uns l'emportent habituellement sur les autres, et c'est ce qui nous incite à investir dans une relation ou, au contraire, à y mettre fin. Bien souvent, ressentir de la peine lors du décès atténue les sentiments de culpabilité, de sorte que l'on parvient, après avoir souffert quelque temps, à se rappeler les souvenirs moins positifs du défunt sans trop de culpabilité.

Or, lorsque l'ambivalence de la relation avec le disparu était trop importante, certaines complications peuvent apparaître. Le survivant peut projeter son hostilité sur le défunt, et le mort devient alors un fantôme persécuteur. Le survivant peut aussi retourner contre lui-même les sentiments négatifs qu'il éprouve à l'égard du disparu. Il vit alors un deuil chronique, s'enlisant dans la souffrance (maladie, dépression chronique, etc.) ou adoptant des comportements suicidaires.

Ces trois mouvements psychologiques recoupent largement le modèle des tâches proposé par Rando (1993) (voir chapitre 3). En effet, la reconnaissance de la réalité correspond à la première tâche, soit reconnaître que le décès est survenu et comprendre les circonstances qui l'entourent. Le deuxième mouvement, l'intériorisation de la relation, peut être associé à la troisième tâche qui consiste à se rappeler la relation avec le défunt et à revivre les sentiments qui y sont associés. Le troisième mouvement, le travail sur des sentiments inconscients de culpabilité, ressemble à la deuxième tâche, ressentir, identifier et exprimer les différentes émotions inhérentes à la perte. Chacun de ces mouvements fait évoluer l'endeuillé vers un nouvel équilibre et une nouvelle identité (tâche 5).

5.3 LES TYPES DE DEUILS COMPLIQUÉS

Même en intervenant de façon ponctuelle, on peut énormément aider une personne à progresser dans son deuil. Cependant, lors d'un deuil compliqué, la situation est tout autre. Il faut donc savoir reconnaître ce type de deuil afin de sensibiliser l'endeuillé ou ses proches à l'importance d'une aide spécialisée et continue. On distingue quatre formes de deuils compliqués : le deuil absent ou inhibé, le deuil différé ou retardé, le deuil tronqué et le deuil chronique.

LE DEUIL ABSENT OU INHIBÉ

L'individu vivant un deuil absent ou inhibé ne se permet pas de réagir ouvertement à sa perte. Craignant de sombrer dans un gouffre s'il laisse émerger sa détresse, il poursuit sa vie comme si de rien n'était. Il peut développer des symptômes physiques (somatisation) ou encore attribuer ses malaises à sa vie professionnelle, amoureuse ou familiale. Le deuil constitue toutefois l'origine de tous ses maux.

Cette absence d'affliction peut durer plusieurs années. Elle se reflète par un discours semblable à celui de ce jeune homme qui disait : « Ma mère est morte il y a 16 mois. Même si je faisais une dépression, ça ne la ramènerait pas. Il faut se faire une raison à un moment donné. Pour moi, moins j'y pense, mieux c'est, un point, c'est tout. » Curieusement, chaque dimanche, journée où il rendait visite à sa mère, ce jeune homme consomme une quantité excessive d'alcool. En fait, certains sujets ont une personnalité qui les prédispose à réprimer leurs émotions et à nier leurs problèmes. Ils risquent donc, lors de la mort d'un proche, de vivre un deuil inhibé.

Il ne faut toutefois pas confondre l'absence de deuil et le deuil vécu en privé. En effet, certaines personnes n'expriment leurs émotions que dans la solitude. D'autres vivent un deuil anticipé (lors d'une longue maladie, par exemple), et même si elles ne manifestent pas de symptômes de deuil par la suite, il ne s'agit pas pour autant d'un deuil inhibé. D'ailleurs, l'absence des symptômes habituels de deuil semble remarquablement courante : environ le quart des endeuillés ne connaissent aucune détresse, ni immédiate ni tardive. On parle alors d'une adaptation rapide des sujets à leur perte (Wortman et Silver, 1990).

LE DEUIL DIFFÉRÉ OU RETARDÉ

Le deuil différé, retardé ou reporté est celui qui apparaît longtemps après la mort du proche, des préoccupations (difficultés professionnelles, activités scolaires, responsabilités financières, prise en charge des proches, prise de décision, etc.) ayant incité l'endeuillé à remettre à plus tard l'émergence de ses réactions émotionnelles.

Or, un deuil ne peut être reporté indéfiniment. Tôt ou tard, un élément déclencheur sans lien visible avec la perte initiale réactive les émotions. Le deuil se manifeste alors de manière excessive et douloureuse. Des réactions émotives démesurées et non justifiées par la situation laissent habituellement soupçonner un deuil reporté. Il semble que seulement 1 à 5 % des adultes présentent de tels symptômes à la suite du décès d'une personne significative (Wortman et Silver, 1990). Chantal, 23 ans, fait partie de ce pourcentage. Elle n'a manifesté aucun signe de détresse à la suite du décès de ses parents. Responsable et organisée, elle a terminé son baccalauréat et réglé les aspects légaux et financiers reliés aux décès. Deux ans plus tard, la mort de son chat suscite chez elle des réactions démesurées.

LE DEUIL TRONQUÉ

Lors d'un deuil tronqué, les réactions habituelles du deuil, telles la peine et la tristesse, sont évitées. D'autres émotions, plus particulièrement la colère et la culpabilité, sont exagérées. La personne endeuillée se sent abandonnée et se montre extrêmement hostile. Elle fait preuve d'un cynisme marqué, d'une intense irritabilité, et manifeste un comportement autopunitif ou un désir accentué de punir ou de se venger.

Les émotions extrêmes de colère et de culpabilité évitent à l'endeuillé de vivre sa peine en détournant son attention de sa souffrance ou de sa détresse. Le deuil tronqué est souvent lié à des circonstances de décès particulières, tel un suicide, et à une relation compliquée avec le défunt. Antoine est toujours en colère contre son fils unique, qui s'est suicidé il y a sept ans. Il lui en veut parce qu'il comptait sur lui pour prendre la relève de l'entreprise laitière. « C'est un sans-cœur de me laisser seul avec tout ce travail », dit-il.

LE DEUIL CHRONIQUE

Le deuil chronique est celui qui se prolonge et semble ne jamais se terminer. L'endeuillé vit avec un sentiment persistant d'incomplétude et de manque. Il peut manifester un attachement démesuré aux objets du défunt ou vivre sans cesse dans les souvenirs du passé. Une perte soudaine, un attachement ambivalent ou dépendant sont plus susceptibles de susciter ce type de deuil.

La personne qui vit un deuil chronique est consciente que la durée de son deuil se prolonge indûment. Or, elle est incapable de mettre un terme au chagrin et aux manifestations de deuil sans ressentir une intense culpabilité. Elle se sent toujours au fond du gouffre. Les paroles d'André reflètent bien la chronicité de son deuil lorsqu'il dit : « Ma femme est morte il y a cinq ans. Pourtant, c'est comme si c'était hier. Je ne peux vivre sans elle. J'ai l'impression que je ne m'en remettrai jamais. »

Il est souvent difficile de dire si une personne vit un deuil compliqué. En fait, ce n'est pas tant à la nature des symptômes que l'on reconnaît ce type de deuil, mais à leur persistance (au-delà de deux ans) et à leur intensité. Certains indices (voir encadré 5.1) permettent toutefois de détecter la possibilité de complications. Lorsque les réactions d'une personne endeuillée semblent y correspondre, il peut être approprié de lui refléter sa situation et de lui proposer une aide extérieure.

Encadré 5.1 Indices d'un deuil compliqué.

- Fortes réactions en parlant du défunt
- Absence prolongée de réactions, indifférence et engourdissement émotif persistants
- Réactions intenses de deuil lors d'un événement mineur, d'une perte ou d'une séparation

- Hyperactivité afin d'éviter les idées ou les sentiments réprimés
- Incapacité de se départir des biens du défunt
- Idéalisation excessive du défunt
- Présence de symptômes analogues à ceux du défunt
- Obsession du défunt
- Craintes extrêmes liées à la cause du décès du défunt (maladie, voiture, route particulière, etc.) ou à des endroits associés à sa mort (hôpital, salon mortuaire, etc.)
- Apparition de troubles physiques
- Anxiété élevée face à sa propre mort ou à celle des autres
- Changements radicaux : amis, activités, personnalité...
- Dépression, colère ou euphorie constantes
- Incapacité d'éprouver des états émotifs propres au deuil
- Incapacité de parler du défunt et des émotions liées à la perte
- Isolement extrême et peur de l'intimité avec autrui
- Idées suicidaires persistantes
- Toxicomanie et dépendances diverses
- Troubles persistants du sommeil
- Hypersensibilité aux expériences de perte et de séparation

5.4 LE DEUIL CHEZ LES PERSONNALITÉS DITES PATHOLOGIQUES

En 1883, Kreaplin répertoria et classa les maladies mentales d'après leurs symptômes. L'idée de ce psychiatre fut reprise par l'American Psychiatric Association, qui en est à sa quatrième édition d'un Manuel diagnostique et statistique des troubles mentaux (DSM-IV, 1996). La classification des troubles mentaux y est faite à partir des manifestations observables de comportements anormaux. L'objectif des auteurs est d'uniformiser la terminologie utilisée en psychiatrie.

Lorsqu'une personne souffrant de troubles mentaux vit une perte, les réactions de deuil peuvent être accentuées en intensité et en durée. Examinons les principaux types de personnalités et les manifestations potentielles en cas de deuil (de Broca, 1997).

Le *Manuel diagnostique et statistique des troubles mentaux* présente une classification des troubles mentaux qui permet de mieux reconnaître chacun.

LA PERSONNALITÉ ANXIEUSE

La personne anxieuse ressent une anxiété généralisée malgré l'absence de facteur déclenchant. Elle peut, par exemple, avoir peur de mourir ou de devenir folle. Elle sait bien que cette anxiété est irrationnelle et anormale, mais elle ne peut la maîtriser. Elle peut réagir au stress de quatre façons : éviter les situations à l'origine de son anxiété, élaborer un rituel pour calmer son anxiété, être inhibée et incapable d'agir ou être hyperactive afin de camoufler sa peur.

En situation de deuil, la personne anxieuse peut sembler égocentrique et inattentive, colérique, impulsive ou encore perdre la maîtrise d'elle-même. Une attitude sécurisante, chaleureuse et ferme est suggérée. Lors d'une crise d'anxiété aiguë, une médication peut être nécessaire.

LA PERSONNALITÉ HYSTÉRIQUE

La personne hystérique cherche constamment à plaire et à obtenir l'attention des autres. Elle change d'attitude selon les situations et semble souvent jouer un rôle théâtral. Imprévisible, elle peut, en un court laps de temps, se désespérer, se fâcher, se réconcilier, etc. Elle peut aussi présenter une perturbation des fonctions de l'organisme (paralysie d'un membre, tic nerveux, perte de la voix, perte de l'ouïe, etc.) sans qu'il y ait pour autant d'anomalies physiques chez elle. Il s'agit de difficultés psychologiques qu'elle somatise.

Lors d'un deuil, la personne hystérique peut paraître indifférente ou, au contraire, être en situation de crise exagérée et non justifiée par le lien entretenu avec le défunt. Il peut s'agir d'une autre perte non résolue qui refait surface. Il faut alors écouter la personne et ne pas la juger.

LA PERSONNALITÉ OBSESSIONNELLE-COMPULSIVE

Les **obsessions** sont des pensées irrationnelles qui s'imposent à l'esprit et engendrent le désir irrépressible de poser une action afin d'éviter l'anxiété ou la culpabilité (**compulsion**). Même si l'individu est conscient de la dimension irrationnelle de ses idées ou de ses comportements, il est tiraillé entre le désir de s'y livrer et celui d'y résister. Perfectionniste, très préoccupé par les détails et l'ordre, il est obsédé par le travail et la productivité, exprime maladroitement son affection, montre de l'indécision et hésite à donner de son temps lorsqu'il n'y voit pas de gain personnel.

En situation de deuil, la personne tente souvent de camoufler ses émotions. Elle est déprimée, se culpabilise et bloque ses souvenirs. Lorsque ces derniers reviennent, la personne obsessionnelle a peine à idéaliser le défunt et tend plutôt à le percevoir comme méchant puisqu'il l'a abandonnée. Elle peut développer de nouveaux rituels pour exorciser son chagrin.

LA PERSONNALITÉ PSYCHOTIQUE

La personne psychotique présente une désorganisation du comportement. Elle peut avoir des idées délirantes, des hallucinations, des pensées incohérentes et montrer des signes de perturbation dans des domaines tels que le travail, l'hygiène personnelle, les relations sociales, etc. De plus, elle peut sembler passive ou dépendante et a une certaine difficulté à se projeter dans l'avenir. Les comportements anormaux apparaissent surtout en situation de stress et peuvent présenter plusieurs formes.

Parfois, les désordres de la personnalité apparaissent lors d'un deuil. Il peut y avoir absence d'émotions les premiers jours, et une profonde dépression par la suite. Certains semblent accepter la perte immédiatement lorsqu'elle survient, le déni apparaissant plus tard. La personnalité psychotique a souvent une certaine prédisposition à la toxicomanie lors d'un deuil.

LA PERSONNALITÉ PARANOÏAQUE

La personne paranoïaque a une idée fixe l'empêchant d'interpréter adéquatement la réalité et a tendance à voir les attitudes des autres comme dangereuses ou humiliantes. Elle peut avoir une idée exagérée de sa propre valeur, de son pouvoir et de ses connaissances. Elle peut aussi croire entretenir une relation exceptionnelle avec une divinité ou une personne célèbre. Habituellement, elle se montre très soupçonneuse, intolérante et méprisante envers les autres. Lors d'un deuil, les traits de caractère sont parfois exacerbés. La personne peut souffrir d'un délire de persécution et devenir très agressive.

LA PERSONNALITÉ MANIACO-DÉPRESSIVE OU BIPOLAIRE

Les troubles bipolaires sont caractérisés par une alternance entre états dépressifs et états maniaques. Les **états dépressifs** correspondent à la passivité, à la perte d'intérêt et de plaisir, aux pensées récurrentes liées à la mort, etc. Les **états maniaques** correspondent à une agitation extrême, à des idées de grandeur, à une grande propension à communiquer et à une augmentation de l'activité (sociale, professionnelle, sexuelle, etc.).

En situation de deuil, l'état maniaque est parfois amplifié; il y a alors déni de la mort ou de l'importance de celle-ci. La joie remplace même la peine. La dépression apparaît plus tard, et elle est d'autant plus grande que le déni a été fort.

LA PERSONNALITÉ DÉPRESSIVE OU MÉLANCOLIQUE

La personne dépressive présente des signes de dépression majeure avant même le décès. Elle peut par exemple perdre l'appétit, souffrir d'insomnie ou d'hypersomnie, éprouver des difficultés de concentration, avoir une faible estime d'elle-même, etc. L'état dépressif s'accentue lors d'un deuil. Celui-ci est donc plus difficile ou, au contraire, refoulé.

De plus, la personne mélancolique a une forte tendance à se déprécier, sans toutefois connaître les raisons de cette quasi-haine envers elle-même. Lors d'un deuil, le plus difficile pour une personne mélancolique est la perte de l'image que lui reflétait l'autre, car elle correspond à une perte d'estime de soi. La personne peut aussi se sentir responsable du décès, ce qui nuit encore à son estime d'elle-même. Il est donc conseillé d'évaluer le risque suicidaire chez les individus mélancoliques en deuil.

LA PERSONNALITÉ HYPOCONDRIAQUE

L'**hypocondrie** est la peur ou la croyance, fondée sur une fausse interprétation d'une sensation ou d'un malaise physique, d'être atteint d'une grave maladie. Cette croyance persiste malgré des examens médicaux rassurants. La personne hypocondriaque se plaint donc de la souffrance liée à une partie de son corps ou à un organe, sans qu'aucun symptôme ne puisse être décelé et soulagé par la médecine.

Lors d'un deuil, la personne hypocondriaque peut somatiser davantage et recourir abondamment aux services médicaux. Elle se complaît toutefois dans sa souffrance et se plaint de l'impuissance de la médecine à son égard.

LA PERSONNALITÉ AYANT DES TROUBLES DE DÉPENDANCE

La personne ayant des troubles de dépendance a besoin d'une drogue, de tabac ou de nourriture. Elle en tire une satisfaction immédiate mais insuffisante, car après avoir comblé ce besoin elle se sent toujours aussi seule. En situation de deuil, les comportements dépendants sont souvent exagérés et peuvent être très nuisibles pour l'individu. Des sentiments dépressifs augmentant le risque suicidaire, celui-ci est à surveiller.

5.5 LES DEUILS NON TERMINÉS

Une femme de 88 ans en bonne santé parle en ces termes d'un de ses enfants, mort à l'âge de 7 ans d'une maladie qui l'a emporté en quelques jours : « Marcel était plus turbulent et moins docile que les autres, et ça nous inquiétait. On se demandait ce qu'il allait devenir. » Peu après sa mort, elle a pensé : « On ne savait pas quoi faire avec celui-là. Le bon Dieu, lui, l'a su : il en a fait un ange qui va veiller sur nous. » Cette pensée ne l'a pas empêchée de vivre une grande peine. Elle a pleuré pendant plusieurs mois, tout en priant beaucoup. Elle ajoute : « Il faut accepter, on n'a pas le choix, mais c'est dur, tu sais. Aujourd'hui, 56 ans plus tard, ma peine demeure présente, mais j'ai appris à vivre avec ça. » Pendant son récit, cette personne demeure sereine. Dans son quotidien, elle est dynamique et chaleureuse. Elle continue d'aimer la vie et d'en profiter.

De toute évidence, cette personne n'a pas terminé son deuil, mais cela ne semble pas porter atteinte à sa santé mentale comme c'est le cas du deuil problématique. La peine causée par la perte d'un parent lorsqu'on est très jeune ou encore d'un enfant en bas âge ne s'éteint en effet bien souvent qu'à sa propre mort. Mais dans plusieurs cas, ce deuil non terminé n'empêchera aucunement l'endeuillé d'être heureux et de réussir sa vie. Le témoignage qui précède est assez éloquent dans ce sens.

Le deuil prend donc pour chaque individu une coloration différente. Or, nous l'avons vu plus tôt, les indicateurs d'un deuil compliqué ne sont souvent que des manifestations habituelles du deuil qui se prolongent dans le temps ou qui sont plus intenses. Aussi, on se gardera d'associer trop rapidement certaines manifestations d'un deuil non terminé à un deuil problématique.

Un **deuil terminé** se caractérise habituellement par un ensemble de souvenirs plus ou moins atténués, compatibles avec une nostalgie passagère. La personne dédramatise sa situation et ne se sent plus envahie par des émotions intenses, incontrôlables. Suzanne, dont le deuil est terminé, disait, par exemple : « Ma sœur, c'était une personne unique; il m'arrive de penser que ça serait bon si elle était encore parmi nous... »

Le **deuil non terminé** se caractérise par un ensemble de souvenirs pouvant se faire plus sollicitants par moments. Quoique la personne puisse fonctionner de façon acceptable, un travail d'intégration est à compléter, consciemment ou non. Peu après la mort de sa sœur, Suzanne disait : « Je ne pense pas toujours à ma sœur, mais lorsque ça m'arrive, je me sens habitée par sa présence pendant des jours. Je rêve d'elle. Je pense intensément aux plats qu'elle cuisinait. Je me sens dérangée. »

Voici les différents indices permettant de reconnaître un deuil non terminé selon Rando (1993, p. 152-154, dans Hétu, 1994, p. 240) :

« 1. Revivre des sentiments ou des conflits reliés à un deuil non terminé.
2. Réagir à la perte par des comportements ou des symptômes.
3. Sentir qu'une partie de soi est morte avec le défunt.

4. S'apitoyer sur son sort (jusqu'à un certain point).
5. Maintenir un lien avec le défunt.
6. Aménager son environnement de manière à faciliter le souvenir du défunt.
7. Prendre des dispositions pour rappeler aux autres le souvenir du défunt.
8. Se sentir exposé à la mort ou sentir que ses proches sont susceptibles de mourir aussi.
9. Résister à modifier des choses ou des relations auxquelles le défunt était associé.
10. Se sentir en deuil pendant de nombreuses années, ou sentir que les réactions de deuil ne se résorbent pas avec le temps.
11. Ne pas apprécier que les autres continuent à vivre alors que le défunt est mort, ou ne pas apprécier que les autres ne vivent pas de deuil.
12. Vivre à l'occasion de fortes réactions de deuil, et ce, longtemps après le décès. »

Les caractéristiques du deuil compliqué et du deuil non terminé sont présentées au tableau 5.1 (Hétu, 1994, p. 241).

Tableau 5.1 Profil d'un deuil compliqué et d'un deuil non terminé.

DEUIL COMPLIQUÉ	DEUIL NON TERMINÉ
■ Détresse consciente ou refoulée (perceptible à l'œil exercé)	■ Tristesse diffuse (plus sensible à certains moments)
■ Sentiment d'impuissance à contrôler sa vie	■ Sentiment d'avoir repris sa vie en main
■ Sentiment d'être prisonnier de ses symptômes (désespoir diffus)	■ Conscience d'avoir parcouru un bout de chemin dans sa guérison
■ Obsession ou phobie de la perte (on vit dans le passé ou le passé est tabou)	■ Évocation de la perte au fil de la vie, sans émotion déstabilisatrice
■ Tendance à se définir en fonction du défunt (le mari de Jeanne, la mère de Marc...)	■ Modification du concept de soi en fonction de son nouveau statut
■ Incapacité de s'engager dans des relations d'intimité	■ Création de nouveaux liens intimes et satisfaisants
■ Incapacité de retrouver un sens à la vie	■ Sentiment que la vie réserve malgré tout des joies et des défis

5.6 LES ENJEUX DE L'INTERVENTION

Comme on vient de le voir dans ce chapitre, certains deuils sont plus longs et plus laborieux que d'autres. En effet, il y a bien des façons de s'adapter à une perte, et chacun

Le soutien social réduit la probabilité d'un deuil problématique.

doit le faire à son rythme. Par exemple, un endeuillé sentira le besoin de parler abondamment du défunt; un autre sera plus émotif et exprimera ouvertement sa peine, sa colère et sa culpabilité. Un troisième vivra son deuil en solitaire, au contact de la nature, sans extérioriser ce qu'il vit. Un quatrième choisira de se tenir très occupé, le temps que l'orage intérieur perde de son intensité. Un autre encore se mettra à lire beaucoup, pour tenter de comprendre son expérience, de trouver un sens à la vie, à la mort, etc. Que ce soit par le silence ou le cri, par l'oubli ou la mémoire, chacun doit trouver sa façon de composer avec l'absence d'une personne significative.

Quoique certaines réactions puissent être à l'opposé de celles que nous aurions en pareilles circonstances, il ne faut pas pour autant les considérer comme anormales. Nous devons cependant demeurer vigilants afin de détecter les signaux de détresse délibérés ou non des endeuillés. Les spécialistes de l'accompagnement de deuil affirment en effet qu'un certain nombre d'endeuillés ne répondent pas aux interventions habituelles et ont par conséquent besoin d'une aide professionnelle ou plus spécialisée.

La distinction entre un deuil normal non terminé et un deuil bloqué ou compliqué n'est pas toujours facile à faire en pratique. Lorsque nous éprouvons un tel doute, le plus simple serait d'en faire part directement à l'endeuillé, et de l'inviter à nous parler de la façon dont les choses se déroulent pour lui. Au besoin, on pourra lui confier nos inquiétudes, en toute simplicité : « Parfois, je me demande comment vous vous remettez de la mort de votre mari. Je sais que c'est arrivé soudainement et que ça a été difficile pour vous. Auriez-vous envie de m'en parler un peu ? »

Certains spécialistes affirment que l'expression de la détresse est déterminante dans la résolution d'un deuil. Selon Bowlby (1984), représentant de l'approche psychanalytique, la non-expression de la détresse reflète une répression importante ou une négation de sentiments pénibles, cette négation entraînant des conséquences négatives, dont les deuils compliqués; au contraire, les personnes qui expriment leur souffrance et se permettent de vivre les manifestations inhérentes à un deuil se comportent plus sainement. Ces deux éléments normatifs du deuil (la détresse constitue une réaction inévitable du deuil et l'absence d'expression de détresse signifie que l'individu n'a pas correctement fait son deuil) ont été étudiés par Wortman et Silver (1990).

Si l'hypothèse de Bowlby est exacte, les individus présentant plus de détresse immédiatement après la mort s'adaptent mieux à long terme que ceux qui en présentent moins. Les recherches ne confirment toutefois pas cette hypothèse. Au contraire, il semble que les personnes dont le niveau de détresse après la mort est très élevé présentent davantage de signes dépressifs plusieurs années plus tard que celles qui montrent moins de signes de détresse immédiatement après le décès. En fait, ces dernières ne présentent aucun signe significatif de deuil compliqué plus tard.

Selon Wortman et Silver, un niveau élevé de détresse après le décès n'est pas un indicatif de l'absence de complication ou d'un processus de deuil normal. Le tableau 5.2 présente les quatre types de deuils établis par ces auteurs en fonction des niveaux de détresse. Quoique ces résultats présentent le deuil absent comme normal, il ne s'agit que d'un exemple pour démontrer l'importance d'être prudent dans l'interprétation des attitudes et des comportements des endeuillés.

Dans un deuil qui progresse, le sujet est capable aussi bien de parler de sa perte que d'arrêter d'en parler et d'y penser. Quand ce n'est pas le cas, il y a lieu de considérer l'hypothèse d'un deuil compliqué et de sensibiliser l'endeuillé ou ses proches à l'importance de demander une aide spécialisée (psychologue, travailleur social, groupe d'entraide, etc.). Nous reviendrons plus longuement sur l'accompagnement des endeuillés dans la deuxième partie du volume.

Tableau 5.2 Types de deuils selon le niveau de détresse.

DÉTRESSE IMMÉDIATE	DÉTRESSE TARDIVE (entre 1 et 2 ans après le décès)	
	Élevée	**Faible**
Élevée	Deuil chronique	Deuil normal
Faible	Deuil tardif	Deuil absent

POUR MIEUX SE CONNAÎTRE

INTROSPECTION

Mon plus grand défi, ma plus grande épreuve

1. Quel a été votre plus grand défi (ou votre plus grande épreuve) jusqu'à maintenant ?
2. Comment avez-vous relevé ce défi ou traversé cette épreuve ?
3. Y a-t-il eu des complications ?
4. Quel défi (ou quelle épreuve) appréhendez-vous le plus ?
5. Pourquoi percevez-vous cela comme un défi ou une épreuve ?
6. Si cette situation se présentait, comment pourriez-vous ou voudriez-vous la vivre ?
7. Quelle différence faites-vous entre le pouvoir et le vouloir ? Est-elle justifiée ?
8. Quel soutien ou quelle aide pourriez-vous recevoir ?

Une correspondance plus que vive

L'objectif de cet exercice est de vous aider dans la résolution d'un deuil.

1. Écrivez une lettre dans laquelle vous vous adressez à votre deuil, comme s'il était une personne. Vous lui exprimez vos sentiments à son égard, vos pensées, vos difficultés, etc. La lettre commence ainsi : « Cher deuil... » Écrivez le plus spontanément possible.
2. Imaginez votre deuil en train de vous écrire. Que vous dit-il ? Comment vous perçoit-il ? Encore une fois, tentez de personnifier le deuil. Vous pouvez, une fois la lettre écrite, la remettre à un ami, pour qu'à un moment indéterminé il vous l'envoie par la poste.

POUR DÉVELOPPER SA COMPÉTENCE

Les deuils compliqués

Imaginez la situation suivante. François, âgé de 40 ans, vient vous consulter; sa femme vient de mourir de leucémie. Vous l'aviez rencontré 14 mois auparavant, à la suite du décès de sa mère dans un accident de voiture. Malheureusement, François vit le deuil de cette première perte de façon compliquée.

En équipe de deux, tentez de mettre en application vos connaissances des différents types de deuils compliqués. Une personne joue le rôle de François et l'autre, celui de l'intervenant. Un observateur peut être présent pour chaque mise en situation afin d'identifier les éléments caractéristiques de chaque deuil et d'émettre ses critiques constructives sur les interventions.

1. Francois vit un deuil absent. Il n'éprouve aucune tristesse et veut passer rapidement à autre chose.
2. François vit un deuil reporté. Il réagit à un élément déclencheur.
3. François vit un deuil tronqué. Il éprouve de la colère et un fort sentiment de culpabilité.
4. François vit un deuil chronique. Il ne cesse de penser à sa mère et ne s'est jamais remis de cette perte.

QUESTIONS DE RÉVISION

Voici le récit d'une relecture de vie entre une dame de 87 ans et son petit-fils. Lisez-le, puis répondez aux questions.

> Quand j'ai invité ma grand-mère à me parler d'un événement important de sa vie, les larmes lui sont tout de suite montées aux yeux. Elle a dit : « Pierre », mais elle n'a pas poursuivi. Ses gestes signifiaient « Non » et elle a dit : « C'est trop dur. » Ma grand-mère faisait ainsi allusion à son fils Pierre, disparu à l'âge de 20 ans, lors d'une randonnée en canot. On n'a jamais retrouvé le corps de mon oncle, et ma grand-mère, qui n'a jamais accepté cette perte, nourrit encore du ressentiment contre le camarade de son fils qui seul est revenu de cette funeste expédition.
>
> Respectueux du chagrin de ma grand-mère, je n'ai pas insisté, et je lui ai demandé s'il n'y avait pas un autre événement important. Elle a répondu, les yeux brillants et le sourire aux lèvres : « Mon mariage avec Jean-Marie ! » Elle s'est détendue et a parlé avec enthousiasme de son défunt mari. Ses souvenirs émergeaient à profusion : leurs rencontres, la demande en mariage, la surveillance paternelle, etc. Elle parla ensuite des enfants qu'elle avait élevés, les six qu'elle avait eus avec son mari et ceux qu'elle avait gardés en pension. Sa bonté et son dévouement envers autrui étaient manifestes.
>
> J'ajoute enfin que pendant tout son récit ma grand-mère était heureuse de l'intérêt que je lui témoignais et qu'elle cherchait sans cesse mon regard. De toute évidence, cela lui faisait grand bien de se confier ainsi.

1. Selon vous, le deuil de cette dame est-il terminé ? Sinon, justifiez votre réponse en citant au moins cinq indices d'un deuil non terminé.
2. Dites quels facteurs de risque ont contribué à rendre ce deuil laborieux.
3. S'agit-il d'un deuil compliqué ? Justifiez votre réponse en citant au moins cinq indices d'un deuil compliqué.
4. S'agit-il d'un deuil absent ou inhibé ? Justifiez votre réponse.
5. S'agit-il d'un deuil différé ou retardé ? Justifiez votre réponse.
6. S'agit-il d'un deuil tronqué ? Justifiez votre réponse.
7. S'agit-il d'un deuil chronique ? Justifiez votre réponse.
8. Nommez les trois mouvements psychologiques dont découlent les complications (selon Hanus), et précisez comment ils se manifestent chez cette grand-mère.

Clin d'œil...

Un homme qui habitait en face d'un cimetière s'est fait frapper par une voiture. Il habite maintenant en face de chez lui !

Paroles de sage

« Chaque fois que tu te sentiras perdue, indécise, pense aux arbres, souviens-toi de leur façon de pousser. Souviens-toi qu'un arbre avec beaucoup de feuillage et peu de racines peut être déraciné au moindre coup de vent, tandis que, dans un arbre avec beaucoup de racines et peu de feuillage, la sève court difficilement. Racines et feuillage doivent pousser dans les mêmes proportions, tu dois être dans les choses et au-dessus, ainsi seulement tu pourras offrir ombre et refuge, te couvrir de fleurs et de fruits quand ce sera la saison.

Et puis, quand plusieurs routes s'offriront à toi et que tu ne sauras pas laquelle choisir, n'en prends pas une au hasard, mais assieds-toi et attends. Respire profondément, avec confiance, comme le jour où tu es venue au monde, sans te laisser distraire par rien, attends encore et encore. Ne bouge pas, tais-toi et écoute ton cœur. Puis, quand il te parlera, lève-toi et va où il te porte. »

(Tamaro, 1994, p. 2)

Le contact avec la nature est une source de bienfaits pour l'endeuillé.

6
chapitre

LES ENFANTS ET LA MORT

« Le chagrin cadenassé ne s'assèche pas de lui-même, il grandit, s'envenime, il se nourrit de silence, en silence il empoisonne sans qu'on le sache. Faites pleurer les enfants qui veulent ignorer qu'ils souffrent, c'est le plus charitable service à leur rendre. »

(Duperey, 1992, p. 77)

Sommaire

« J'ai perdu ma meilleure amie à l'âge de 8 ans. Un après-midi, en revenant en voiture de chez mes grands-parents, j'entends à la radio que Lyne est à la "morgue". Immédiatement, je ressens la tension (l'attention) de mes parents. Je leur demande : "Qu'est-ce que c'est la morgue ?" "C'est une sorte d'hôpital", me répondent-ils. Quelques heures plus tard, je sais que mes parents m'ont menti. Ainsi, mon premier contact avec la mort est marqué par le déni, la trahison et le malaise.

Au salon funéraire, j'ai peur quand je vois mon amie couchée dans son cercueil. Je ne comprends pas ce qui se passe. Mes parents, craignant de me faire de la peine, évitent de parler de Lyne. Le silence est lourd et envahissant.

Dans les mois qui suivent, je rêve souvent à mon amie disparue. Je ne peux (veux) plus regarder de photos d'elle. Elle m'effraie : trop jeune pour avoir peur de la mort, je crains la morte. Je relègue l'événement au plus profond de mon inconscient. Encore aujourd'hui, lorsque je regarde une photo de Lyne, ma crainte revient, et je suis envahie par des émotions infantiles. »

Comme nous l'avons vu au chapitre 2, la mort était beaucoup plus familière autrefois qu'aujourd'hui. Les gens vivaient moins longtemps et avaient bien souvent, dès leur jeune âge, vécu de nombreux deuils.

Maintenant, c'est en général beaucoup plus tard dans sa vie que l'individu est confronté à la perte d'un être cher. Mais certains enfants, comme dans l'exemple ci-dessus, ont une expérience précoce de la mort. La perte d'un grand-parent, d'un frère, d'un compagnon de classe ou même d'un animal domestique peut en effet les exposer à cette douloureuse réalité.

Bon nombre d'adultes hésitent ou éprouvent de la difficulté à parler de la mort avec les enfants. Ils les croient ignorants, voire indifférents à cette réalité, ou encore ils sont pris par leurs propres émotions. Lors d'un décès, les adultes excluent souvent les enfants des conversations ou des rituels funèbres. Ils veulent les protéger d'un traumatisme ou ne pas les effrayer. Or, en agissant de la sorte, ne projettent-ils pas leurs craintes personnelles face à la mort, ne protègent-ils pas davantage leurs propres angoisses que celles des enfants ?

L'étape à laquelle un sujet se trouve dans son cycle de vie influe sur sa perception de la mort. Nous consacrerons donc la première partie de ce chapitre à l'évolution de la compréhension de la mort par l'enfant à mesure qu'il avance en âge.

6.1 L'ENFANT ET LA MORT

De nombreux auteurs affirment que la compréhension du concept de mort par les enfants passe par des phases au cours desquelles leurs attitudes varient (Nagy, 1948;

Bowlby, 1984; Lonetto, 1988). Certes, les enfants du même groupe d'âge font des acquisitions communes. Cependant, le processus de conceptualisation de la mort peut être devancé ou retardé selon la personnalité, la maturité et l'expérience particulière de chacun, obéissant ainsi non pas à une mais à deux lois : la dynamique développementale d'abord, et la loi de l'expérience ensuite. Pour Raimbault (1975), par exemple, les enfants appréhendent différemment les enjeux de la perte lorsqu'ils sont confrontés personnellement à la maladie ou lorsqu'ils vivent une expérience de mort. En effet, qu'elle s'inscrive dans leur corps ou qu'elle survienne dans leur environnement, la mort les fait réfléchir. Ils en développent alors une connaissance intuitive et élaborent leurs conceptions. Par ailleurs, plusieurs études démontrent que le concept de mort varie selon les valeurs culturelles de chacun.

Voyons toutefois les caractéristiques habituelles des conceptions de la mort chez l'enfant, de la naissance à l'adolescence. Le tableau 6.1 présente une synthèse de ces caractéristiques.

Tableau 6.1 Principales caractéristiques de la conception de la mort chez l'enfant et l'adolescent.

ÂGE	CARACTÉRISTIQUES	ÂGE	CARACTÉRISTIQUES
Naissance à 2 ans	Sensation Séparation-éloignement Sensation physique	**9 à 12 ans**	Universalité Irréversibilité Fin absolue Cause physique Cycle de vie
3 à 5 ans	Réversibilité, non-permanence Immobilité Non-universalité	**Adolescence**	Universalité Irréversibilité Fin absolue Cause physique Cycle de vie Imagination de scénarios Égocentrisme
6 à 8 ans	Composantes de causalité Finalité, irréversibilité Universalité Association à l'âge		

DE LA NAISSANCE À DEUX ANS

De la naissance à l'âge de deux ans, l'enfant a une compréhension de la mort similaire à sa compréhension de la vie, c'est-à-dire fondée sur ses sens. À partir de ses sensations, l'enfant orphelin peut se rendre compte que sa mère ou son père n'est plus là pour répondre à ses besoins primaires, à ses besoins de sécurité ou encore pour lui prodiguer de l'affection. La compréhension qu'il a de la mort est vaguement associée à l'éloignement, au toucher et aux soins qu'il reçoit. À défaut de pouvoir communiquer verbalement, il utilise son corps pour ressentir les émotions des adultes. Ainsi, ses réactions lors d'un décès, des rituels funèbres ou d'un deuil ne sont que par ricochet celles de l'adulte.

Lors des premiers mois de sa vie, l'enfant est en symbiose avec la personne qui prend soin de lui, habituellement sa mère. Il n'est pas conscient d'exister en dehors d'elle, et ce n'est qu'entre trois et neuf mois qu'il commence à faire la distinction entre la réalité extérieure et lui-même.

C'est à partir de ce moment que la disparition d'une personne significative peut entraîner les manifestations de deuil longuement décrites par Bowlby et nommées **affliction**. L'enfant peut être plus facilement irritable, son sommeil ou son alimentation peuvent être perturbés, il peut pleurer, avoir des irruptions cutanées, etc.

Dans ces circonstances, un maintien de la routine quotidienne (alimentation, sommeil, jeux) est à privilégier. L'enfant a aussi besoin de la présence d'un adulte. Celui-ci doit inspirer un sentiment de continuité et de sécurité pour lui prodiguer l'affection dont il a plus que jamais besoin. Avant l'âge de deux ans, environ, les longues explications et la participation aux rituels de la mort ne sont toutefois pas nécessaires et ont peu de répercussions sur l'enfant. À cet âge, il demande avant tout qu'on réponde à ses besoins physiques et affectifs, en reconnaissant et en accueillant ses façons de réagir.

DE TROIS ANS À CINQ ANS

Les enfants de trois à cinq ans n'ont pas encore développé de pensée logique; la compréhension qu'ils peuvent avoir de la mort est donc limitée. Pour eux, la mort n'est pas universelle : ils ignorent qu'ils sont mortels et croient que seules les personnes plus âgées peuvent mourir.

Par ailleurs, ils sont portés à percevoir la mort comme un état réversible, temporaire et associé à l'immobilité. Cette conception est fortement alimentée par leurs jeux, la littérature et les films pour enfants, dans lesquels le héros se fait souvent tuer et se relève quelques instants plus tard. Tout comme dans une situation de jeu où l'enfant crie « Bouge plus, t'es mort » et dit, quelques instants plus tard, « Allez viens, on va au parc », il peut dire à propos de son frère décédé : « Cet hiver, nous irons le chercher pour qu'il revienne sur la terre jouer dans la neige avec moi. »

Cette notion de non-permanence, associée à la pensée magique, entraîne l'enfant dans des réflexions d'une grande créativité. Sa vision animiste lui fait donner vie aux objets inanimés. Une personne morte peut alors respirer, manger, dormir, sourire, entendre, etc. D'ailleurs, les morts qu'il dessine ont habituellement des allures de vivant.

L'imaginaire occupe une grande place chez l'enfant de trois à cinq ans. Celui-ci peut croire qu'une personne meurt parce que Dieu était fâché contre elle. La mort peut prendre la forme de sorcières et de monstres. D'ailleurs, ce que l'enfant imagine étant souvent plus effrayant que la vérité, il importe de répondre honnêtement à ses questions.

Habituellement, l'enfant de cet âge est préoccupé par des questions concrètes et s'inquiète des activités et du corps du défunt. Il peut se demander si brûler oncle Marc le fera crier. Il se tourmente de la douleur que celui-ci pourrait ressentir. Il se questionne sur les activités de son grand-père au ciel ou encore se tracasse à propos de la difficulté qu'aura ce dernier à respirer ou à voir depuis le cercueil. « Il faudrait lui laisser une petite ouverture ou une lampe de poche », proposait le fils d'une amie.

L'enfant de trois à cinq ans étant égocentrique, sa compréhension vient de son expérience personnelle. Les explications données par les adultes doivent donc tenir compte de cette dimension. Par exemple, on peut parler de la mort en faisant le parallèle avec les feuilles d'automne, un raton laveur écrasé sur la route, un poisson rouge, etc.

Un deuil entraîne souvent chez les enfants de cet âge des comportements ponctuels de régression comme sucer son pouce, uriner au lit ou encore craindre de rester seul dans la noirceur. De plus, la pensée magique peut amener un enfant à croire qu'il a suscité la mort, parce qu'il l'a souhaitée ou parce qu'il a désobéi au défunt. L'enfant se sent alors coupable, constatant la réalisation de ses vœux ou la punition infligée. Il importe de le rassurer sur son innocence.

DE SIX ANS À HUIT ANS

Grâce à ses capacités cognitives grandissantes, l'enfant de six à huit ans a une compréhension plus réaliste de la mort et est capable d'en identifier les causes externes, qu'il associe souvent à une forme d'agression (coup de fusil, maladie, accident, etc.). L'enfant de cet âge cherche habituellement à comprendre pourquoi la mort survient et quelle

L'expression artistique des enfants révèle souvent leur univers intérieur.

en est la cause véritable. Il est curieux et s'intéresse aux aspects biologiques ou aux explications scientifiques.

Il développe la notion d'irréversibilité de la mort et en reconnaît le caractère définitif. Brynczka (1993, p. 23) définit bien cette étape de conceptualisation de la mort. Il précise que l'enfant « conçoit alors la mort comme un état d'inactivité corporelle et sensorielle apparente. Ce n'est plus uniquement l'inaction, c'est l'inactivité car le fonctionnement biologique cesse et il cesse sans retour. Cette fin de la vie biologique signifie l'irréversibilité, pour l'instant, biologique de la mort. La finitude dont il est question durant cette période demeure encore très fragile. Car, quand on complique la situation en demandant à l'enfant, par exemple, "Si on crie très fort, est-ce que le mort peut entendre ?" le plus souvent l'enfant répond positivement. »

Par ailleurs, il arrive encore que la mort ne soit pas perçue comme universelle, mais seulement associée à la vieillesse. L'enfant nourrit l'idée qu'il ne mourra pas, particulièrement s'il est en bonne santé et s'il n'a jamais été confronté à la mort d'une personne chère.

Lors d'un deuil, l'enfant de six à huit ans s'intéresse aux particularités concrètes de la mise en terre et à des détails qui peuvent sembler morbides à un adulte. Il importe toutefois de répondre le plus honnêtement possible aux questions de l'enfant, puisqu'un échange franc et ouvert contribue à atténuer ses craintes. Les manifestations émotives sont différentes pour chacun. Les enfants ont d'ailleurs la faculté de passer rapidement de la joie à la tristesse. Ils peuvent exprimer leur peine et, quelques instants plus tard, aller s'amuser. Il est bon d'encourager cette spontanéité.

DE 9 ANS À 12 ANS

Pendant la période de préadolescence, soit entre 9 et 12 ans, l'enfant voit la mort de façon plus objective et rationnelle. Sa compréhension est quasi similaire à celle de l'adulte. Il maîtrise ce que Smilansky (1987) énumère comme les cinq éléments constitutifs du concept de la mort.

1. La mort est universelle et le préadolescent sait qu'il peut mourir, en dépit de son âge. La mort a un caractère inévitable.
2. La mort a un caractère irréversible et le préadolescent sait que l'absence est permanente.
3. La mort a un caractère de fin absolue et le préadolescent sait qu'une personne défunte n'a ni fonctions vitales ni sentiments.
4. La mort a une cause précise et le préadolescent sait qu'elle ne survient jamais sans raison. Elle découle d'une cause physique comme la maladie.
5. La mort est associée avec la vieillesse et le préadolescent sait qu'elle est indissociable du cycle de vie.

Cette faculté à comprendre la mort ne diminue pas pour autant la détresse que peut vivre le jeune lors d'un deuil. Même si ce dernier peut sembler peu affecté par un décès, Fauré (1995, p. 148) rappelle qu'en « n'osant pas partager ce qu'il ressent de peur d'être taxé de "bébé", il tente de maintenir une façade de "grand", en s'interdisant l'expression de son impuissance et de son désarroi ». Le préadolescent demeure donc dépendant de l'adulte et il importe de reconnaître la vulnérabilité et la fragilité qui couvent parfois sous le masque de l'indifférence et l'apparente autonomie.

L'ADOLESCENCE

Avide d'introspection et de raisonnement abstrait, l'adolescent est habituellement habité par des questions sur le sens de la vie et de la mort. Sa quête d'identité et les nombreux changements (physiques, affectifs et cognitifs) auxquels il doit s'habituer suscitent déjà de multiples petits deuils. De façon explicite ou non, il prend conscience de la finitude et de la solitude humaines. La mort est dès lors conceptualisée.

Contrairement à l'enfant, l'adolescent est capable d'une pensée abstraite. Il peut faire hypothèses et déductions. Il peut jouer avec l'idée de la mort et s'inventer des scénarios de pertes dans lesquels il imagine ses réactions ou celles de ses proches. Il peut s'amuser à défier la mort, que ce soit au volant d'une automobile ou en pratiquant des sports dangereux. Il se sent souvent invulnérable et croit que la mort n'arrive qu'aux autres. Il aime jouer avec les limites et les situations risquées, au même titre qu'il s'invente des histoires de perte dans lesquelles il occupe la place de personnage principal (Séguin et Fréchette, 1995).

L'adolescent a une compréhension de la mort similaire à celle de l'adulte, mais la gamme des émotions propres à l'adolescence par lesquelles il passe lorsque la mort se produit dans son entourage est teintée d'égocentrisme. Même si l'adolescent cherche à se différencier du noyau familial, c'est souvent de sa famille que viendra le soutien dont il a besoin. L'intervenant devrait donc sensibiliser les parents à l'éventail des réactions émotives (agressivité, tristesse, indifférence, isolement, etc.) que peut vivre le jeune endeuillé, à l'aube de l'âge adulte.

6.2 L'ENFANT EN DEUIL

Tout comme chez l'adulte, le deuil peut varier sensiblement d'un enfant à l'autre. Le degré de maturité de l'enfant influe grandement, nous l'avons vu, sur sa compréhension de la mort. Le processus de deuil subit également cette influence. Selon son âge, l'enfant a des façons bien à lui de signifier que le défunt lui manque et d'assimiler progressivement la réalité de la perte. Sans tracer un portrait systématique du deuil chez l'enfant, voyons quelles en sont les principales manifestations et en quoi elles se distinguent de celles des adultes.

LES MANIFESTATIONS DU DEUIL CHEZ L'ENFANT

Selon Bowlby (1984), on peut observer chez un enfant de quatre ans, tout comme chez l'adulte, une période de choc, une période de dépression et une période de rétablissement. Il se peut toutefois que les processus sous-jacents à ces réactions de l'enfant soient différents de ceux de l'adulte (Hanus, 1995a). L'âge de l'enfant, en termes de développement personnel, influe grandement sur ses réactions de deuil.

La relation qu'entretenait l'enfant avec la personne décédée, les types de séparations qu'il a connus auparavant, les attitudes de ses proches et les circonstances du décès sont tous des facteurs pouvant modifier ses réactions de deuil. Berlinsky et Biller (1982) ont effectué une revue des principales recherches publiées sur le sujet. Selon eux, les réactions anormales se manifestent principalement par des modifications comportementales ou des perturbations affectives. L'encadré 6.1 présente les principales réactions excessives de deuil chez l'enfant, réactions pouvant être considérées comme des signaux avertisseurs de la nécessité d'une intervention professionnelle. Selon Furman (1984), les enfants ont moins d'outils et d'expériences antérieures pour maîtriser le déséquilibre et l'insécurité provoqués par la mort d'un être cher. Ainsi, même si un enfant recommence à jouer, les adultes doivent demeurer vigilants et ne pas interpréter d'emblée ces comportements comme une preuve de résorption d'un deuil.

Encadré 6.1 Signes avertisseurs du besoin d'intervention professionnelle auprès des enfants endeuillés.

- Perte d'intérêt prolongée pour des activités ou des événements du quotidien
- Troubles sérieux du sommeil : cauchemars, insomnie, terreurs nocturnes, etc.
- Incapacité prolongée d'admettre que le décès est survenu
- Régression sur une période prolongée
- Graves problèmes de rendement ou de comportement à l'école
- Expression persistante du désir de mourir
- Instabilité affective ou hyperactivité forte et prolongée
- Imitation excessive de la personne décédée

LES PARTICULARITÉS DU DEUIL CHEZ L'ENFANT

LE CHOC

La durée du choc varie selon l'âge de l'enfant et les réactions des personnes de son entourage. Chez les enfants qui croient la mort réversible, le choc est habituellement atténué par rapport à celui qu'éprouvent les adultes. Les réactions des gens autour d'eux et l'anxiété extérieure sont alors déterminantes pour leurs propres réactions émotives. Quant aux enfants qui saisissent l'irréversibilité de la mort, le décès d'une personne chère les laisse démunis, car ils n'ont pas nécessairement acquis les mécanismes requis pour composer avec une situation de stress. Ils peuvent pleurer, crier et avoir des réactions incontrôlables. Ils peuvent aussi s'abstenir de toute manifestation. Le plus souvent, ils adoptent des attitudes similaires à celles des parents ou des personnes significatives autour d'eux.

L'INTERFÉRENCE DANS LE DÉVELOPPEMENT

L'enfant consacre beaucoup d'énergie à son développement physique, cognitif, affectif et social. Lorsqu'il vit une perte importante en bas âge, l'énergie qu'il consacrait à son développement personnel peut être réalloué au travail de deuil. On appelle **interférence dans le développement** cette situation d'arrêt de croissance provisoire. Certains enfants peuvent alors accuser un retard dans le développement moteur ou dans l'acquisition du langage. Cependant, comme la croissance de l'enfant n'attend habituellement pas, c'est souvent le travail de deuil qui est reporté. Hanus (1995, p. 82) écrit : « Il y a une espèce de compétition énergétique entre la croissance et le deuil chez l'enfant. » Il faut prêter une attention accrue à l'enfant affligé d'une perte. S'il a perdu l'un de ses parents, il faut lui trouver rapidement un substitut pour combler ses besoins affectifs.

L'INTÉRIORISATION DU DÉFUNT

Pour faire son deuil, l'enfant a souvent besoin d'intérioriser le défunt comme vivant. Plusieurs adultes qualifient cette situation de déni ou de négation de la réalité. Pourtant, l'enfant reconnaît la réalité de la perte, mais il a besoin de préserver une relation avec le défunt. Il peut lui écrire ou encore lui parler avant de s'endormir. (On utilise souvent l'expression *parent* ou *ami imaginaire* pour qualifier la présence quasi vivante du défunt dans la vie de l'enfant.) Il est suggéré d'offrir à l'enfant un objet significatif ayant appartenu à la personne disparue. Cet objet lui permettra de faire la transition entre la présence et l'absence. Ainsi, sachant, par exemple, qu'il peut maintenant dormir avec le jouet préféré de son frère, il prendra conscience que ce dernier est mort.

LA NÉGATION

Les concepts d'irréversibilité et d'universalité n'étant pas acquis, en moyenne, avant l'âge de neuf ans, il n'est pas rare d'entendre des enfants dire que le défunt reviendra jouer avec eux, que seules les vieilles personnes peuvent mourir, etc. Les adultes interprètent souvent ces croyances comme un mécanisme de négation.

Le mécanisme de négation chez l'enfant est particulièrement difficile à saisir pour un adulte. Un parent peut s'inquiéter de voir son enfant nier la réalité ou adopter une attitude d'indifférence, il peut craindre que l'enfant n'oublie le défunt, etc. Il importe alors de vérifier les sentiments de l'enfant face à la perte, sans toutefois le confronter à ce qu'il n'est pas prêt à entendre. La négation est le mécanisme de protection de l'enfant contre la souffrance et la détresse. À son rythme, il posera des questions en fonction des réponses qu'il peut entendre.

Malheureusement, certains adultes peuvent amplifier la réaction de négation en camouflant la réalité de la mort aux enfants. Tôt ou tard, pourtant, la vérité est connue. Il faut donc faire preuve de respect envers l'enfant et lui parler en toute franchise afin d'éviter qu'il ne soit assailli d'un sentiment d'exclusion ou de culpabilité.

LA CULPABILITÉ

Les enfants ont beaucoup de difficulté à composer avec le sentiment de culpabilité qu'ils peuvent éprouver à la mort de quelqu'un. Bien que cette culpabilité ne soit pas toujours exprimée ouvertement, elle peut être intériorisée et ressortir plusieurs années plus tard. S'il a souhaité la mort ou le malheur d'une personne et que cette personne décède quelque temps après, l'enfant peut se culpabiliser : croyant ses souhaits exaucés, il craint d'être la cause du décès de la personne aimée. Il importe donc de rassurer l'enfant à cet égard. Par ailleurs, il faut généralement éviter d'utiliser un vocabulaire qui perturbe les enfants. Les paroles d'une mère impatiente qui menace : « cesse de crier, tu vas me faire mourir » peuvent résonner longtemps dans la tête d'un enfant qu'une tragédie rend orphelin quelques jours plus tard.

Les enfants comprennent la mort avec leur maturité cognitive et affective. On doit donc leur rappeler qu'ils ne sont pas responsables, pas plus que quiconque d'ailleurs, de la mort d'une autre personne, quelles que soient les circonstances du décès.

L'adolescent impulsif qui vivait des relations conflictuelles ou empreintes d'incompréhension avec le défunt n'échappe pas non plus à la culpabilité. Malheureusement, cette culpabilité est souvent camouflée et intériorisée pendant de nombreuses années. L'adulte doit donc tenter d'amener l'adolescent à exprimer ses sentiments sur le décès afin de lui offrir le soutien le mieux adapté à sa souffrance.

LE DÉSIR D'AIDER

Selon Hanus (1995), les enfants endeuillés ont souvent le réflexe d'offrir leur aide. À moins qu'il ne se rende compte que la situation est bien prise en charge par un adulte ou par sa famille, l'enfant désire spontanément protéger les gens qui l'entourent. Il peut s'abstenir de pleurer pour ne pas inquiéter ses proches, prendre soin d'un petit frère, etc. Or, ce désir d'aider cache souvent un état dépressif. Il importe donc de considérer l'enfant endeuillé non pas comme une ressource, mais comme un être sensible qui a besoin d'accompagnement et de soutien de la part d'un adulte pour faire face à la perte.

LE JEU DE LA MORT

Lors d'un deuil, les enfants ont tendance à jouer la mort. Quoique tous les petits s'adonnent à cette activité, elle est particulièrement prisée par les jeunes endeuillés, qui s'y prêtent à l'écart des adultes, conscients qu'ils sont du malaise que ces jeux créent chez leurs aînés. Couchés par terre, les jeunes font semblant de ne plus respirer, ils simulent une pendaison, des funérailles, etc. Par ces jeux, ils tentent de maîtriser une situation qui leur échappe dans la réalité. Il faut donc les laisser libres de pratiquer ces activités.

LA COLÈRE

Parfois, un enfant peut en vouloir au défunt de l'avoir abandonné sans prévenir, ou encore il peut passer sa colère sur une autre personne vivante, qu'il considère coupable du décès. À d'autres moments, il idéalisera le défunt et se mettra en colère contre quiconque voudrait ternir l'image de ce dernier. Il est important de ne pas empêcher l'enfant d'exprimer cette émotion, mais également de lui dire qu'il est normal de la ressentir lorsqu'une situation est très désagréable ou déplaisante. On peut aussi le rassurer sur les qualités du défunt.

LA TRISTESSE

La perte d'un être cher éveille souvent, chez l'enfant, la peur de l'abandon, ce qui se manifeste par de la tristesse et de l'inhibition. Comme les adultes, certains enfants peuvent se sentir contraints de réprimer l'expression de leur tristesse pour bien paraître. Ces états, lorsque prolongés, sont des signes de dépression. Il faut, encore une fois, vérifier les sentiments entourant la perte de l'être cher. La tristesse dépend souvent de la façon dont l'enfant comprend la mort : celui qui la perçoit comme passagère ne ressent pas une tristesse aussi intense que celui qui est conscient de son caractère irréversible. Les états dépressifs peuvent être masqués par une hyperactivité chez l'enfant, ce qui donne faussement l'impression que le deuil est résorbé. Les adultes doivent donc être très attentifs aux besoins des enfants endeuillés.

Selon plusieurs auteurs, aborder le sujet de la mort dès l'enfance présente bien des avantages (Dolto, 1971; Raimbault, 1975; Lonetto, 1988). Même les intervenants qui ne sont pas en contact direct avec les enfants dans leur travail peuvent, en échangeant quelques mots avec eux ou en s'informant de la relation qu'ils entretenaient avec le défunt, jouer un rôle actif dans leur développement et leurs premiers contacts avec la mort. Cette attitude d'accueil peut d'ailleurs leur être salutaire.

Il existe des livrets contenant les informations propres à faciliter le deuil d'un enfant. On devrait s'assurer que les parents susceptibles d'en tirer profit reçoivent un exemplaire de ces ouvrages, qui les aideront à comprendre les réactions de leurs enfants et les attitudes à adopter envers eux.

6.3 L'ACCOMPAGNEMENT DE L'ENFANT EN DEUIL

C'est le cœur rempli de tristesse que Chantale est allée reconduire sa fille Julie à la garderie. Ce matin, elle est en deuil de sa mère. Pour ne pas traumatiser son enfant de quatre ans et pour lui éviter la souffrance, Chantale ne lui a rien dit du décès de sa grand-mère. Elle la mettra au courant après les funérailles. Chantale a déjà assez de mal à cacher sa peine et elle se dit que, de toute façon, Julie est trop jeune pour comprendre.

Des attitudes comme celles de Chantale sont très fréquentes, beaucoup plus qu'on ne l'imagine. L'enfant, bouleversé par la perte d'un parent, d'un frère, d'une sœur ou encore d'un ami, est souvent victime des maladresses des adultes et des tabous relatifs à la mort. En ayant recours au déni ou à la fuite, les adultes croient éviter à l'enfant la douleur et la souffrance inhérentes aux pertes. On tente de distraire l'enfant, de le faire sourire. En effet, qu'y a-t-il de plus pénible, pour un adulte, que la souffrance d'un tout-petit ?

Certaines recherches donnent à penser que les attitudes et les messages des adultes influent sur les images que l'enfant se fait de la mort (Furman, 1973, 1984) et que « la manière dont un enfant vit un deuil pose les bases de la résolution de tous les deuils futurs » (Poletti et Dobbs, 1993, p. 67). Nous verrons donc, dans les pages qui suivent, les attitudes à adopter pour faciliter la prise de conscience de la perte chez un enfant endeuillé.

S'ARRÊTER À SES PROPRES PERTES ET À SA MORT

« L'espèce humaine est la seule qui sache qu'elle doit mourir, et elle ne le sait que par l'expérience. » (Voltaire). La mort éveillant des souffrances, on tente de la chasser de ses pensées. Un diagnostic de maladie, le décès d'une personne significative ou une expérience de perte nous ramènent toutefois à nos interrogations sur le sens de la vie et de la mort.

Pour être capable d'adopter l'attitude la plus appropriée à l'égard des enfants, on doit d'abord reconnaître ses peurs, ses émotions et ses pensées à propos de la mort. Après s'être arrêté à ses propres pertes, l'adulte peut plus facilement être authentique en présence des autres, en présence des enfants. Il peut exprimer ses interrogations ou ses limites quant à la compréhension de la mort, puisqu'il en est conscient. Il doit faire preuve d'humilité dans ses propos et ne pas craindre de confier ses réflexions, d'exprimer son chagrin. Une attitude d'authenticité et d'ouverture favorise en effet un climat de confiance chez l'enfant.

ACCUEILLIR L'ENFANT

Il faut veiller à ce que l'enfant ait une relation privilégiée avec au moins un adulte qui compose bien avec le décès et qui sache adopter une attitude sécurisante et chaleureuse. En effet, les membres de la famille sont souvent aussi bouleversés que l'enfant par le décès, et se montrent moins disponibles pour le sécuriser ou assumer leurs responsabilités habituelles. Il importe donc de trouver dans l'entourage une personne qui pourra pallier ce manque de disponibilité. Celle-ci devra accueillir l'enfant sans le juger, et le rassurer quant au peu de probabilité que d'autres décès surviennent à court terme.

Les enfants ont souvent besoin du regard d'un adulte pour se sentir compris. L'adulte doit donc permettre à l'enfant de vivre selon ses croyances et d'exprimer ses émotions et ses sentiments. Ainsi, une tante qui demandait à son neveu s'il trouvait cela difficile de ne plus parler à sa mère, décédée depuis quatre mois, fut surprise de la réponse : « Mais je lui parle tous les soirs, car elle m'a dit qu'elle m'écouterait et qu'elle serait toujours avec moi dans mon cœur. »

Plusieurs enfants ressentent de l'agressivité envers la personne décédée car ils ont l'impression d'avoir été abandonnés par elle. Ils peuvent aussi se sentir coupables. Il faut leur permettre d'exprimer leurs sentiments, et les rassurer sur le fait qu'ils ne sont pas responsables de la mort de la personne chère. Le personnel de l'école devrait être informé du décès pour que l'enfant reçoive là aussi toute l'attention dont il a besoin.

OFFRIR UN LIEU DE PAROLE

Une clinicienne américaine travaillant auprès de conjoints en deuil a observé qu'un parent sur deux est porté à inventer pour ses enfants de moins de 16 ans des histoires telles « Maman n'est pas morte; elle fait un long dodo » ou encore « Elle est partie en voyage » (Furman, 1984). L'enfant a le droit à la vérité claire et simple. Idéalement, il devrait apprendre la nouvelle du décès en même temps que les autres membres de sa famille. Fausser la réalité en racontant que le défunt est parti en voyage, qu'il dort ou encore qu'il surveille l'enfant peut être anxiogène pour un jeune. L'enfant imaginatif qui croit en la présence d'un défunt assurant la discipline, qui s'inquiète de l'absence prolongée d'une maman en « vacances » ou qui craint de sombrer dans un sommeil dont il ne se réveillera pas peut s'en trouver perturbé. Il est donc inutile d'entretenir des illusions. Il faut plutôt répondre de façon ouverte et juste aux questions de l'enfant, en utilisant un vocabulaire à sa portée. Dans la mesure du possible, on inclura l'enfant dans les conversations des adultes, quitte à lui expliquer de quoi il s'agit et à lui permettre de réagir s'il en éprouve le besoin.

Plusieurs adultes sont ambivalents quand vient le moment de parler de la mort aux enfants. Ils hésitent à aborder leurs croyances religieuses, à discuter de la notion de vie après la mort, etc. Ils n'ont alors qu'à exprimer leurs croyances personnelles en précisant qu'il en existe d'autres.

On a avantage à faire participer les enfants aux rituels de la mort.

ASSURER LA RÉINTÉGRATION PAR LE SOUVENIR

L'adulte peut amener graduellement un enfant à se souvenir des moments agréables qu'il a vécus avec la personne décédée. Les bons moments prennent alors peu à peu le dessus sur la tristesse. L'enfant devient conscient que le souvenir du défunt continue d'être présent dans sa mémoire et qu'il peut toujours ressentir de l'amour pour lui.

L'enfant ayant besoin de réintégrer le défunt par le souvenir, il est important de ne pas insister sur les détails morbides du décès ni de ternir l'image du défunt. Sans pour autant déifier l'être cher disparu et faire de ses possessions des objets de culte, l'adulte doit laisser l'enfant entretenir un souvenir positif et rassurant de lui.

INTÉGRER L'ENFANT AUX RITUELS DE LA MORT

Les adultes ont souvent tendance à éloigner les enfants du chevet du mourant ou encore des rites funèbres. Or, même si ces moments sont particulièrement chargés d'émotions, ils constituent des étapes importantes dans le processus de deuil. La présence de l'enfant au salon funéraire et aux funérailles est ainsi de nature à l'aider à saisir et à accepter la réalité de la perte. Il faut toutefois agir avec discernement et respecter le choix de l'enfant. De plus, avant la participation de l'enfant aux différents rituels, un adulte devrait prendre soin de lui expliquer de façon détaillée le déroulement de ce qu'il va vivre ainsi que ce qu'il verra.

En participant aux rituels, l'enfant a le sentiment de faire partie de la famille; il ne se sent pas mis à l'écart. Il peut aussi, à cette occasion, aller chercher du soutien et de l'affection auprès des personnes présentes. Enfin, il constate la réalité de la mort et délaisse les pensées magiques qu'il a pu entretenir.

Si l'enfant ne se sent pas capable d'aller aux funérailles ou de participer aux rites sociaux ou religieux d'adieux à la personne décédée, on peut lui en proposer d'autres. Il peut s'agir d'allumer une bougie, de dire une prière, de faire un montage de photos, etc. Le tableau 6.2 présente différentes idées de rituels pouvant être réalisés par les enfants. L'important est de respecter les volontés de l'enfant et de ne pas le culpabiliser en lui disant que c'est sa dernière chance de voir le défunt, par exemple.

RESPECTER LES PARTICULARITÉS DE CHACUN

Il importe de respecter le rythme et les façons de réagir de l'enfant. Par exemple, certains enfants endeuillés peuvent régresser en parlant en bébé, en demandant davantage d'attention et d'affection. Ces comportements sont normaux et reflètent le besoin d'être rassuré. D'autres enfants peuvent s'isoler, avoir peur, souffrir d'insomnie, etc. Il faut se rappeler que les réactions de l'enfant répondent à ses besoins. Tout en sachant reconnaître les signaux avertisseurs des enfants qui nécessitent une aide professionnelle, on doit comprendre les particularités de chacun et s'y adapter. Chaque deuil, tout comme chaque relation, est unique.

Tableau 6.2 Idées de rituels à pratiquer avec les enfants.

Au salon funéraire	▪ Glisser une lettre, un cadeau dans le cercueil ▪ Lire une composition ou un texte de l'enfant ▪ Apporter des jouets ou des objets significatifs	▪ Exposer des dessins au salon funéraire ▪ Écouter un air de musique
À la maison	▪ Faire un montage de photos, d'images ▪ Cuisiner et partager un repas commémoratif ▪ Trouver un caillou ou des éléments de la nature qui symbolisent le défunt ▪ Allumer une bougie	▪ Dire une prière ▪ Planter un arbre ▪ Dresser un autel pour le défunt ▪ Faire brûler de l'encens ▪ Rassembler des souvenirs du défunt

ENCOURAGER L'EXPRESSION DES ÉMOTIONS

Il faut encourager l'enfant à exprimer ses émotions, que ce soit de façon verbale ou non. Cela peut se faire par l'exemple : l'enfant qui voit pleurer un adulte apprend à légitimer sa souffrance et à extérioriser ses propres émotions. Les réactions d'un enfant sont très spontanées. À la crise de larmes succèdent des moments de jeux et de rires. L'expression des émotions se fait souvent de façon inattendue et intermittente ou par le biais d'activités ludiques. Ainsi, l'adulte qui se permet de vivre ses émotions peut comprendre l'enfant lorsque, à son tour, il ressent le besoin de s'exprimer.

Régnier et St-Pierre (1995, p. 146) illustrent cette attitude dans un exemple de dialogue entre une fillette de cinq ans et sa mère. Cette dernière, tout en tentant de présenter la réalité de la mort avec réalisme et objectivité, exprime ses propres émotions.

> « "Grand-mère m'a dit que mon frère vit au ciel, est-ce vrai, maman ?" La mère répond : "Ce dont je suis sûre, ma chérie, c'est que Sébastien est mort et que ça me fait beaucoup de peine à moi aussi. Rappelle-toi comment était son corps au salon funéraire; il ne bougeait plus, ne respirait plus, il ne ressentait plus rien, c'est ça quand on est mort. Et quand on est mort une fois, on l'est pour toujours, c'est fini. Mais les religions nous enseignent qu'après la mort d'une personne son âme monte au ciel pour retrouver Dieu. Tu sais, c'est très difficile à comprendre la mort, même pour une grande personne." La fillette est revenue à la charge avec sa question à propos du ciel : "Oui, mais le ciel de grand-maman, est-ce qu'il existe ?" "Personne ne sait s'il existe vraiment, le ciel, répondit sa mère. Même moi, je n'en suis pas trop sûre. Vois-tu, jamais une personne morte n'est revenue sur la terre pour nous en parler, alors comment savoir si c'est vrai ou si c'est faux qu'il existe. Mais grand-maman et moi aussi, je crois, ça nous fait du bien, ça nous réconforte de penser qu'il y a un ciel et que Sébastien y est maintenant. Ce que je crois et ce que je sens, et toi aussi j'en suis sûre, c'est que Sébastien continuera de vivre longtemps dans notre cœur et nos pensées; il nous manque beaucoup et nous l'aimerons toujours. Tu peux lui dire ça, tu sais, tu peux lui parler dans ton cœur." »

ENCOURAGER LA LECTURE DE CONTES OU DE ROMANS

Selon Fréchette (1989), les personnages littéraires en situation de deuil sont une source de réconfort pour les enfants affectés par la mort d'une personne chère. Les enfants reconnaissent en ces personnages leurs propres émotions et se comprennent un peu mieux.

Les contes ou les romans adaptés à l'âge de l'enfant sont très utiles pour amorcer une conversation, faciliter la communication, rassurer l'enfant sur ce qu'il vit et lui faire comprendre certaines notions de vie et de mort. Les lectures peuvent être faites de façon préventive, afin que les enfants comprennent mieux le cycle de la vie, ou de façon explicative, lorsque survient la perte d'un être cher. Aux tableaux 6.3 et 6.4, nous donnons quelques suggestions de livres pour enfants et de romans pour préadolescents et adolescents abordant le thème de la mort.

FAVORISER LE JEU ET L'EXPRESSION ARTISTIQUE

Lors d'une situation de perte, les adultes peuvent encourager les enfants à jouer ou à s'exprimer par diverses créations. L'enfant utilise spontanément le jeu et le dessin pour exprimer ses émotions et s'assurer un certain contrôle sur les événements difficiles qui surviennent dans son quotidien. L'enfant en deuil sera porté à utiliser les mêmes stratégies pour apprivoiser sa perte et faire face à l'absence du défunt. Ces activités permettent à l'adulte de pénétrer dans l'univers subjectif de l'enfant et de favoriser à l'occasion ce processus d'adaptation, par exemple en aidant l'enfant à préciser ce qu'il ressent ou à expliquer ce qu'il a dessiné (Lonetto, 1988).

En permettant l'expression de l'émotion, le dessin aide l'enfant à exprimer ce qu'il ressent.

Tableau 6.3 Livres pour enfants abordant le thème de la mort.

TYPES DE PERTE	RÉFÉRENCES
Mort d'un animal	Brown, M. *L'oiseau mort.* de Bie, P. *Une triste visite chez l'oncle Pistache*, Hull, Éd. Asticou, 1980. Velthuijs, M. *La découverte de Petit Bond*, Paris, École des loisirs, 1991.
Maladie et mort d'un frère	Plante, A. *Histoire de Jonathan*, Montréal, Éditions Paulines, 1992.
Mort d'une mère	Plante, A. *Histoire de Josée*, Montréal, Éditions Paulines, 1992.
Mort d'un père	Desarthe, A. *La Fête des Pères*, Paris, École des loisirs, 1980.
Mort d'une tante	Varley, S. *Au revoir Blaireau*, Paris, Gallimard, 1984. Girard, F. *Tante-Lo est partie*, Montréal, Boréal, 1991. Soulière, R. *Ma tante Marie-Blanche*, Montréal, Québec-Amérique, 1980.
Mort d'un oncle	Dubé, J. *L'horloge s'est arrêtée*, Montréal, Éditions Pierre Tisseyre, 1990. Tourneur, D.T. *Au revoir oncle François*, Tournai, Casterman, 1980.
Mort d'un grand-parent	Capdevila, R. et Gaudrat, M.A. *L'enterrement*, Paris, Le centurion/Pomme d'Api, 1987. Hébert, Marie-Francine. *Une maison dans la baleine*, Premier roman, Montréal, Éditions la courte échelle, 1995, 61 p. (à partir de 7 ans) de Paola, T. *Nanie-d'en-haut et Nanie-d'en-bas*, Paris, Centurion, 1983. Padoan, G. *Mathieu, la mort de grand-père*, Montréal, Héritage, 1987. Plante, A. *Histoire de Charlotte, Philippe et grand-père*, Montréal, Éditions Paulines, 1992. Shook Hazen, B. *Pourquoi grand-papa ne revient-il pas ?*, Paris, Éditions Deux coqs d'or, 1986.
Mort d'une personne sidéenne	Merrifield, M. *La lueur du matin*, Héritage Jeunesse, 32 p. Merrifield, M. *Viens t'asseoir avec moi*, Héritage Jeunesse, 32 p.
Mort d'un ami	Kaldhol, M., Wenche, O. *Adieu Valentin*, Paris, L'École des Loisirs, coll. Pastel, 1991.
Informations diverses	Sanders, P., Fortin, M., Henno, J. « *Parlons-en...* » *La mort*, Montréal, Les Éditions École active, 1992, 32 p.

Plusieurs adultes désapprouvent une telle franchise auprès des enfants en ce qui concerne la mort. Pourtant, cette attitude facilite le processus de deuil des enfants. N'y a-t-il pas suffisamment de gens qui portent en eux les séquelles d'un deuil inachevé ?

Tableau 6.4 Romans pour préadolescents et adolescents abordant le thème de la mort.

TYPES DE PERTE	RÉFÉRENCES
Maladie et mort d'un frère	Howker, J. *Le Blaireau sur la péniche*, Paris, Gallimard, Folio Junior, 1986.
Mort d'une mère	Causse, R. *Mère absente, Fille tourmentée*, Paris, Gallimard/Léon Faure, 1983.
Mort d'un père	Morel, R. *Un kilo d'oranges*, Paris, Hachette, Livre de Poche Jeunesse, 1989. Murail, M.-A. *Le trésor de mon père*, Paris, L'École des Loisirs, Collection Médium, 1989. Blume, J. *Œil de Tigre*, Paris, École des Loisirs, 1985.
Mort d'un grand-parent	Adridge, J. *La véritable Histoire de Spit Macphée*, Paris, Hachette, Le livre de Poche, Jeunesse, 1988. Cherer, S. *Une brique sur la tête de Suzanne*, Paris, École des Loisirs, 1992.
Mort d'une personne sidéenne	Kerr, M.E. *La nuit du concert*, Paris, École des Loisirs, 1989.

POUR MIEUX SE CONNAÎTRE

INTROSPECTION

La mort dans mon enfance

1. Quels contacts avez-vous eus avec la mort dans votre enfance ?
2. À quel âge avez-vous été pour la première fois en contact avec la mort ?
3. a) Dans quelle situation ou contexte était-ce ? (Tentez de vous rappeler le moment, le lieu, les personnes présentes, le déroulement, etc.)
   b) Quelles ont alors été vos réactions, vos pensées et vos émotions dominantes ?
   c) Quels sont les cinq mots qui auraient le mieux décrit cette expérience au moment où elle est survenue ?
   d) Quels sont les cinq mots qui décrivent le mieux cette expérience lorsque vous y repensez, aujourd'hui ?
   e) Quelles sont les répercussions de cette expérience dans votre vie ?

La mort et mes interrogations

4. a) Quelles sont les deux questions qui vous préoccupent le plus au sujet de la mort ?
   b) Pourquoi ces questions vous semblent-elles importantes ?
   c) Êtes-vous capable de dire à quel moment ces questions ont pris naissance ? Si oui, précisez-le.

POUR DÉVELOPPER SA COMPÉTENCE

Mises en situation

Vous connaissez maintenant les attitudes et les comportements à privilégier auprès des enfants en deuil. L'exercice suivant vise à utiliser ces attitudes. Il peut se faire par écrit ou sous forme de jeu de rôles, en équipes de trois personnes (une personne joue le rôle du personnage principal, une autre, celui de l'intervenant, et la troisième est observateur). Répondez aux questions suivantes.

1. Seule dans un coin du salon funéraire, Natacha, cinq ans, pleure en silence. Que faites-vous ?
2. Jean-Paul, 44 ans, est bouleversé par la mort subite de sa femme. Il refuse d'en informer sa fille de 8 ans et son fils de 11 ans, préférant attendre que tous ces bouleversements soient terminés (appels téléphoniques, funérailles, etc.). Il dit avoir expliqué aux enfants que leur mère était partie en voyage d'affaires pour une dizaine de jours. Que faites-vous ?
3. Élise, 6 ans, vous demande : « Est-ce vrai ce que mon grand-père m'a dit ? Que grand-maman vit maintenant au ciel ? » Que faites-vous ?
4. Pierrette vient de perdre son frère, mort du sida. Elle ne sait comment annoncer la nouvelle à ses deux enfants, Pierre, six ans, et Mathieu, 10 ans. Elle vous demande conseil. Que faites-vous ?
5. Joachin, père de deux enfants de deux et six ans, vient d'apprendre que son frère s'est suicidé. Il se demande comment annoncer à ses enfants la mort de leur oncle adoré. Que lui dites-vous ?
6. Sébastien, 11 ans, a perdu son camarade de classe de façon tragique. Ce dernier, qui avait disparu, a été retrouvé assassiné dans la cour d'école. L'événement a été énormément médiatisé. Sébastien demande à son père comment cela s'est passé et dans quel état on a retrouvé son ami. Le père, désemparé, vous demande conseil. Que faites-vous ?
7. On vous demande d'expliquer à un enfant de quatre ans que sa mère, hospitalisée depuis trois jours, va mourir d'un cancer du sein. Que faites-vous ?

Forces et faiblesses

Faites un retour sur vos forces et vos faiblesses. En tant qu'intervenant, avez-vous :

- exploré les sentiments de la personne ?
- reflété son état émotif et reformulé au besoin ?
- légitimé ses craintes, ses peurs ?
- évité d'infantiliser les personnes, tant les enfants que les adultes ?
- accueilli ce que la personne vous a exprimé ?

QUESTIONS DE RÉVISION

1. La conceptualisation de la mort est-elle similaire chez tous les enfants d'un même groupe d'âge ? Justifiez votre réponse.
2. Expliquez quelle compréhension un enfant de moins de deux ans a de la mort.
3. Encerclez ce qui ne correspond pas à la conception que les enfants de trois à cinq ans se font de la mort.
   a) Pour lui, la mort correspond à ce qui ne bouge pas.
   b) Sa vision de la mort est empreinte de pensées magiques.
   c) Les morts qu'il dessine ont des allures de vivants.
   d) Il sait que la mort est un phénomène universel mais non irréversible.

La conception que les enfants ont de la mort est étroitement liée à l'âge qu'ils ont.

4. Chez l'enfant de 9 à 12 ans, le concept de mort comprend cinq éléments constitutifs. Laquelle des réponses suivantes ne correspond pas à l'un de ces éléments ?
   a) Le caractère de fin absolue.
   b) Le caractère de réversibilité.
   c) Le caractère inévitable.
   d) L'association avec la vieillesse.
   e) L'association avec une cause physique.
   f) Aucune de ces réponses.
5. Tous les soirs avant de s'endormir, Natacha, quatre ans, parle à sa mère décédée il y a six semaines. Son père s'inquiète. Vous désirez le sensibiliser aux signaux avertisseurs de la nécessité d'une intervention professionnelle pour les enfants endeuillés. Nommez six de ces signaux.
6. Expliquez ce qu'est l'interférence dans le développement de l'enfant.
7. Comment pouvez-vous expliquer qu'un enfant de trois ans qui vit une perte importante se sente coupable ?
8. Expliquez trois particularités du deuil chez les enfants.
9. Un parent se demande quelle attitude adopter avec son fils cadet, qui vient de perdre son grand frère. Il vous demande conseil. Que lui dites-vous ?
10. Quelles suggestions de livres feriez-vous à un client qui désire offrir à son neveu un conte portant sur la mort d'un grand-parent ?

Clin d'œil...

Thomas, 10 ans, disait : « Ce n'est pas vivre longtemps qui compte, c'est vivre fort. »

(Voisin, 1994, p. 136)

Paroles de sage

Les parents de deux enfants, dont l'un était optimiste et l'autre, pessimiste, décidèrent un jour de tenter une expérience pour mieux connaître la nature de chacun. Ils offrirent à l'enfant pessimiste une pièce remplie de jouets magnifiques et placèrent l'enfant optimiste dans une pièce remplie de crottin de cheval.

Quelques heures plus tard, ils ouvrirent les portes. L'enfant pessimiste était assis dans un coin, les sourcils froncés, l'air buté, les bras croisés. Devant tous ces beaux jouets, il se demandait quel était le piège !

S'en allant voir l'enfant optimiste, ils le trouvèrent dans le crottin jusqu'à la taille, riant, exultant et en lançant sur tous les murs.

« Mon enfant, qu'est-ce qui te rend si heureux ? » demandèrent les parents.

Et l'enfant répondit : « Je suis certain que sous tout ce crottin il y a un poney ! »

(Auteur inconnu.)

7
chapitre

LE DÉVELOPPEMENT D'UNE RELATION AIDANTE AVEC L'ENDEUILLÉ

« Si on reste sur un piédestal professionnel, si on n'accueille l'autre que dans sa tête, refusant de l'accueillir par le cœur et la compassion, on ne pourra pas bien le soigner. L'attitude de compassion implique qu'on se laisse toucher par l'autre, par ses souffrances, par le cri de son être. »

(Vanier, 1994, p. 87)

Sommaire

- Les types d'écoute inappropriés
- Les réactions à éviter
- L'acquisition d'habiletés de communication
- L'accompagnement de deuil
- Les difficultés inhérentes au multiculturalisme

Peu de gens savent comprendre et accueillir ce que les autres ressentent et expriment; rares sont ceux qui savent faire preuve d'**empathie**. Or, qu'elles soient conscientes ou non, les façons qu'on a de réagir avec un endeuillé peuvent faciliter son processus de deuil ou, au contraire, y nuire. Pour aider une personne éprouvée et l'accompagner dans la résolution de ses difficultés, il faut donc développer sa capacité d'écoute, car cette faculté, comme celle de faire savoir à l'autre qu'on le comprend, n'est pas innée : elle s'acquiert et se développe.

L'objectif du présent chapitre est donc de fournir aux étudiants des outils pour développer leurs habiletés d'intervention ou d'accompagnement. Nous présenterons d'abord ce qu'il faut éviter, puis nous indiquerons ce qu'il convient de faire.

7.1 LES TYPES D'ÉCOUTE INAPPROPRIÉS

Certaines personnes, par manque d'empathie, utilisent des types d'écoute inappropriés, tels que la mise en vedette, l'écoute sélective, la fausse écoute, l'écoute piégée, l'écoute insensible et l'écoute défensive.

La mise en vedette Les gens qui pratiquent ce type d'écoute s'empressent, dès que l'on commence à parler, de raconter leur propre histoire. Or, tenter d'aider quelqu'un en partageant son expérience personnelle n'est pas toujours approprié. N'est-il pas décevant, en effet, de téléphoner à une amie pour lui confier sa peine et d'en être réduit à l'écouter parler de la tristesse que lui a causée une situation semblable, deux ans plus tôt ? La mise en vedette caractérise les personnes qui ont besoin d'attention ou de valorisation, qui aiment parler d'elles et préfèrent raconter leurs expériences plutôt que d'écouter celles des autres.

L'écoute sélective Sans parler d'elles-mêmes, les personnes qui font de l'écoute sélective ne donnent pas davantage l'impression de bien écouter, car elles ne retiennent des propos de leurs interlocuteurs que certains éléments auxquels elles vont s'attarder. Elles négligent habituellement l'essentiel du message pour s'attarder exclusivement à quelques informations qui les intéressent ou qui peuvent leur être profitables.

La fausse écoute Faire de la fausse écoute, c'est faire semblant d'écouter alors qu'on est préoccupé par autre chose. Plusieurs indices trahissent cette mauvaise forme d'écoute : clichés en guise de réponses, hochements de tête et onomatopées simulant l'intérêt, mais ne traduisant que l'inattention. Et si celui à qui nous nous plaignons de sa mauvaise écoute proteste de l'intérêt qu'il porte à nos propos en répétant machinalement notre dernière phrase, l'impression qu'on nous manque de considération s'accentue encore.

L'écoute piégée Ce type d'écoute consiste à soutirer de l'information pouvant être utilisée ultérieurement contre la personne, par exemple pour lui faire des reproches ou encore la prendre en défaut.

L'écoute insensible Ceux qui pratiquent l'écoute insensible ne savent pas détecter les messages non verbaux et décoder ce qui est exprimé. Souvent causé par un manque de sensibilité, ce type d'écoute suscite un sentiment généralisé d'incompréhension.

L'écoute défensive Les personnes qui pratiquent ce type d'écoute utilisent des mécanismes de défense pour cacher le malaise que leur cause les confidences qu'on leur fait. Ils pourront changer de sujet comme si de rien n'était, réagir par la colère ou le blâme, etc. Le chapitre 8 permettra d'explorer davantage les différents mécanismes de défense.

7.2 LES RÉACTIONS À ÉVITER

S'il est essentiel de connaître les moyens pour favoriser une communication saine, positive et empathique, il est tout aussi important de connaître les réactions à éviter. Voyons cela à l'aide d'un exemple.

Que faut-il éviter de répondre à un veuf qui n'a plus le goût à rien, ni au travail ni à la maison, parce qu'il ressent cruellement le vide laissé par la mort récente de son épouse ? Que faut-il éviter de dire à cet homme qui se sent abandonné par ses amis, qui, pendant des heures, dans l'obscurité de sa demeure maintenant vide et silencieuse, se morfond en se rappelant les bons moments passés ? Les réactions ou réponses à éviter sont nombreuses.

LE CLICHÉ

Lorsque nous utilisons le cliché, nous esquivons par un proverbe ou une généralité ce qui a été exprimé. (Dans l'exemple précédent, nous aurions répondu par une phrase courante comme « c'est la vie » ou « on passe tous par là ».) Notre interlocuteur a alors l'impression que nous considérons que son problème est banal et sans intérêt, et que nous tentons de lui faire la morale. En effet, tandis qu'il désire personnaliser son expérience ou ses sentiments, il voit nier l'unicité de ce qu'il vit par une personne qui semble tout connaître ou détenir la vérité.

LES RÉPONSES ÉVALUATIVES

Nous pouvons recourir à l'avertissement, à la morale, à la persuasion et tenter de dicter à l'endeuillé ce qu'il doit faire ou ne pas faire : « tu devrais... » ou « si tu continues, tu as de fortes chances de... ». La mention de devoirs, de valeurs morales ou de raisonnement logique suscite souvent des sentiments de culpabilité, d'incompétence ou d'infériorité.

De plus, ces valeurs ne correspondent habituellement pas à celles de notre interlocuteur, mais sont une simple projection de nos propres valeurs.

LE SOUTIEN EXCESSIF

Il peut arriver que l'on s'identifie à l'autre et que l'on ait tendance à prendre en charge ses difficultés. Écrasée sous une avalanche de consolations et étouffée par un excès de sympathie, la personne éprouvée n'a pas l'espace pour exprimer ses propres émotions et les approfondir. Elle peut aussi se sentir infantilisée malgré le réconfort qu'elle pourrait également tirer de ce soutien excessif.

L'ESQUIVE ET L'HUMOUR

Les gens qui ne sont pas à l'aise avec une trop grande intensité émotive ont souvent tendance à vouloir distraire la personne affligée en tentant de détourner son attention de ses difficultés ou en faisant de l'humour. Par exemple, le veuf éploré, dont il a été question en début de section, se serait fait dire : « À ce sujet, j'ai une bonne blague pour toi : C'était une fois un veuf... » Momentanément distrait de son chagrin, l'interlocuteur n'a cependant pas reçu d'aide. Au contraire, il se sent incompris, ridiculisé, rejeté ou encore très seul.

Toutefois, l'humour peut être approprié dans certaines circonstances. Par exemple, le thanatologue qui, pour rassurer un client inquiet de savoir s'il sera là jusqu'à la fin des funérailles, lui dit de ne pas s'en faire, qu'il ne se débarrassera pas si facilement de lui, use d'une forme de soutien teinté d'humour chaleureux.

LES QUESTIONS

Il est difficile d'évaluer jusqu'où une personne veut se révéler, mais il est toujours inapproprié de poser des questions qui ne servent qu'à approfondir des détails étrangers à la préoccupation principale de l'interrogé, car ce dernier aura l'impression que son interlocuteur ne cherche qu'à satisfaire une curiosité personnelle. Par exemple, un veuf qui se sent déprimé à qui l'on demandera si ses enfants demeurent loin de chez lui, ou qu'on mettra à l'épreuve en l'interrogeant sur ce qu'il fait de concret pour s'aider, se sentira bien davantage menacé qu'aidé par ces questions.

L'empressement à investiguer peut sembler indiscret ou laisser supposer que l'information donnée est insuffisante, inappropriée ou secondaire. De plus, en détournant la personne affligée de ses préoccupations, on sème une confusion inutile. Les questions qu'on pose ne sont utiles que lorsque le message a bien été saisi et reformulé. Les réponses que l'on veut obtenir doivent être indispensables à la compréhension du message et non à la simple satisfaction de la curiosité. Nous y reviendrons.

Il est important de savoir manifester son empathie aux personnes en deuil.

L'INTERPRÉTATION

Certaines personnes ne semblent jamais en reste quand il s'agit d'interpréter, correctement ou non, les propos d'un autre. Il est probable que confronté à des gens de cet acabit, notre veuf du début se serait fait dire : « C'est peut-être parce que tu n'as jamais appris à vivre positivement des pertes dans ta jeunesse que la mort de ton épouse t'afflige autant » ou encore « Tu as probablement inconsciemment peur de vivre seul. » Oublieuses des sentiments de l'endeuillé, de telles interprétations compliquent et embrouillent la communication, et l'incompréhension de la situation qu'elles traduisent n'échappe pas à la personne affligée.

Dans certaines situations, toutefois, on peut aider une personne à comprendre ce qu'elle vit en suggérant une interprétation, c'est-à-dire en exprimant ce que nous pensons avoir compris du problème (l'interprétation n'est toujours qu'une hypothèse). Par exemple, à une endeuillée qui s'étonne de réagir si fortement au décès d'une cousine dont elle ne se sentait pas très proche, on peut demander : « Se pourrait-il que ce décès vienne réactiver le deuil d'une autre personne dont vous étiez plus proche ? »

LES SOLUTIONS OU LES SUGGESTIONS

Lorsqu'une personne exprime une difficulté, on a souvent tendance à lui donner des conseils et à lui suggérer une solution. Cependant, les solutions prématurées sont habituellement inutiles. Au nouveau veuf de l'exemple précédent, on aurait pu suggérer une lecture, le visionnement d'un document audiovisuel portant sur les pertes et les deuils ou encore la consultation d'un psychologue. Cette incitation à passer immédiatement à l'action n'aurait toutefois pas permis à l'endeuillé de prendre lui-même ses décisions et d'adopter l'attitude ou les comportements qui lui sont propres.

Les solutions que l'on impose encouragent la dépendance, bloquent la communication et risquent de ne pas convenir à l'endeuillé. Celui-ci peut croire que nous adoptons une position de supériorité et que nous mettons en doute sa capacité de jugement. Certaines personnes réagissent d'ailleurs par de la résistance aux conseils et aux solutions donnés trop rapidement.

Une fois le climat de confiance établi, il peut être approprié de proposer des pistes de solution. Il importe toutefois de le faire avec prudence, en respectant le rythme de chacun. Il faut s'assurer que la personne est prête à recevoir des conseils et que ceux-ci sont appropriés pour elle, afin d'éviter d'éventuels reproches.

L'ABSENCE DE RÉPONSE

Pour aider quelqu'un qui se confie, il est souvent nécessaire de lui dire ce que l'on comprend de ce qu'il exprime. Or, certaines gens prennent un air hébété et ne répondent pas lorsqu'une personne leur communique quelque chose d'important pour elle. Cette façon de faire indispose bien sûr l'interlocuteur qui se sent incompris, rejeté ou diminué dans son estime personnelle par un silence lourd et difficile à interpréter.

Toutefois, il existe un langage au-delà des mots. Écouter en silence en adoptant une attitude réceptive (posture du corps, soutien de regard, etc.) démontre un intérêt respectueux du rythme de l'interlocuteur. La personne qui exprime une difficulté n'a pas toujours le goût d'écouter. Elle veut avant tout se faire entendre. On doit donc éviter de meubler les silences inutilement, car ils permettent souvent la réflexion ou le repos. Cette formule est appropriée lorsque l'individu a bien perçu notre compréhension du problème ou qu'un échange verbal a créé un climat de confiance. Le silence est aussi utile pour l'écoutant puisqu'il lui permet de s'assurer, intérieurement, de sa compréhension et de faire le point sur le message qu'il reçoit. L'aidé, pour sa part, peut laisser émerger ses émotions. Toutefois, lorsque le silence semble vide, il vaut mieux intervenir.

7.3 L'ACQUISITION D'HABILETÉS DE COMMUNICATION

Il existe plusieurs techniques de communication empathique qui permettent d'établir un bon contact. En voici quelques-unes.

L'INCITATION LÉGÈRE

Par de brèves interventions verbales et des hochements de tête, on incite l'interlocuteur à poursuivre. Certaines manifestations simples (mmm, ah, oui, je vois, vraiment, etc.) indiquent notre compréhension et servent de renforcement.

LA REFORMULATION DU CONTENU

La reformulation, appelée aussi **paraphrase**, consiste à résumer en ses propres mots ce que l'interlocuteur vient de dire afin de lui permettre de mieux saisir ce qu'il est en train d'exprimer. Dans certains cas et de façon accessoire, la reformulation permet aussi à l'aidant de vérifier sa compréhension.

Il importe de s'adapter au langage de la personne qui s'exprime et d'être bref dans ses reformulations. Il ne faut surtout pas répéter en perroquet ce qu'elle vient de dire, mais plutôt prendre le temps de réfléchir au message principal dont elle a voulu nous faire part, et le lui reformuler afin d'approfondir la discussion. Un client disait à un thanatologue : « Je veux de la qualité. Après tout, c'est la dernière fois que je peux lui donner quelque chose. Elle a passé sa vie à économiser. Elle mérite bien cela. » Le thanatologue a tout simplement reformulé : « Vous désirez lui offrir ce qu'il y a de mieux. » Le client s'est alors senti compris.

LE REFLET

Pratiquer le reflet consiste à déterminer le sentiment éprouvé par l'aidé et à le lui communiquer en quelques mots : « vous vous sentez triste », « ça vous préoccupe », « vous n'êtes pas fier de vous ». Pour pouvoir faire un reflet, il faut donc aller au-delà des faits pour saisir l'émotion sous-jacente.

Une fois qu'on a capté l'émotion, il reste à la nommer pour pouvoir la communiquer à l'aidé. Comme on doit être précis, il faut mettre le mot approprié sur l'émotion. Le tableau 7.1 donne une liste d'états émotifs pouvant être utile dans la formulation de reflets.

Normalement, un bon reflet va chercher l'émotion principale, comme dans les exemples donnés ci-dessus. Cependant, lorsque l'émotion que ressent l'aidé est évidente, il serait maladroit de se limiter à la nommer. Par exemple :

Aidé : « Je me sens complètement hors de moi. J'ai le goût de le tuer ! Il m'avait promis qu'il serait là... »

Aidant : « Je vous sens en colère... »

Dans un tel cas, mieux vaut aller chercher l'émotion sous-jacente :

Aidant : « Vous lui en voulez beaucoup, et en même temps, c'est comme si vous vous sentiez trahi... »

Tableau 7.1 Liste d'états émotifs.

	INTENSITÉ		
	Forte	**Moyenne**	**Faible**
	L'individu est ou se sent :		
Paix	Enchanté Épanoui Harmonieux	Confiant Inspiré Charmé Optimiste Aidant	Tranquille Content Détendu Calme En accord Satisfait
Amour	Amoureux Altruiste Affectueux Chaleureux Authentique	Accueillant Sympathique Impliqué Bienveillant Attentionné Généreux Indulgent Respectueux Bienfaisant	Ouvert Tendre Franc Complaisant Chaleureux Sensible Aimable Disponible Affable Doux
Plaisir	Passionné Euphorique Emballé Transporté Enchanté Exalté Ravi	Éveillé Touché Gai Réjoui Joyeux Enthousiaste	Heureux Enjoué Amusé Ému
Excitation	Inspiré Fasciné Emporté Stimulé Empressé	Agité Attiré Curieux Impatient	Surpris Étonné Intéressé Jubilant Actif
Force	Accompli Puissant Solide Fort Maître de soi Sûr	Énergique Compétent Confiant Efficace Capable	Décidé Apte, capable Habile Certain Stable

Confusion	Perdu Hébété Dérouté Coincé Troublé	Désorganisé Embarrassé Dérangé Embrouillé Déconcerté	Embêté Perplexe Ennuyé Incommodé Indécis
Honte	Mortifié Condamné Humilié Dégoûtant Déshonoré Discrédité	Jugé Ridicule Mauvais Blâmable En proie aux remords Coupable	Fautif Gauche Chagriné Gêné Responsable Repentant
Tristesse	Abandonné Démoli Bouleversé Désespéré Déprimé Meurtri	Accablé Désemparé Déçu Abattu Morose Peiné	Désolé Attristé Sombre Maussade Penaud Blessé
Colère	Hors de soi Furieux Haineux Enragé Méprisant Exaspéré Révolté	Hostile Frustré Insulté Irrité Agressif	Irritable Indigné Contrarié Choqué Mécontent Dérangé Ennuyé Fâché
Peur	Terrifié Alarmé Troublé Paniqué Effrayé Angoissé	Ébranlé Menacé Vulnérable Inquiet Anxieux Défensif Sceptique Suspicieux Timoré Sur ses gardes	Perturbé Méfiant Craintif Hésitant Réticent Nerveux Timide Vulnérable
Faiblesse	Inférieur Accablé Impuissant Manipulé Indigne Inutile	Écrasé Lâche Incapable Diminué Inapte Inadéquat	Accommodant Hésitant Limité Fragile Petit Imparfait Insuffisant

Le reflet et la reformulation sont les deux moyens propres à l'**écoute active**. Il s'agit d'entendre le message, de le décoder et de manifester sa compréhension. Pour ce faire, il faut être attentif à l'autre, ne pas le juger et demeurer réceptif.

Le reflet est une habileté (ou plutôt un ensemble d'habiletés) qui se développe. On distinge trois étapes dans cet apprentissage.

1. Découvrir le contenu affectif du message (émotions ou sentiments exprimés).
2. Trouver les mots qui transmettent clairement ce que l'interlocuteur a exprimé.
3. Exprimer le reflet, c'est-à-dire nommer le sentiment ou l'émotion, de même que l'événement qui l'a suscité. Des formules telles « tu ressens », « tu sembles éprouver » ou « j'ai l'impression que tu... » sont alors appropriées.

Notons que le reflet porte non seulement sur des sentiments bien précis (colère, peur, tristesse, etc.), mais aussi sur tous les états émotifs : perplexité (« Vous ne savez trop que penser... »), ambivalence (« Je vous sens tiraillé entre deux choses... »), confusion (« Vous ne vous y retrouvez pas... »), etc.

L'écoute active amène la personne à se concentrer sur son problème, à le définir, à préciser sa pensée et à clarifier ce qu'elle ressent. Par la suite, la solution commence à émerger. Il importe que la solution adoptée soit celle de l'aidé. Nous devons respecter ses valeurs personnelles et ne pas lui imposer de choix. L'aidé demeure alors responsable de sa décision et il ne peut nous blâmer, par la suite, d'une mauvaise solution. Curieusement, les gens nous remercient de notre aide, alors que nous n'avons fait que les écouter activement.

Les gens n'ont pas seulement besoin de parler et d'être écoutés. Ils ont aussi besoin qu'on les aide à se comprendre (ce qui implique occasionnellement des interprétations) et qu'on les incite éventuellement à passer à l'action (on devra donc leur proposer, au besoin, des pistes de solution). Ces deux types d'interventions requièrent toutefois de l'expérience et du tact.

LES QUESTIONS

Il y a trois types de questions : les questions fermées, les questions orientées et les questions ouvertes.

Les **questions fermées** sont nécessaires pour clarifier un aspect obscur ou incompréhensible du message. Elles permettent d'obtenir de brefs renseignements; ce sont les questions auxquelles on répond par un mot ou une courte phrase. Par exemple : « À quel endroit ? Depuis combien de temps ? Quel âge ? » Cependant, on doit utiliser ce type de questions judicieusement et avec réserve. En effet, trop de questions fermées peuvent donner à l'interlocuteur l'impression de subir un interrogatoire.

Par les **questions orientées**, on tente de suggérer des éléments de réponse ou de proposer une solution. Par exemple, si un aidé s'apprête à prendre une décision importante, nous pouvons lui demander : « Aimeriez-vous en parler à votre femme ? » ou encore « On pourrait laisser retomber un peu la poussière et s'en reparler dans deux jours. Qu'est-ce que vous en pensez ? »

Certaines de nos questions peuvent être directives ou manipulatrices. Il faut donc veiller à demeurer conscient de la nature, de l'objectif et de l'effet probable de chacune de nos interventions.

Puisqu'on ne peut pas y répondre par un simple « oui » ou « non », les **questions ouvertes** amènent l'interlocuteur à verbaliser sur son expérience. (Exemple de question ouverte : « Comment projetez-vous occuper vos prochaines semaines ? »)

Les questions ouvertes sont aussi appelées « focalisation », parce qu'elles invitent l'aidé à s'attarder à un point précis. Elles lui permettent souvent de prendre conscience de ce qu'il ressent, éprouve ou pense. Il s'agit donc de le ramener à son expérience personnelle : « Que ressentez-vous maintenant ? Quand vous dites que vous n'avez plus le goût à rien, que voulez-vous dire ? »

Contrairement à la question fermée, qui cherche à obtenir des renseignements supplémentaires, la focalisation vise à approfondir une information. Elle se concentre donc sur un aspect particulier, généralement des émotions ou des sentiments, pour mieux saisir l'expérience du client. À la suite d'une focalisation, l'intervenant est habituellement en mesure d'établir un lien entre ce que le client fait, souhaite, ressent et vit de façon générale.

On peut souvent faire une bonne focalisation en reprenant simplement un mot important dans ce que l'aidé vient de nous communiquer. Cela permet d'insister ou d'attirer l'attention sur un aspect précis de son message. Ainsi, quelqu'un qui dit : « Je suis tellement déprimé. Tout va mal. J'aurais envie d'en finir » pourrait susciter comme intervention : « En finir ? » Il serait ainsi amené à préciser son message.

LA CONFRONTATION

La confrontation vise à inviter la personne à se remettre en question ou à réviser sa façon d'envisager une situation. Elle doit être faite avec diplomatie, c'est-à-dire au moment approprié, et elle doit porter sur des éléments précis du message exprimé. **Confronter**, c'est amener l'aidé à remettre en question sa façon de voir, ou encore à prendre contact avec un sentiment jusqu'ici méconnu : « Vous dites que vous n'avez rien à vous reprocher, mais en même temps, je sens que vous n'êtes pas fier de vous et que vous essayez de vous justifier. Est-ce que je me trompe ? »

7.4 L'ACCOMPAGNEMENT DE DEUIL

Comme le démontre une étude menée par Davidowitz et Myrick (1984), il n'est hélas pas rare que les interventions auprès des endeuillés soient plus dommageables qu'aidantes. Perçues comme blessantes, ces tentatives malhabiles peuvent en effet accroître le sentiment de solitude de la personne éprouvée. L'endeuillé a avant tout besoin d'être écouté, et les meilleures interventions sont celles qui lui permettent d'explorer et d'exprimer librement ce qu'il ressent. Comme les intervenants auprès des personnes endeuillées ont tout avantage à prendre connaissance des résultats de cette enquête, nous la présentons ici.

ENQUÊTE DE DAVIDOWITZ ET MYRICK SUR L'ACCOMPAGNEMENT DE DEUIL

Davidowitz et Myrick ont interviewé 13 femmes et 12 hommes, âgés de 21 à 51 ans, qui avaient perdu un proche au cours des 5 années précédentes. Ils leur ont posé les questions suivantes :

- Que vous a-t-on dit pendant votre deuil ?
- Lesquelles de ces paroles avez-vous trouvées aidantes ?
- Lesquelles n'avez-vous pas trouvées aidantes ?

La classification utilisée dans cette étude faisait abstraction du langage non verbal et du contexte. Une même verbalisation pouvait être perçue comme facilitante dans un contexte donné et non facilitante dans un autre contexte. Elle pouvait aussi être perçue différemment selon la personnalité de l'émetteur.

Les chercheurs ont analysé les résultats à l'aide de la classification suivante.

1. **Conseil ou évaluation** Dire au sujet ce qu'il devrait faire (exemple : « tu devrais sortir plus »).
2. **Interprétation ou analyse** Tenter d'expliquer des événements ou des comportements (exemple : « C'était la volonté de Dieu. »).
3. **Encouragement ou soutien** Tenter de rassurer, mais souvent en laissant entendre au sujet qu'il ne devrait pas se sentir comme il se sent (exemple : « Tu sais, tu vas t'en sortir, mais il faut passer par là. »).
4. **Question** Celles qui sont ouvertes et centrées sur les sentiments sont d'habitude perçues comme aidantes (exemple : « Comment avez-vous vécu le retour à la maison après les funérailles ? »).
5. **Clarification ou résumé** Essayer de faire ressortir l'essentiel de ce que le sujet a exprimé (exemple : « Donc, d'après toi, ton deuil n'est pas encore fini. »).
6. **Intervention centrée sur le sentiment** Tenter de nommer le sentiment du sujet sans toutefois juger ce dernier (exemple : « Tu es en train de me dire que tu es en colère contre ton père parce qu'il est mort ? »).

Parmi l'ensemble des interventions, 80 % ont été perçues comme non aidantes et 20 %, comme aidantes. Les conseils et les évaluations, qui représentaient la moitié des interventions, ont presque tous été perçus comme non aidants.

Un peu plus du quart des interventions verbales relevaient de la catégorie encouragement ou soutien, et la grande majorité d'entre elles étaient perçues comme non aidantes. Environ 13 % des interventions étaient des interprétations, et seulement une d'entre elles a été perçue comme aidante. Cette intervention était : « C'est probablement mieux parce qu'elle ne souffre plus. »

Les questions et les interventions centrées sur les sentiments ont obtenu une fréquence de 5 % et ont presque toutes été perçues comme aidantes.

LES QUALITÉS D'UN BON ACCOMPAGNEMENT

Selon Rando (1993), les principales qualités d'un bon accompagnement de deuil sont la présence, la permissivité, la perspicacité, la patience et la persévérance.

Présence Il s'agit d'être vraiment là, même dans les moments les plus difficiles, comme les moments de grande détresse, de colère, ou encore de résistance. On parle ici de disponibilité affective, au-delà de la disponibilité physique.

Permissivité Il faut être à l'aise dans son rôle d'accompagnateur afin de faire sentir à l'endeuillé qu'il n'a pas à censurer certaines idées ou certains sentiments. On peut d'ailleurs donner cette permission verbalement, si l'on sent que l'endeuillé se retient. (Cela ne veut pas dire pour autant que l'endeuillé verra toutes ses demandes acceptées ou encore qu'il peut se comporter sans aucune restriction.)

Perspicacité L'accompagnateur doit être plus qu'un simple écoutant : il doit utiliser ses connaissances et son expérience pour comprendre le vécu de l'endeuillé, et pour lui soumettre par la suite cette compréhension.

Patience et persévérance L'accompagnateur doit faire preuve de patience, puisque l'endeuillé peut revenir plusieurs fois sur certains faits ou certains sentiments. Quant à la persévérance, elle est requise pour maintenir l'accompagnement sur de longues périodes pendant lesquelles aucune amélioration n'est perceptible.

Il faut savoir faire preuve de disponibilité affective en présence de personnes affligées par le décès d'un proche.

L'ACCUEIL DE L'EXPÉRIENCE DU CLIENT

La possibilité d'exprimer sa peine et d'être écouté dans sa détresse constitue l'un des éléments clés dans la résolution du deuil (Plante, 1995). En effet, les émotions retenues ne le sont que pour un certain temps et doivent tôt ou tard être exprimées. À cet égard, les réactions de l'environnement social (famille, amis, professionnels, etc.) contribuent à rendre le deuil plus facile lorsqu'elles encouragent l'endeuillé dans ses divers comportements et dans la manifestation d'émotions. Ainsi, accueillir l'expérience de l'endeuillé consiste à être réceptif tout en respectant le rythme de la personne plutôt que d'adopter une attitude d'initiative l'obligeant à répondre à des questions.

Malheureusement, plusieurs personnes œuvrant auprès des mourants et des endeuillés disent encore ressentir un certain malaise devant la détresse et la peine inhérentes à la mort. Ces réactions de détresse, comme nous l'avons vu au chapitre 3, peuvent prendre plusieurs formes : choc, tristesse, colère, etc. Quand l'endeuillé est en état de choc, par exemple, il n'est pas conscient de la perte inéluctable. Il faut alors l'accueillir en étant tout simplement réceptif à ce qu'il exprime. De plus, lorsqu'il est en état de choc, l'endeuillé est habituellement incapable de prendre une décision. S'il doit le faire, on lui suggérera de se faire accompagner par une personne moins affectée par la perte ou encore de prendre un peu de recul. Si l'endeuillé est triste, l'accueil consiste plutôt à lui permettre d'exprimer sa peine de la façon qui lui convient : pleurs, lamentations, etc.

D'autres endeuillés, en guise de protestation, sont tendus et irritables. Ces personnes sont habituellement davantage en colère contre leur impuissance que contre la personne en face d'eux, et leurs réactions traduisent un profond sentiment de désespoir. Il importe donc de ne pas réagir à cette colère. L'endeuillé a surtout besoin d'être entendu, et les longues discussions ne feraient qu'alimenter ses frustrations.

À cet égard, l'intervenant doit toujours être conscient de ses propres réactions et de ce qui le trouble. Il peut rassurer son client en légitimant son comportement colérique, car il est normal de ressentir de la colère. La violence est toutefois inacceptable, et l'intervenant doit se protéger et respecter ses limites par une gestion efficace des conflits. Les personnes œuvrant dans le domaine de la mort et du deuil devraient donc bénéficier d'un réseau social (collègues de travail, famille, amis) leur permettant de se ressourcer et d'échanger.

7.5 LES DIFFICULTÉS INHÉRENTES AU MULTICULTURALISME

La composition multiethnique de notre société présente plusieurs défis quand vient le temps d'intervenir. En effet, les valeurs et les pratiques propres à chaque culture et à chaque religion nécessitent une adaptation de la part de chacun. Imaginons la situation suivante :

« Une femme âgée meurt après avoir été transportée d'urgence à l'hôpital. L'infirmière chargée de rencontrer les enfants de cette vieille dame s'étonne des signes d'inquiétude qu'ils manifestent en discutant entre eux dans leur langue. L'aîné des fils lui fait part de leur conversation : ils veulent faire eux-mêmes la toilette mortuaire de leur mère. Ce souhait va à l'encontre des règles de l'établissement. Que faire dans un tel cas ? » (Barette et coll., 1993, p. 150).

Pour faire face à une telle situation, un groupe d'intervenants propose de suivre les cinq étapes suivantes (Barrette et coll., 1993).

1. Déterminer ce qui cause une forte réaction émotive.
2. Préciser le cas.
3. Comprendre les cadres de référence de chacun.
4. S'affirmer personnellement et culturellement.
5. Établir des ponts et trouver un compromis.

DÉTERMINER LA CAUSE D'UNE FORTE RÉACTION ÉMOTIVE

Il faut d'abord non pas chercher la personne fautive et se placer dans un climat d'opposition, mais plutôt déterminer l'élément de la situation qui fait réagir, qui suscite le choc culturel. Dans l'exemple précédent, l'infirmière ne sait trop comment réagir : c'est la première fois qu'on lui fait une telle demande, et cette demande lui paraît irréaliste puisque des règles précises régissent la toilette des personnes qui meurent à l'hôpital. Des employés ont d'ailleurs la responsabilité de ce travail.

PRÉCISER LE CAS

La deuxième étape consiste à préciser le cas, c'est-à-dire à déterminer précisément la nature des faits, le message qu'on tente de nous transmettre, les personnes concernées et les caractéristiques pouvant avoir de l'importance dans cette situation (âge, sexe, lien de parenté, position sociale, rôle de chaque personne, etc.).

Dans l'exemple, l'infirmière peut se demander pourquoi les enfants veulent absolument faire la toilette mortuaire de leur mère. Elle peut donc vérifier s'il s'agit d'une question de culture, de religion, si les conditions et l'environnement permettent de telles pratiques, etc.

COMPRENDRE LES CADRES DE RÉFÉRENCE DE CHACUN

Il s'agit ici de tenter de comprendre comment chacun interprète la situation, afin de clarifier les raisons, les motivations et les valeurs de chacune des parties. Un regard sur l'événement dans son contexte permet aussi de déterminer si des jugements ethnocentriques sont portés.

L'infirmière de notre exemple sait qu'autrefois, selon la tradition québécoise et particulièrement en milieu rural, les familles faisaient la toilette mortuaire. Cependant, la mort étant, au Québec, de plus en plus institutionnalisée et dissociée de la religion, elle considère ce rituel comme faisant partie d'une époque révolue. Selon elle, la toilette mortuaire doit donc être faite par les employés de l'hôpital.

Les membres de la famille considèrent quant à eux que la toilette mortuaire des parents est une obligation des enfants. Cette tradition reflète le respect des aînés.

Dans certaines religions, le rôle de chaque membre de la famille dans la pratique de rituels funèbres est même précisé. Une personne est responsable de la toilette mortuaire, une autre des prières au chevet du mourant, etc. Chez les musulmans, par exemple, le corps du défunt doit être lavé soigneusement (trois fois de suite, et selon un ordre précis) puis recouvert d'un tissu blanc pour qu'il se présente nu devant Allah, comme lors de sa naissance. Chez les juifs, la personne qui fait la toilette mortuaire doit être du même sexe que le défunt, et elle est soumise à des règles précises. Ainsi, dans certaines cultures, la peur que les rites mortuaires religieux ne soient pas respectés est presque aussi grande que la peur de mourir.

S'AFFIRMER PERSONNELLEMENT ET CULTURELLEMENT

Cette quatrième étape consiste à exprimer ses valeurs et ses choix, sans toutefois les imposer. Il s'agit tout simplement d'expliquer les règles de sa culture ou de sa religion. Dans notre exemple, l'infirmière pourrait expliquer que cette pratique ne se fait pas au Québec, mais que dans ce contexte précis une exception est possible.

ÉTABLIR DES PONTS ET TROUVER UN COMPROMIS

Une fois que chaque partie en cause connaît les règles et le fonctionnement de chacun, il faut trouver un compromis satisfaisant pour tous. Chacun doit se montrer réceptif, imaginatif et actif dans la recherche d'une solution.

Dans notre exemple, l'infirmière a demandé aux enfants pourquoi ils tenaient à faire eux-mêmes la toilette mortuaire de leur mère et quels étaient les rituels rattachés à cette pratique. Sans adopter une attitude de supériorité, elle s'est assurée que le personnel de l'hôpital leur fournisse les articles nécessaires.

Il est parfois difficile, même à l'intérieur d'une même culture, d'adopter une attitude empathique et une écoute adéquate. Lorsque vient le temps de communiquer avec des personnes de cultures et de religions différentes, ces difficultés peuvent s'accentuer. Les étapes que nous venons de décrire peuvent donc être très utiles pour faciliter les relations interpersonnelles.

POUR MIEUX SE CONNAÎTRE

INTROSPECTION

La mort, les autres et moi

1. Si vous aviez à parler à une personne mourante, quelle serait votre plus grande difficulté ?
2. Quelle serait (ou quelle est) votre plus grande difficulté si vous aviez (lorsque vous avez) à parler à une personne qui vient de perdre un être cher ?
3. Quel accueil aimeriez-vous recevoir de votre entourage si vous veniez de perdre un être cher ? Soyez le plus précis possible.
4. Quels services aimeriez-vous qu'on vous rende si vous veniez de perdre un être cher ? Soyez le plus précis possible.

POUR DÉVELOPPER SA COMPÉTENCE

Le silence et l'écoute

Plusieurs craignent les moments de silence au cours d'un entretien. Ils peuvent alors dire des banalités ou encore poser des questions afin de meubler ce silence. Or, les silences bien utilisés contribuent à une communication efficace.

Dans l'exercice qui suit, vous devez former une équipe et, à tour de rôle, partager une de vos expériences de deuil, de perte ou de déception. Les membres de l'équipe doivent vous écouter silencieusement tout en étant attentifs à ce qui se passe en eux. Ensuite, l'un d'eux peut vous reformuler ou vous refléter ce que vous venez de dire.

Cet exercice permet de :

- développer son habileté à écouter en silence;
- manifester une écoute attentive et respectueuse envers une personne;
- découvrir les sources de ses malaises lors de silences dans un échange;
- tirer parti du silence pour être davantage à l'écoute de soi;
- vérifier ses perceptions;
- acquérir de la patience lors d'une écoute attentive et ininterrompue.

Après avoir formé les équipes (quatre ou cinq personnes), déterminez un objet qui symbolisera le droit de parole. Cet objet devra circuler entre les membres du groupe selon le désir de chacun de parler. Seule la personne qui aura cet objet entre les mains pourra parler. Une fois l'exercice fait, réfléchissez aux questions suivantes.

1. Quels sont les bienfaits du silence ?
2. Quels sont vos malaises lorsque vous devez garder le silence ?

3. Avez-vous de la difficulté à parler de vous ? Pourquoi ?
4. Quelles perceptions ou pensées avez-vous eues au cours de l'expérience ?
5. Quelles interventions vous ont semblé les plus pertinentes ?

Mises en situation

En équipe, simulez les situations suivantes.

1. Un jeune homme vous dit avoir tué quelqu'un. Il conduisait un bateau et a heurté un véliplanchiste. Il se sent coupable et ne se pardonne pas cette erreur.

2. Un couple en deuil de leur enfant vient vous rencontrer. Le père est responsable de la mort de son fils. Un soir qu'il avait trop bu, il a tué le petit en faisant marche arrière dans l'entrée de la maison.

3. Une femme, qui depuis quatre ans s'occupait quotidiennement de sa mère souffrant de la maladie d'Alzheimer, vient vous rencontrer après le décès de celle-ci.

4. Un homme vient vous rencontrer après la mort de sa femme, avec qui il vivait une relation harmonieuse depuis 30 ans.

5. Une femme vient vous rencontrer après la mort de son mari, dont elle était très dépendante.

6. Un homme vient vous rencontrer après la mort de sa femme, âgée de 35 ans. Elle le laisse seul avec trois jeunes enfants.

7. Une jeune fille de 20 ans, enfant unique, vient vous rencontrer après le décès de son père. Elle a perdu sa mère il y a à peine 10 mois.

8. Un jeune bénéficiaire d'aide sociale vient vous rencontrer après le décès de son frère, lui aussi très démuni financièrement.

QUESTIONS DE RÉVISION

1. Dites à quel type d'écoute renvoie chaque énoncé.

   a) Pierre préfère parler de la façon dont il a su tirer profit des nombreuses pertes dans sa vie plutôt que d'écouter les autres. ______________________

   b) Jean-Paul se fâche chaque fois que son amie pleure. Il se sent coupable et cherche à lui démontrer qu'elle n'a aucune raison de pleurer. ______________

   c) Amélie ne s'attarde qu'à certains détails des propos de Caroline, plus précisément à ce qui touche le frère de son amie, qu'elle trouve plutôt séduisant. ________

2. Quel énoncé ne correspond pas à une relation empathique ?
   a) L'accompagnement d'une personne dans sa résolution de problèmes.
   b) L'utilisation de reflet et de reformulation.
   c) La description des sentiments et des émotions exprimés par son interlocuteur.
   d) L'échange sur des intérêts communs.
   e) Aucune de ces réponses.

3. Natacha vient vous consulter. Sa mère vient de mourir et son père est aux soins palliatifs. Elle vous dit : « Je n'en peux plus. J'ai l'impression que le ciel me tombe sur la tête. Je ne peux croire que je vais me retrouver orpheline à 23 ans ! »
   a) Quel reflet lui feriez-vous ?
   b) Quelle incitation légère ?
   c) Donnez un exemple approprié de question ouverte.

4. Associez chacune des interventions verbales suivantes à la bonne catégorie.

① Réponse évaluative	√ Question fermée
② Interprétation	⑤ Solution
③ Soutien	≈ Reflet

   a) Tu paniques parce que tu te sens dans un cul-de-sac. _______
   b) Tu as sans doute un problème avec l'autorité. _______
   c) Pourquoi as-tu fait cela ? _______
   d) Tu raisonnes comme un imbécile ! _______
   e) Pauvre toi ! Tu verras, les choses vont s'arranger. _______
   f) Tu devrais aller lui en parler directement. _______

Clin d'œil...

Entre ce que je pense, ce que je veux dire, ce que je crois dire, ce que je dis, ce que vous voulez entendre, ce que vous entendez, ce que vous croyez comprendre, ce que vous voulez comprendre et ce que vous comprenez, il y a au moins neuf possiblités de ne pas s'entendre.

(Garagnon, 1991)

Paroles de sage

Un samouraï meurt après une longue vie de bravoure et apprend qu'il peut aller au paradis. Curieux, il demande de faire un bref passage en enfer pour comparer les deux lieux.

Il y découvre des tables garnies de plats gastronomiques. Or, il constate avec surprise que les gens sont squelettiques. « Comment est-ce possible ? » demande-t-il.

Il apprend qu'à leur arrivée les gens reçoivent deux longues baguettes d'un mètre... et qu'ils doivent se nourrir seulement à l'aide de celles-ci. Ainsi, malgré leurs efforts, ils ne peuvent porter la nourriture à leur bouche.

Cette visite répond à la curiosité du samouraï, enfin prêt à se rendre au paradis. Quelle n'est pas sa surprise de trouver, là aussi, des tables garnies de plats gastronomiques... et d'apprendre que les gens doivent se nourrir avec deux baguettes d'un mètre.

Les gens présents semblent toutefois rayonnants et heureux de cette abondance. « Comment est-ce possible ? » se demande-t-il.

Il conclut rapidement que les gens continuent à vivre au paradis comme ils ont vécu sur terre : heureux, ils utilisent leurs baguettes pour nourrir leurs voisins... et cela, mutuellement. Le samouraï se rappelle alors un proverbe : « Tout ce qui n'est pas donné quand on meurt est perdu... »

(Auteur inconnu.)

Chapitre 8

La progression du deuil

« Sur un siège était assis un vieil homme qui tenait à la main un bouquet de fleurs fraîchement cueillies. De l'autre côté de l'allée, il y avait une jeune fille dont le regard revenait sans cesse se poser sur les fleurs du vieil homme. Le moment arriva où il fallait que le vieil homme descende. Soudainement, il déposa le bouquet sur les genoux de la jeune fille. "Je vois que vous aimez les fleurs, expliqua-t-il, et je pense que ma femme aimerait que vous les ayez. Je vais lui dire que je vous les ai données." La jeune fille accepta les fleurs, puis regarda le vieil homme descendre de l'autobus et pousser la grille d'un petit cimetière. »

(Canfield et Hansen, 1995, p. 35)

Sommaire

- Les tâches de l'endeuillé et le rôle de l'intervenant
- Les mécanismes de défense et d'adaptation

Le deuil, période de restructuration, suscite souvent chez la personne éprouvée des changements dans sa façon d'être et d'agir, dans ses valeurs et ses croyances. Pour parvenir à la résolution de son deuil, l'individu doit réaliser un ensemble de tâches. Il utilise alors inconsciemment divers mécanismes de défense et d'adaptation pour composer avec ses émotions. Dans ce chapitre, nous verrons quelles sont les tâches de l'endeuillé, puis nous identifierons les mécanismes de défense et d'adaptation auxquels on peut avoir recours lors d'un processus de deuil.

8.1 LES TÂCHES DE L'ENDEUILLÉ ET LE RÔLE DE L'INTERVENANT

Les premiers spécialistes à avoir étudié le phénomène du deuil l'ont considéré comme un travail (Freud, 1917). Une psychologue américaine spécialiste de la question (Rando, 1993) distingue six enjeux ou tâches dans le deuil : reconnaître la perte, réagir à la séparation, revivre sa relation avec le défunt, renoncer à ses liens passés et à son ancienne vision du monde, évoluer vers un nouvel univers sans oublier l'ancien, réinvestir dans de nouveaux projets et de nouveaux rôles.

Examinons en détail ce modèle, car il constitue un guide d'intervention efficace auprès des endeuillés. Notons que Rando préfère utiliser le terme « processus » plutôt que « tâches », car les démarches conduisant à la résolution du deuil peuvent se recouper. Nous utiliserons toutefois le terme **tâches**, sachant que, malgré leur distinction et leur présentation dans un ordre logique sur papier, ces démarches se chevauchent souvent dans les faits.

Pour accomplir ces tâches et ainsi progresser dans son deuil, l'endeuillé doit pouvoir compter sur certaines ressources. On s'assurera donc qu'il bénéficie de relations personnelles significatives, d'un suivi thérapeutique adéquat ou encore de l'appui d'un groupe d'entraide.

RECONNAÎTRE LA PERTE

La première tâche consiste à reconnaître que le décès est survenu. En effet, tous les endeuillés, à des degrés divers, ont de la difficulté à admettre au fond d'eux-mêmes que la perte est survenue et qu'elle est irréversible. Les façons les plus courantes de contourner cette tâche sont de refuser de parler du défunt ou de voir le corps, ou encore de se dispenser des rites funèbres. Nous entendons souvent les gens dire, pour justifier leurs attitudes : « Je préfère me souvenir de lui de son vivant. Je ne veux pas qu'il soit exposé. Les salons funéraires, c'est de l'exploitation, de la comédie. Les gens font semblant d'être tristes, puis au bout de cinq minutes ils descendent s'amuser dans la salle à café. »

De telles affirmations dénotent une reconnaissance de la mort fragile sur le plan intellectuel et laissent supposer un refus ou une forte résistance sur le plan affectif. Dans ces circonstances, on doit sensibiliser l'endeuillé à l'importance de revenir sur la réalité du décès, bien que cela puisse être douloureux. En effet, la connaissance des facteurs et des circonstances du décès contribue à faire diminuer l'anxiété et aide à mieux comprendre la mort. Il est donc approprié d'inciter l'endeuillé à parler de l'événement ayant causé le décès afin de l'aider à prendre conscience du caractère définitif et irréversible de la mort.

Le deuil est un travail de guérison qui ne s'amorce que si on est bien conscient de sa blessure. On peut donc encourager l'endeuillé à verbaliser sur le décès, sur les raisons qui l'amènent à éviter d'en parler, sur la façon dont il vit l'absence, sur ce que cela changerait pour lui si cette absence devait s'avérer définitive (lorsqu'il y a négation). On peut aussi lui demander d'utiliser le passé lorsqu'il parle du défunt, sauf évidemment s'il parle de sa relation intériorisée avec lui. Bref, il s'agit d'offrir à l'endeuillé une écoute attentive et un lieu de parole pour qu'il puisse s'exprimer sur le décès et sur sa relation avec le défunt. Au besoin, on peut l'inciter à lire, à voix haute, les différents documents relatifs au décès : acte de décès, avis de décès publié dans le journal, rapport d'autopsie, testament, lettre de remerciement envoyée par la famille, cartes de sympathie, etc. On peut aussi aller au cimetière avec l'endeuillé ou lui demander de s'y rendre avec un proche. S'il n'y a pas eu de rites funèbres, il peut être de mise d'en planifier; on peut, par exemple, demander à la personne d'apporter une photo du défunt, ou encore de choisir un texte et de le lire. En effet, les rituels favorisent la reconnaissance de la perte; ils sont bénéfiques pour l'endeuillé. Nous y reviendrons au chapitre suivant.

Pour reconnaître la perte, l'endeuillé doit aussi comprendre la mort. Nous avons tous besoin de vivre dans un univers relativement cohérent. La raison du décès, telle que l'endeuillé se la formule, n'a pas besoin d'être très précise sur le plan médical. Parfois, une explication courte et simple suffit, par exemple : « Ma mère a été opérée pour un problème aux intestins, et son cœur n'a pas supporté l'opération. » Certains, par contre, sentiront le besoin de poser des questions assez précises : « Était-ce un cancer ? Avait-elle des problèmes cardiaques ? A-t-on tenté de la réanimer ? Pourquoi les médecins pensent-ils que ces techniques n'ont pas réussi ? » L'intervenant peut alors aider l'endeuillé à trouver des réponses. Si elles demeurent incomplètes, il peut l'aider à trouver une explication qui le satisfasse, en formulant au besoin des hypothèses. L'endeuillé pourrait, par exemple, en arriver à la conclusion suivante : « Ma mère avait peut-être des problèmes cardiaques qu'on ignorait. D'ailleurs, son père est mort d'un infarctus à 55 ans. »

RÉAGIR À LA SÉPARATION

Pour favoriser le processus de deuil, il importe que l'endeuillé réagisse à la séparation, en éprouvant la douleur qu'elle entraîne. Bien des gens ont peur d'être engloutis par leur souffrance et manifestent certaines résistances bien légitimes. « Si je me mets à pleurer, je ne pourrai plus m'arrêter », diront-ils. Cette peur entraîne parfois des rationalisations comme : « On n'était plus tellement liés, ces derniers temps » ou encore « Il m'en a assez fait endurer quand j'étais jeune, je n'ai pas beaucoup de peine qu'il soit mort. »

L'expression émotive facilite souvent le processus de deuil.

Il y a deux messages à exprimer clairement à l'endeuillé. Premièrement, qu'en fuyant sa douleur, il ne réussit, au mieux, qu'à retarder le processus de guérison et, au pire, qu'à aggraver sa situation. Ensuite, qu'en faisant face à sa douleur, il la verra diminuer à mesure qu'il réussira à changer la nature de sa relation avec le défunt.

Il est donc essentiel que l'endeuillé puisse sentir, identifier, accueillir et exprimer chacune des réactions à sa perte. En l'aidant à distinguer les différentes composantes de sa douleur, par exemple sa tristesse face à la séparation, sa peur de la solitude, ses regrets, etc., on lui facilite ces démarches. On peut l'encourager à doser son contact avec sa douleur : il y a un temps pour se distraire et un temps pour affronter sa douleur, que ce soit en regardant une photo, en écoutant une chanson, en abordant certains sujets, etc. On peut également l'amener à se remémorer ses autres pertes et à établir les similitudes et les différences de ses réactions, des conséquences, etc. Il se peut aussi que des pertes antérieures n'aient pas été résolues et qu'elles interfèrent avec le deuil actuel.

Ainsi, l'intervenant doit manifester de l'intérêt pour l'ensemble des réactions de l'endeuillé à sa perte, lui permettre de réagir en légitimant sa douleur et l'aider à explorer les différentes implications de cette perte pour lui. On le sait, les conséquences de la perte deviennent des pertes associées. Or, si ces pertes ne sont pas reconnues et apprivoisées, elles risquent de devenir des facteurs concurrents de stress et d'interférer avec la progression de l'ensemble du deuil. Plus le défunt comptait pour l'endeuillé, plus il faut s'attendre que les pertes associées soient nombreuses et importantes. Pensons à la perte du chauffeur pour la veuve qui ne conduit pas, à la perte de la cuisinière pour le veuf qui n'a jamais préparé un repas, à la perte de son associé dans son rôle de parent pour le veuf ou la veuve qui a de jeunes enfants. Il est donc important d'expliquer à l'endeuillé le concept de perte associée.

On encouragera l'endeuillé à prendre le temps d'explorer ses pertes, à en faire l'inventaire et à déterminer celles sur lesquelles il lui semble le plus important de se centrer d'abord. Toutefois, on évitera d'insister pour que le tableau soit exhaustif afin de ne pas augmenter le sentiment de surcharge et d'impuissance de l'endeuillé. Malgré la nécessité de favoriser cette exploration, il faut respecter le rythme de chacun; certaines prises de conscience viendront avec le temps.

Il arrive souvent que la personne qui souffre connaisse un certain soulagement simplement parce qu'elle a réussi à nommer un sentiment et à préciser à quelle situation il est relié. Cette démarche l'aide à sentir qu'elle exerce un certain contrôle sur sa vie, et elle peut lui donner des pistes pour agir, ainsi qu'un espace lui permettant d'éprouver pleinement ses émotions.

REVIVRE SA RELATION AVEC LE DÉFUNT

La relecture de la relation avec le défunt révèle habituellement les difficultés précises avec lesquelles l'endeuillé est aux prises (colère, culpabilité, incapacité d'accepter la mort, etc.), de même que les stratégies qu'il utilise pour composer avec (négation, sanctification du défunt, répression des sentiments, etc.). Il faut s'attendre à certaines résistances de la part d'un endeuillé qui éprouve de la colère ou de la culpabilité envers le défunt. Il peut, par exemple, trouver cette démarche artificielle ou inutile. Il est important d'accepter les réactions de l'endeuillé, même si elles diffèrent des nôtres, et de l'amener à exprimer ses émotions, la colère y compris.

Le fait de revoir sa relation avec le défunt déclenche souvent des émotions intenses. Cette démarche est productive, car les émotions s'émoussent progressivement à force d'être exprimées. C'est ainsi qu'avec le temps l'endeuillé peut évoquer des souvenirs significatifs du défunt tout en demeurant relativement serein. Ce faisant, il fait évoluer son lien avec l'être cher, passant d'une relation physique et interrelationnelle à une relation fondée sur le souvenir.

On peut demander à l'endeuillé : « Qui était (votre père, votre conjoint, votre enfant, etc.) pour vous ? Comment était-il ? Qu'avez-vous vécu ensemble ? Quel genre de relation aviez-vous ? Tout cela va nous aider à comprendre ce que vous êtes en train de vivre et devrait vous amener à progresser dans votre deuil. » En fait, il s'agit de voir avec l'endeuillé si des éléments de la relation avec le défunt assombrissent ses souvenirs. Certains aspects non acceptés ou conflictuels ayant caractérisé la relation (alcoolisme du défunt, relation incestueuse, etc.) peuvent en effet compliquer le deuil.

Le sentiment de culpabilité de l'endeuillé résulte souvent de ce qu'il a souhaité la mort de l'être cher. Il ne faut pas tenter d'enrayer ce sentiment en lui disant trop rapidement qu'il a fait ce qu'il fallait dans les circonstances. Il faut d'abord l'aider à explorer la nature, les formes, les sources et les conséquences de son sentiment. Certains entretiennent leur culpabilité dans un effort inconscient pour apaiser le défunt dont ils sentent encore la présence. Ils croient qu'en souffrant et en cultivant leur malheur ils seront pardonnés. Nous consacrerons le chapitre 10 à cette importante question de la relecture de sa vie.

RENONCER À SES LIENS PASSÉS ET À SON ANCIENNE VISION DU MONDE

La tâche de renoncer à ses liens passés et à son ancienne vision du monde est liée au besoin de vivre dans un univers cohérent et prévisible, et, par conséquent, source de sécurité. Le décès d'un proche déstabilise la vision du monde de l'endeuillé et suscite souvent chez lui une série de pertes associées qui sont source d'angoisse et de frustration. L'intervenant peut donc reconnaître les changements dans la vie de l'endeuillé, l'aider à en prendre conscience et à les comprendre. Il peut aussi l'amener à identifier ses croyances remises en question par le décès et à les reformuler, le cas échéant.

Cette démarche nécessite de la patience, car les croyances de base d'une personne étant imprégnées en elle, elle ne peut les abandonner facilement, et ce, même lorsque les faits les contredisent. Il faut s'attendre à un certain cynisme de la part du sujet, que ce soit face à lui-même (« J'étais stupide de croire que la vie est juste ! »), face à la religion (« Ils m'ont embrigadé dans leurs stupidités... ») ou face à son entourage (« Et je devrais continuer à vivre comme si la vie était belle, comme si tout allait bien ? »).

En se montrant attentif aux besoins de l'endeuillé, son entourage peut l'aider à réinvestir dans de nouveaux projets et de nouveaux rôles.

ÉVOLUER VERS UN NOUVEL UNIVERS SANS OUBLIER L'ANCIEN

Pour évoluer vers un autre univers sans oublier l'ancien, l'endeuillé doit reformuler sa vision du monde. En effet, certains aspects de celle-ci sont remis en question par le décès d'un être cher, alors que d'autres demeurent intacts. Par exemple, l'endeuillé peut croire que Dieu veille sur lui et qu'il l'aidera à surmonter cette épreuve, tout comme il peut penser que Dieu l'a laissé tomber, ou encore que ses croyances religieuses n'étaient qu'illusion. L'intervenant ne peut présumer de rien. Il doit explorer la situation avec l'endeuillé et l'aider à se situer face aux changements qu'il note.

Pour aider l'endeuillé à composer avec des bouleversements de sa vision du monde, l'intervenant peut attirer son attention sur ce qui n'a pas changé, sur ce qui compte encore pour lui. Par exemple, son conjoint peut être mort, mais ses enfants continuent de l'entourer, ou encore il a perdu son rôle de conjoint, mais il continue d'être compétent au travail.

Certaines questions peuvent surgir chez l'endeuillé et demeurer sans réponse. « Pourquoi vit-on si c'est pour mourir ? Pourquoi aimer quelqu'un si la vie nous sépare ? Est-ce qu'il y a quelque chose après la mort ? » Voilà en effet des interrogations fréquentes suite à un décès. Il s'agit alors d'aider l'endeuillé à apprendre à vivre avec ces questions, à accepter que le cheminement vers la maturité implique souvent le renoncement aux certitudes de la jeunesse.

L'endeuillé doit aussi développer une nouvelle relation avec le défunt. Elle varie énormément d'une personne à l'autre. Certains ont besoin d'une relation soutenue, éprouvant par exemple le désir de parler tous les jours à l'être cher, tandis que d'autres se contentent d'accueillir les souvenirs qui surgissent de temps à autre. L'endeuillé peut avoir besoin d'aide pour évoluer vers un type de relation compatible avec l'établissement de nouveaux liens avec son entourage, c'est-à-dire avec des personnes qui peuvent interagir concrètement avec lui dans le quotidien. Si nous sentons des résistances de sa part, il se peut que certaines tâches antérieures du deuil n'aient pas été complétées (par exemple les deuxième et troisième tâches : réagir à la séparation et revivre sa relation avec le défunt). Nous avons alors intérêt à revenir sur ces tâches.

L'endeuillé doit également adopter de nouvelles façons de se situer dans le monde en renonçant à des désirs autrefois comblés par le défunt. Il doit s'engager dans des démarches qui lui permettront de satisfaire autrement ses besoins, comme l'illustre le témoignage suivant : « Avant, quand quelque chose me tracassait, j'en parlais avec ma femme. Depuis qu'elle n'est plus là, je me suis rapproché d'une de mes sœurs en qui j'ai confiance. De temps en temps nous échangeons, et cela m'aide à clarifier mes idées. »

Ainsi, l'endeuillé en arrive à se former une nouvelle identité. Par exemple, s'il a perdu son enfant, il peut prendre conscience qu'il a aussi perdu son partenaire de jeux ou qu'il ne sera jamais grand-père. Il cherche alors à comprendre ce qui influe sur son destin. Il répartit le pouvoir entre lui-même, les autres, Dieu, son passé, la chance, les défunts, etc., et redéfinit ainsi sa vision du monde. Certains changements dans la vision du monde seront subits, tandis que d'autres n'émergeront qu'avec le temps (« J'avais l'impression que mon couple était tout pour moi, mais je m'aperçois que j'avais pas mal d'intérêts et de relations en dehors de la maison ! »).

Le pouvoir que le sujet s'accorde dépend de son **concept de soi**, c'est-à-dire de la perception qu'il a de ses ressources, de ses habiletés, de ses droits, etc. Par exemple, une veuve peut se sentir incapable de s'organiser par elle-même parce qu'elle s'imagine à tort ne pas avoir les ressources requises (bien sûr, il est aussi possible qu'elle n'ait pas la scolarité, les revenus ou la santé nécessaire). Elle peut aussi résister à s'organiser d'une façon qui lui convienne vraiment parce que le fait d'être heureuse l'amènerait à se sentir infidèle à son défunt mari.

RÉINVESTIR DANS DE NOUVEAUX PROJETS ET DE NOUVEAUX RÔLES

Certains endeuillés hésitent à s'engager dans de nouveaux projets parce qu'ils mesurent leur amour pour l'être cher à la durée de leur deuil; d'autres résistent par peur d'être blessés de nouveau; d'autres encore manquent de motivation à cause de la fatigue accumulée, si l'être cher est décédé au terme d'une longue maladie. Or, à un certain moment dans son parcours de deuil, l'individu est appelé à diriger vers son entourage l'énergie qu'il serait porté à continuer de consacrer au défunt. L'exemple de l'homme qui offre à une jeune fille le bouquet de fleurs destiné à sa femme décédée (au début du chapitre) illustre bien cette sixième tâche.

Habituellement, si tout va bien, cette tâche n'est que le prolongement des précédentes. Elle peut être grandement facilitée si l'entourage de l'endeuillé sait se montrer attentif aux besoins de ce dernier. Par exemple, l'enfant qui explique à son père veuf comment se servir du four à micro-ondes, qui lui apporte des recettes simples et s'informe ultérieurement de ses progrès culinaires contribue au réinvestissement dans de nouveaux rôles.

8.2 LES MÉCANISMES DE DÉFENSE ET D'ADAPTATION

Chaque personne apprend, au cours de son développement et de ses expériences, à utiliser des stratégies et à puiser dans ses ressources personnelles pour s'adapter aux situations qui occasionnent du stress, de l'anxiété, etc. On a alors recours à différents mécanismes de défense et d'adaptation pour préserver un certain équilibre psychologique.

De même, au cours de la réalisation des tâches liées au deuil, l'endeuillé utilise inconsciemment des mécanismes de défense et d'adaptation pour tenter de surmonter la souffrance, les tensions, les frustrations, etc.; l'intervenant doit l'aider à en prendre conscience. En effet, tous ces mécanismes ne sont pas sains, et certains peuvent entraîner des conséquences indésirables. Voyons en quoi consistent ces mécanismes et comment on peut les utiliser lors d'un processus de deuil.

LES MÉCANISMES DE DÉFENSE

Les mécanismes de défense sont définis comme « un ensemble de réponses concrètes à une situation ou un événement stressant, lesquelles réponses visent à résoudre le problème ou à diminuer le stress » (Costa et McCrae, 1989, p. 271). Il s'agit donc de réactions d'urgence qui interviennent en réponse aux exigences d'une situation donnée. En général, on observe davantage de mécanismes de défense en situation de crise qu'en temps normal.

LA COMPENSATION

La compensation consiste à rechercher une satisfaction alternative. Il s'agit en quelque sorte d'un mécanisme substitutif. Par exemple, une personne qui, à tort ou à raison, se sent inférieure dans un domaine peut essayer de se dépasser dans un autre. C'est souvent cette forme de compensation que recherchent les individus inconscients de leur valeur intrinsèque. Il arrive aussi qu'on tente de combler son vide intérieur en accumulant des biens matériels ou en recherchant l'approbation des autres.

Au cours d'un deuil, la désorganisation affective est souvent compensée par une hyperorganisation matérielle. Il importe de ne pas être dupe dans ces situations; l'endeuillé peut être encore souffrant même si, vu de l'extérieur, il est très fonctionnel. L'individu peut aussi tenter d'atténuer sa peine en compensant par une consommation excessive d'alcool ou de médicaments, par exemple.

LE DÉNI

Aussi appelé **négation**, le déni consiste à ignorer les situations ou les événements chargés émotivement. C'est ce mécanisme qu'utilise la femme qui, deux ans après la mort de son mari, continue à lui servir un repas tous les soirs à table. Ou encore, lors d'un décès, certaines personnes peuvent ne pas reconnaître leurs limites financières et offrir ce qu'il y a de mieux comme funérailles en dernier hommage au défunt. Ils nient leur réalité financière.

LE DÉPLACEMENT

Lors d'un déplacement, les émotions (souvent négatives, telles l'agressivité ou l'hostilité) initialement dirigées vers un individu sont détournées vers un substitut. Cela se produit habituellement lorsque l'expression des sentiments ou la communication directe envers une personne est difficile ou impossible. Par exemple, un père en colère contre sa fille de

16 ans qui s'est suicidée est devenu très impatient envers sa fille cadette qui ressemble beaucoup à la défunte. Ou encore, certains peuvent se montrer agressifs à l'égard du directeur de la maison funéraire, alors qu'ils en veulent tout simplement au défunt de les avoir quittés.

LA DISSOCIATION

Lors d'une dissociation, il y a reconnaissance intellectuelle de la perte, mais toute émotion est absente. Ce mécanisme correspond donc à une incohérence entre l'événement et les réactions qu'il devrait déclencher. En effet, l'individu peut bloquer les sentiments associés à des situations ou à des pensées menaçantes pour son équilibre personnel. L'attitude de la mère qui reconnaît la mort de son fils mais qui n'exprime aucune peine ou colère est un exemple de dissociation.

LE FANTASME

Aussi appelé **rêverie**, ce mécanisme permet d'échapper, du moins provisoirement, à une situation désagréable ou à une source d'anxiété, en s'évadant dans un imaginaire agréable ou dans un monde onirique. Lorsque les difficultés réelles et concrètes sont trop présentes, le fantasme devient un refuge pour les contrer au quotidien. Les désirs peuvent ainsi être satisfaits de façon symbolique. Par exemple, un homme peut imaginer, lorsqu'il revit sa relation avec sa défunte épouse, pouvoir bénéficier à nouveau de sa présence. Pendant quelques minutes, il se met à rêver au souper qu'il pourrait partager avec sa bien-aimée si elle était vivante.

LA FORMATION RÉACTIONNELLE

Il s'agit de la tendance à adopter des comportements contraires à ses véritables sentiments ou motivations perçus comme inacceptables, indésirables et menaçants. L'individu peut être exagérément gentil avec une personne envers laquelle il se sent agressif, par exemple, ou encore être brusque ou froid avec une personne qui l'attire. On dit souvent des gens qui adoptent ce mécanisme de défense qu'ils sont trop doux, trop dévoués, etc. Ainsi, l'individu qui souffre de la mort d'un être cher peut quelquefois se montrer indifférent et réagir comme si cela ne le touchait tout simplement pas.

L'IDENTIFICATION

L'identification consiste à adopter inconsciemment des attitudes, des valeurs, des comportements ou des caractéristiques d'une autre personne ou d'un groupe. Par exemple, si l'individu ressent de la vulnérabilité, il peut se sentir valorisé en adoptant les pensées ou les comportements d'un individu de son entourage qu'il admire ou envie. Cette identification permet de combler un manque de confiance en soi et vise souvent une acceptation par les autres et une intégration au sein d'un groupe. Certains vont jusqu'à s'identifier à des objets en trouvant leur estime et leur valeur personnelle dans la possession de biens matériels. Un jeune homme manquant de confiance en lui peut, par exemple, sans cesse appuyer ses opinions sur la parole de son père décédé. Il peut aussi retrouver un sentiment d'estime de soi dans la possession d'une voiture ou d'une maison à laquelle il s'identifie.

L'ISOLEMENT

L'isolement consiste à se protéger de son environnement en n'entrant pas en contact direct avec les autres. Souvent perçu comme timide ou peu sociable, l'individu qui utilise ce mécanisme ne fait preuve d'aucun engagement. Lors d'une conversation, il demeure à un niveau superficiel et général. Il peut même s'isoler physiquement. Ce mécanisme est souvent présent lors d'un deuil. La personne souffrante ne veut pas que les autres soient témoins de ses émotions et cherche à s'isoler.

LA PROJECTION

Le mécanisme de projection consiste à attribuer à quelqu'un d'autre des caractéristiques (sentiments, idées, conflits, motivations, émotions, intentions) qui nous sont propres. Celles-ci sont habituellement difficiles à accepter pour l'individu et à la source d'une certaine anxiété, d'où leur attribution à quelqu'un d'autre. Ainsi, la personne qui ressent de l'insatisfaction envers elle-même peut, plutôt que d'assumer cette insatisfaction, l'alléger en se montrant insatisfaite des autres ou en ayant l'impression que les autres sont insatisfaits d'elle. Par exemple, un père qui revient d'une fête avec des collègues de travail peut se sentir coupable d'avoir oublié la tristesse qui l'affligeait depuis plusieurs semaines, à la suite du décès de son fils, et reprocher à sa femme d'être indifférente et d'oublier trop rapidement ce fils chéri.

LA RATIONALISATION

Ce mécanisme, appelé aussi **intellectualisation**, vise à justifier et à expliquer ses actions, ses attitudes et ses opinions à la source d'une tension par une argumentation fondée sur la logique. Ainsi, le mari qui quitte sa femme peut, dans son milieu de travail, expliquer que de toute façon leur relation n'allait pas bien depuis longtemps et que son geste permet à sa femme de retrouver une plus grande autonomie. Lors d'un décès, l'endeuillé peut expliquer que le défunt est mieux mort parce qu'il souffrait beaucoup. Cette rationalisation atténue ses émotions.

La personne endeuillée a souvent tendance à s'isoler pour cacher ses émotions.

LE REFOULEMENT

Ce mécanisme est utilisé très couramment lors d'un deuil. Il consiste à oublier des idées, des motivations ou des sentiments habituellement douloureux ou perçus comme inacceptables. L'individu peut notamment oublier un événement futur qu'il appréhende. Ainsi, on verra quelquefois un enfant oublier de se rendre à la messe commémorative en l'honneur de son père. Habituellement bien organisé, il ne peut s'expliquer comment ce rendez-vous a pu lui échapper. Ce mécanisme ralentit la réalisation de la deuxième tâche, qui est de réagir à la séparation.

LA RÉGRESSION

Placé dans une situation désagréable, l'individu retrouve des réactions ou des attitudes infantiles. Le fait d'adopter un tel comportement, en étant dépendant et demandant, réduit la tension et permet notamment, à l'occasion, d'échapper à certaines exigences du moment présent. L'endeuillé peut se sentir incapable d'accomplir les tâches quotidiennes et exprimer le besoin d'une présence pendant la nuit pour diminuer son insécurité, par exemple.

LA SOMATISATION

Le mécanisme de somatisation apparaît lorsqu'une source d'anxiété ou un conflit émotif suscite des symptômes physiques. Par exemple, l'individu anxieux de se présenter au salon funéraire peut souffrir de maux de tête ou de ventre. Ou encore, une femme qui n'a jamais pleuré sa sœur décédée peut ressentir soudainement les symptômes de la maladie qui l'a emportée.

LA SUBLIMATION

La sublimation se produit lorsque la force d'une pulsion telle que l'agressivité ou la sexualité se trouve canalisée vers une activité plus satisfaisante pour l'individu ou la société. Il s'agit de la transformation des désirs ou des motivations tabous en une réalisation socialement acceptable et bien vue. Initialement, l'expression de ces désirs ou de ces motivations aurait entraîné des difficultés pour le sujet, alors qu'une fois sublimée, elle est bien accueillie et permet de préserver un certain contrôle sur sa vie.

Ainsi, la jeune mère qui ressent de la colère et de l'agressivité envers son conjoint décédé peut commencer à peindre. Cette activité artistique lui permet d'exprimer ses émotions, sans contraintes ni retenue. Dans la sublimation, l'énergie est canalisée dans des activités artistiques, professionnelles, ou dans tout autre élément enrichissant la vie de l'individu ou de son environnement. Ce mécanisme permet donc de réinvestir dans de nouveaux projets et de nouveaux rôles, ce qui correspond à la sixième tâche de l'endeuillé.

Les mécanismes que nous venons de voir correspondent plutôt au modèle psychanalytique et sont habituellement inconscients. On n'a qu'à penser à la tendance à intellectualiser ou à projeter son problème sur les autres. Bien que ces mécanismes soient inévitables et même parfois souhaitables à court terme, ils retardent en fait la prise de conscience par le sujet de sa réalité personnelle (par exemple, négliger de voir son médecin parce qu'on nie un problème de santé). De plus, ils peuvent entraîner des tensions avec l'entourage (par exemple si l'individu affirme que les autres lui en veulent, alors que c'est le contraire qui est vrai) et compromettre les conditions d'une communication efficace.

LES MÉCANISMES D'ADAPTATION

D'autres recherches ont été menées sur la gestion des émotions ou des situations plus difficiles. Elles distinguent les mécanismes d'adaptation des mécanismes de défense par le fait que, lors de l'utilisation de mécanismes d'adaptation, le sujet est conscient ou peut facilement le devenir (Costa et McCrae, 1989).

Nous nous attarderons au mécanisme d'adaptation appelé **recadrage**, puisqu'il est particulièrement approprié en situation de deuil. Stroebe (1992, p. 33) définit le travail de deuil comme « un processus cognitif [nous pourrions ajouter " et affectif "] de confrontation à la réalité de la perte, par lequel l'endeuillé s'adapte à la mort de la personne aimée ». Ce processus « implique une restructuration et un recadrage des pensées et des sentiments associés à la perte », en fonction de « l'univers modifié dans lequel l'endeuillé doit désormais vivre ». Ce qui correspond à la cinquième tâche de l'endeuillé, soit évoluer vers un nouvel univers sans oublier l'ancien.

Le recadrage permet de poser un regard différent sur une réalité; il offre une perspective nouvelle d'une situation ou d'un événement. L'exemple de Claude en témoigne. Lorsqu'il pense à la mort de son amoureux, Claude se sent victime d'une situation qu'il n'a pas choisie. Il souffre terriblement. Au cours de sa démarche thérapeutique, il se surprend toutefois à penser qu'il a le privilège d'être en vie. « Je suis encore peiné de sa mort. J'aurais voulu vieillir auprès de lui. Seulement, je suis maintenant conscient que je suis chanceux de l'avoir connu, de l'avoir aimé et d'avoir été aimé de lui. La qualité de notre relation me permet de croire aux bienfaits de l'intimité et à l'amour entre deux êtres. De plus, je me considère chanceux de ma réussite sociale et professionnelle. Même si je n'ai pas encore un nouvel amoureux, j'aime vivre. Je ne perçois plus les choses de la même façon, je suis plus ouvert aux autres et à leur souffrance. En fait, je sais maintenant que je ne suis pas le seul à souffrir. »

L'endeuillé constate souvent par lui-même que sa perception de ce qui lui est arrivé a changé avec le temps. Mais il peut aussi avoir besoin qu'on l'aide à effectuer ce recadrage, au moyen de questions délicates. « Avez-vous l'impression que le regard que vous portez sur la vie a changé depuis le début de votre deuil ? La mort de votre conjointe a eu des conséquences très pénibles pour vous. Mais en même temps, seriez-vous prêt à dire que tout n'a pas été négatif dans ce bouleversement ? »

Comme dans le cas des mécanismes de défense, certains mécanismes d'adaptation sont plus efficaces et d'autres, moins. Les recherches menées par McCrae et Costa (1986) ont permis de regrouper ces mécanismes énumérés dans le tableau 8.1.

Tableau 8.1 Les mécanismes d'adaptation.

MÉCANISMES PLUS EFFICACES	MÉCANISMES MOINS EFFICACES	MÉCANISMES PLUS OU MOINS EFFICACES SELON LES CIRCONSTANCES
■ S'engager dans une action rationnelle ■ Persévérer ■ Penser positivement ■ Se retenir ■ Se faire à l'idée ■ Chercher de l'aide ■ Exprimer ses sentiments ■ Se renforcer par l'épreuve	■ Avoir des réactions hostiles ■ Se réfugier dans ses fantasmes ■ Se blâmer ■ Prendre des calmants ■ Éviter la situation ou se retirer ■ S'imaginer que tout va s'arranger ■ Devenir passif ■ Devenir indécis ■ Être fataliste ■ Nier le problème	■ Isoler son sentiment ■ Se distraire ■ Se comparer avec d'autres ■ Recourir à la substitution ■ Se forcer à oublier ■ Recourir à l'humour ■ Évaluer les blâmes ■ Recourir à la foi

Cette liste n'est pas exhaustive, et certains éléments ont été regroupés. Au surplus, dans l'état actuel des recherches, on ne connaît pas précisément l'efficacité relative de ces stratégies, d'autant plus que chacune peut être utilisée simultanément avec d'autres.

Les mécanismes d'adaptation utilisés ne diffèrent que peu selon l'âge de l'individu. Par contre, ils diffèrent sensiblement selon le type de personnalité. McCrae et Costa (1986) ont ainsi trouvé que les sujets ayant une personnalité plutôt instable utilisaient souvent les mécanismes moins sains. Ces résultats sont appuyés par plusieurs recherches, dont celle d'Ormel et Wohlfarth (1991).

En fait, les sujets considéraient eux-mêmes les mécanismes sains comme plus efficaces, et les mécanismes moins sains comme moins efficaces. Il s'agit en quelque sorte d'un cercle vicieux. L'utilisation de mécanismes d'adaptation sains devrait permettre aux gens d'apprendre à apprivoiser les diverses réalités associées à la mort : maladie, deuil, vieillissement, etc. Or, c'est précisément chez les sujets les plus anxieux que l'on retrouve les mécanismes les moins efficaces et donc les moins susceptibles de les amener à sentir qu'ils sont en mesure de faire face à la situation adéquatement.

Heureusement, la polarité instabilité émotive/stabilité émotive n'est pas une dichotomie. La majeure partie des gens se situe en effet entre les extrêmes, c'est-à-dire entre les sujets très anxieux et très fragiles, donc peu à même de changer, et les sujets très stables et très compétents, donc peu susceptibles de profiter de nos interventions.

Au centre de la polarité, on retrouve donc la majorité des gens, ceux qui gagnent à identifier les stratégies développées, à en évaluer les conséquences et l'efficacité, et à éventuellement les modifier pour les rendre plus adéquates. Le rôle des intervenants consiste à aider les endeuillés à intégrer de nouveaux mécanismes adaptés à leur situation. À cet égard, la pratique de rituels, sujet abordé au chapitre suivant, est un outil inestimable.

POUR MIEUX SE CONNAÎTRE

Introspection

Mes réactions suite à une perte

1. Identifiez la perte qui a été la plus significative dans votre vie.
2. Reprenez les différentes tâches de l'endeuillé et voyez si vous les avez réalisées ou non.
3. Si tel est le cas, dites de quelle façon.

Mes mécanismes de défense

1. a) Quels mécanismes de défense utilisez-vous le plus souvent ?
   b) À quels moments avez-vous utilisé ou utilisez-vous ces mécanismes ?
   c) Vous a-t-on déjà dit que vous utilisiez ces mécanismes ? À quelle occasion ?
2. Y a-t-il certains mécanismes que vous aimeriez utiliser moins souvent ? Pourquoi ?
3. Y a-t-il des personnes avec lesquelles vous avez tendance à utiliser plus de mécanismes ? Si oui, lesquelles et pourquoi ?

POUR DÉVELOPPER SA COMPÉTENCE

Les tâches de l'endeuillé

Trouvez dans le témoignage suivant les six tâches de l'endeuillé proposées dans le modèle de Rando.

> « J'étais au bureau lorsque j'ai appris la mort de Jean. "Il s'est suicidé, m'a-t-on dit. Tu ne le savais pas ?" Pendant quelques instants, j'ai eu l'impression que le temps s'était arrêté. J'ai terminé ma journée de travail comme si rien ne s'était produit. Je me disais qu'il s'agissait sans doute d'une mauvaise blague ou qu'il y avait eu erreur : ce n'était pas le Jean que je connaissais, celui que j'avais aimé et que j'aimais encore, différemment.
>
> Mais on m'a par la suite confirmé la nouvelle : Jean était bel et bien mort. J'ai dû l'admettre, même si je ne l'apprenais que deux mois plus tard. Peut-être aurais-je dû être soulagée, puisque ses souffrances avaient pris fin, mais une immense tristesse m'a aussitôt envahie. Jean a été mon premier amoureux.
>
> Pendant longtemps, j'ai repensé avec nostalgie à nos bons moments, à nos confidences, à nos projets. Entendre sa musique préférée me faisait pleurer. Peu à peu, toutefois, je me suis rendu compte que je ne voyais plus le monde de la même façon. M'ayant fait découvrir l'univers mystérieux de la folie, Jean m'avait légué le désir d'aider les autres et de respecter les différences de chacun.

Depuis, j'ai perdu certaines illusions. Je sais qu'il vaut mieux souffrir d'avoir aimé que de ne jamais avoir aimé. J'ai réalisé plusieurs projets qui m'étaient chers, et j'en ai de nombreux autres. J'aime la vie et je suis convaincue que Jean veille sur moi et qu'il m'aidera dans les moments difficiles. »

QUESTIONS DE RÉVISION

1. Expliquez brièvement chacune des tâches que l'endeuillé doit accomplir pour faciliter son processus de deuil, telles que proposées par Rando.

2. Dites à quelle tâche correspond chaque énoncé.
   a) Un intervenant demande à l'endeuillé de lire à voix haute les documents relatifs au décès.
   b) Si l'endeuillé fait face à sa douleur, celle-ci diminuera normalement avec le temps, à mesure qu'il réussira à changer sa relation avec le défunt.
   c) Avec le temps, l'endeuillé peut évoquer des souvenirs significatifs du défunt tout en demeurant relativement serein.
   d) Pour aider l'endeuillé, l'intervenant peut attirer son attention sur les choses qui n'ont pas changé et qui comptent encore pour lui.
   e) Si tout va bien, cette tâche n'est que le prolongement des précédentes.

3. Dites quel mécanisme de défense ou d'adaptation correspond à chaque énoncé.
   a) Julie a oublié son rendez-vous au salon funéraire pour payer les funérailles de son père. Étant habituellement plutôt organisée, elle ne comprend pas comment ce rendez-vous a pu lui échapper. ______________________________
   b) Pierre est très affligé par la mort de son frère dont il était très proche et avec qui il partageait plusieurs activités. Au salon funéraire, plutôt que d'exprimer sa souffrance, il se montre poli, serviable et serein. ______________________________
   c) Jacqueline sait que sa mère est morte, mais elle l'imagine toujours présente lors des anniversaires. Cette pensée l'apaise. ______________________________
   d) Normand se dit soulagé de la mort de Manon. Quoiqu'il reconnaisse la perte, il ne ressent aucune émotion. ______________________________
   e) Philippe est en colère contre son frère qui s'est suicidé. Il exprime son agressivité en jouant de la guitare. ______________________________
   f) Depuis le décès de sa mère, Julien cherche sans cesse à contrôler son père. Curieusement, il l'accuse de s'ingérer dans sa vie personnelle et de ne pas le considérer comme un adulte responsable. ______________________________
   g) L'anxiété d'Étienne semble s'atténuer depuis quelques jours. Par malheur, il ressent toutefois de fortes migraines. ______________________________

Clin d'œil...

Mon père...

4 ans : « Mon papa est le plus fort. Il peut tout faire. »

8 ans : « Mon père connaît vraiment beaucoup de choses. »

12 ans : « Bien sûr, papa ne sait pas ça non plus. »

16 ans : « Mon père ? Il ne comprend jamais rien. »

20 ans : « Il s'y connaît un peu, mais sans plus. »

40 ans : « Je me demande ce qu'en penserait mon père. Il a un très bon jugement. »

45 ans : « Papa, qu'en penses-tu ? »

60 ans : « J'aimerais que mon père soit là. Il savait absolument tout. »

(Anonyme)

Paroles de sage

Deux moines

Deux moines qui faisaient un pèlerinage parvinrent au gué d'une rivière. Ils virent là une jeune fille parée de ses plus beaux atours et qui d'évidence était dans un grand embarras, car elle ne voulait pas abîmer ses vêtements et la rivière était en crue. Sans autre préambule, un des moines la prit sur son dos, traversa la rivière et la déposa sur la terre ferme de l'autre côté.

Puis, les moines continuèrent leur chemin. Mais l'autre moine au bout d'une heure se mit à maugréer : « Ce n'est pas bien de toucher une femme; les contacts étroits avec les femmes sont contraires aux commandements. Comment as-tu pu enfreindre la règle des moines ? »

Le moine qui avait transporté la jeune fille marchait en silence, mais à la fin il remarqua : « Je l'ai déposée au bord de la rivière il y a une heure, pourquoi la portes-tu encore ? »

(Irmgard Schloegl, *Sagesse des maîtres zen*.)

9
chapitre

LES RITUELS

« Chaque jour, nous devrions prendre le temps de nous retirer du monde. Le mouvement lié à notre participation pleine et entière à la vie active trouverait ainsi son terme normal. Tout comme la mie du bon pain qu'on n'imagine pas sans trous, chacune de nos actions, pour avoir un résultat positif, requiert qu'on lui ménage un espace intérieur. Je me plais tout particulièrement à ces formes banales de retraite que sont de simples actes comme se raser ou prendre une douche, lire, ne rien faire, se promener à pied, écouter la radio, conduire sa voiture. Toutes ces occupations peuvent nous donner l'occasion de rentrer en nous-mêmes et de nous livrer à la contemplation.

La simple distance prise avec les multiples occupations d'une vie active peut contribuer à la naissance d'une spiritualité "hors les murs", sans lien explicite avec une église ou une tradition. (...)

Quand on lui donne de l'espace, l'âme se réjouit. »

(Moore, 1994, p. 4)

Sommaire

Les rituels sont des activités grâce auxquelles on peut exprimer symboliquement des émotions, des sentiments ou des pensées. Lors d'un décès, par exemple, les rituels, en permettant d'évoquer la mémoire du défunt et de réagir à son départ, aident les gens à progresser dans leur deuil. Dans le présent chapitre, nous verrons ce que sont les rituels, quelles en sont les fonctions, comment ils s'instaurent dans la famille ou dans la vie d'une personne, ainsi que différentes considérations religieuses et culturelles les concernant.

9.1 DÉFINITION

De façon générale, on peut dire qu'un rituel est un geste ou un ensemble de gestes que l'on pose pour apaiser l'intensité des sentiments qu'éveille en nous un événement grave ou une question existentielle. Certains rituels, comme ceux qui président à la naissance d'un enfant, au mariage ou au décès, font l'objet d'une cérémonie religieuse soigneusement définie. D'autres rituels sont plutôt sociaux, familiaux, individuels, organisationnels, et parfois bien intégrés au quotidien. On n'a qu'à penser au rituel du coucher des enfants que l'on borde, à la lecture quotidienne qui précède le sommeil, à celle des journaux du samedi matin bien arrosée de café, à ceux des anniversaires, des soupers d'amis, etc. Lorsqu'un changement important vient bousculer les vivants — nouvel amour, séparation, mort, etc. — le rituel peut véritablement aider à préserver un minimum d'équilibre.

On distingue deux grands types de rituels : les rituels de transition et les rituels de continuité. Les **rituels de transition** sont des rites de passage, comme un mariage, un baptême ou des funérailles. Ces rituels marquent le début d'une nouvelle vie. Une pendaison de crémaillère, un bal de fin d'études, une fête soulignant la retraite sont aussi des rituels de transition.

Les **rituels de continuité** correspondent plutôt à une démarche de consolidation du sentiment d'identité. Il peut s'agir de la fête des mères, des anniversaires de naissance ou de petites habitudes personnelles qui prennent une valeur symbolique, comme prendre un bain à la chandelle pour marquer le début du week-end.

CARACTÉRISTIQUES DU RITUEL

Le rituel est une activité :

- *précise* : téléphoner à un ami spontanément n'est pas un rituel, mais un appel téléphonique fait dans une ambiance particulière et à un moment spécifique (une tisane à la main alors que tous sont au lit, par exemple) peut l'être;
- *récurrente ou unique* : l'activité peut avoir lieu une seule fois (telle une pendaison de crémaillère) ou à de multiples reprises (une méditation dominicale, par exemple);
- *individuelle ou collective* : le rituel peut se vivre individuellement (comme un bain à la chandelle) ou en groupe (telle une messe commémorative);
- *visant l'expression symbolique de sentiments et de pensées* : un rituel approprié est significatif et touche habituellement une dimension affective et suscite des pensées particulières (à petite échelle lors des rituels quotidiens — plaisir, réflexion, etc. — et à grande échelle lors des rituels exceptionnels comme les funérailles — détresse, remises en question, etc.).

EXEMPLES DE FORMES RITUELLES

Le témoignage suivant illustre bien différentes formes de rituels.

> « Pendant l'agonie de mon fils, nous avions invité tous les gens qui l'avaient connu à venir lui dire adieu à l'hôpital. Une douzaine de personnes qui lui étaient chères l'ont ainsi veillé jusqu'à la fin, au milieu de la nuit. Nous sommes restés autour du lit, chantant "Mon cher Hugo, c'est à ton tour de te laisser parler d'amour". (...)
>
> Nous avions décidé de le faire exposer dans un endroit à proximité de son école. Ainsi, ses amis ont pu venir le voir, même en dehors des heures de classe. Sa mère et moi avions décidé de le laisser exposé pendant trois jours, pour permettre à toute sa classe de lui rendre une dernière visite. Nous avions placé sur des tables des photos et quelques souvenirs de lui et de ses jeux favoris, et fait jouer la musique qu'il avait écoutée durant ses derniers jours. Nous avons déposé des dessins, des objets et des textes dans le cercueil. Nous faisions circuler des carnets où chacun pouvait faire un dessin ou écrire un mot.
>
> Comme nous l'avions décidé, la cérémonie s'est déroulée au salon funéraire plutôt qu'à l'église. Un animateur et une animatrice de pastorale étaient présents. Plusieurs personnes ont raconté une histoire, chanté, lu des textes spirituels et rappelé ce qui avait été significatif dans la vie d'Hugo. On a présenté un extrait vidéo. Quelques témoignages spontanés se sont ajoutés, et nous avons lancé un ballon et l'avons regardé monter au ciel vers Hugo. (...) Nous avons ensuite partagé un repas.
>
> Dans les semaines qui ont suivi, nous avons fabriqué une carte de remerciements à l'aide d'un dessin d'Hugo, une route bordée d'arbres en forme de cœur. Nous avons offert les jouets d'Hugo à ses camarades de classe, lors d'une rencontre avec eux. Ces derniers ont

> entretenu, depuis le décès jusqu'à la fin de l'année scolaire, une chandelle allumée sur le bureau d'Hugo. (...) Hugo a été incinéré et ses cendres, après plusieurs années, sont toujours déplacées d'une maison à une autre, à l'anniversaire de sa naissance. »

Daniel croit que les rituels reliés au décès de son fils Hugo ont été bénéfiques à plusieurs personnes. En effet, les rituels facilitent la réalisation des tâches de l'endeuillé et contribuent habituellement à réduire l'utilisation des mécanismes de défense moins efficaces (voir chapitre 8).

9.2 LES FONCTIONS DES RITUELS

Depuis des décennies, anthropologues, sociologues, philosophes et psychologues affirment que la disparition de certains rituels contribue au maintien d'une mort niée et escamotée. Comment donc apprivoiser la mort ? Face à cette inéluctable réalité, les gens, souvent à court d'expression, se referment sur eux-mêmes. Pourtant, différents outils permettent de symboliser ce qui ne peut être dit et permettent comme l'a dit Thomas Moore (1992, p. 254) de « prendre soin de son âme ! » car, selon lui, « le rite parle à l'esprit et au cœur dans un langage qui n'a pas nécessairement de sens dans le contexte réel ».

En fait, plusieurs personnes peuvent participer à un même rituel et y réagir de façon différente, selon leur personnalité, leur propre histoire et le contexte actuel de leur vie. Au-delà de ces différences individuelles, on peut quand même distinguer quelques grandes fonctions des rituels.

Le rituel marque un temps d'arrêt. Le rituel de continuité permet de marquer le temps en ponctuant le quotidien (repas, bain, etc.). Le temps semble ralentir, le rythme des activités est différent et le quotidien se sacralise. Lors d'un rituel de transition, ou de rupture, le temps est oublié ou mis entre parenthèses. La dimension prévisible du rituel offre un cadre sécurisant, dans le temps et dans l'espace.

Le rituel contribue à resserrer des liens. Le rituel vise habituellement le partage et suscite un sentiment de solidarité. Lorsque plusieurs personnes vivent des épreuves similaires, le rituel peut atténuer leur souffrance en les réunissant dans un objectif commun.

Le rituel mobilise les ressources. La mobilisation des ressources de la personne éprouvée se trouve déclenchée d'une part par le soutien reçu et, d'autre part, par les symboles qui lui rappellent sa valeur personnelle ou qui l'aident à comprendre qu'elle exerce un certain contrôle sur sa vie.

Le rituel soutient la mémoire. Par des gestes ou des objets, la personne qui met en place un rituel réactive les souvenirs. Nous n'oublions jamais une personne chère qui nous a quittés. Par le rituel, nous lui offrons une nouvelle place dans notre vie, nous lui demeurons fidèles.

Le rituel favorise l'expression des émotions. Le rituel favorise l'expression des émotions et souvent, par le fait même, leur apaisement : dire pour moins souffrir. Ainsi, il puise en nos émotions et les traduit pour qu'elles soient manifestées ou symbolisées, souvent autrement que par la parole. En effet, l'observation d'une peinture ou un rassemblement dans le silence peuvent révéler davantage que de longues heures de bavardage. Les rituels mettent donc en évidence un événement ou une réalité qui risquerait de continuer d'affecter le sujet de façon diffuse, inconsciente. Ils permettent d'exprimer ses sentiments associés à la perte ouvertement ou de façon voilée, en ayant recours à l'humour, par exemple, et de se les approprier pour mieux composer avec eux.

Le rituel contribue à donner un sens. Après la mort d'un être cher il faut retrouver un sens à la vie. Le rituel permet de tolérer la rupture en affirmant la continuité de la vie après la mort (dans le cas des rituels religieux), de la relation avec le défunt, de la vie pour les survivants, etc. En effet, le rituel auquel participent des gens qui partagent une même souffrance ou qui sont sensibilisés à une même réalité favorise l'élaboration d'un sens. Un objet, une situation, une musique peuvent donc être investis d'une signification particulière qui contribue à faire accepter la perte plus sereinement. Deux simples morceaux de bois cloués en croix ne sont-ils pas pour les croyants signe d'espérance ?

Le rituel rétablit ou confirme un sentiment d'identité. Le rituel favorise la stabilité de ceux qui y participent. C'est un agent de cohésion dans la vie d'une personne ou d'une société. Par sa prévisibilité, il aide les gens à préserver un sentiment d'identité.

De nombreux rituels président aux réunions familiales.

9.3 LES RITUELS PERSONNELS ET FAMILIAUX

La mort, se posant comme l'ultime limite de la vie, suscite des émotions profondes. Les rituels pour marquer la mort d'une personne aimée viennent toutefois faciliter cet événement ainsi que la progression du deuil. À l'inverse, il est démontré que l'omission des rituels funèbres contribue à prolonger et à complexifier le processus de deuil, tant chez les adultes que chez les enfants. Le rituel a donc un pouvoir apaisant et thérapeutique.

De plus en plus, les gens veulent s'approprier certains rituels. Par exemple, une mère désirait laver et habiller pour une dernière fois son enfant de deux ans, mort de leucémie. Hésitante, elle en fit tout de même la demande au thanatologue, qui accepta. Elle affirme avoir fait de ces instants un rituel inoubliable. Il est donc possible, lors des rituels funèbres, de s'approprier certaines tâches significatives : demander des porteurs au sein de la famille, faire lire les prières par des amis, créer un montage audiovisuel, etc. Il s'agit de découvrir ce qui a un sens pour chacun.

Lemieux (1991, p. 11) nous met toutefois en garde : « D'une part, si on donne de plus en plus de place aux paroles individuelles, à l'expression pure des subjectivités, on risque que ces paroles ne puissent pas être entendues par d'autres que ceux qui les tiennent. (...) D'autre part, si le rituel s'appuie uniquement sur un imaginaire collectif et des règles objectives de fonctionnement social, il risque d'oublier son objet spécifique qui est de faire place à des subjectivités. »

À chacun de trouver une façon de réinventer les pratiques ou les rituels funèbres pour qu'ils aient un sens. Comme nous l'avons vu précédemment, l'usage que nous faisons d'un objet, l'endroit où nous le rangeons et les gens à qui nous le montrons peuvent être à l'origine d'un rituel et en remplir les fonctions. Il peut s'agir, par exemple, de lire des textes significatifs, d'offrir un témoignage spontané, de préparer le plat préféré du défunt, de présenter un vidéo ou un montage de photos, de regrouper des objets personnels du défunt, de faire entendre sa musique préférée, de partager les cendres, etc.

LES TYPES DE RÉACTIONS À LA PERTE

Les rituels familiaux qui cimentent la cellule familiale peuvent être fragilisés par l'effet déstabilisateur d'un deuil. La vie rituelle de la famille s'en trouve alors soit affaiblie (rituels faibles), soit plus rigide (rituels rigides), soit complètement paralysée (rituels interrompus). La façon dont les rituels sont modifiés renseigne sur la manière dont la famille compose avec les pertes.

Les familles aux **rituels faibles** n'ont presque pas de rites familiaux (parfois seulement l'échange de cartes de souhaits non personnalisées) et participent peu aux rites sociaux (comme la messe de minuit à Noël, les soupers d'anniversaire, etc.). Lors d'un décès, elles minimisent les rituels funéraires en réduisant le temps d'exposition, en omettant de faire un hommage au défunt ou d'assister à une messe commémorative, par exemple.

Les familles aux **rituels rigides** pratiquent des rituels vides ou clos qui mettent les participants en contact, mais sans qu'il y ait de véritable engagement affectif. Les gens peuvent se retrouver au salon funéraire sans échanger ou exprimer d'émotions. Il s'agit pour eux d'une formalité à laquelle ils ne donnent aucun sens.

Pour les membres de ces familles, l'approche d'une fête peut augmenter le stress et amplifier ou provoquer le malaise qu'ils éprouvent parmi les leurs. Ainsi, le rituel rigide incite les gens à contenir leurs émotions, ce qui enfonce chaque membre de la famille dans son sentiment d'isolement ou d'impuissance et alimente sa détresse. Un dîner dominical pendant lequel les membres de la famille ne peuvent exprimer avec authenticité ce qu'ils pensent en est un exemple.

Les familles aux **rituels interrompus**, habituellement par la mort d'un de leurs membres, évitent les rassemblements; livré à lui-même, chacun fait son deuil. Dans les familles, il y a souvent un « gardien des rituels ». Lorsque cette personne abandonne ce rôle, la famille doit lui trouver un successeur : « Qui nous recevra au Nouvel An, maintenant que grand-mère n'est plus là ? » Dans certains cas, la succession reste vacante et le rituel se désintègre; c'est ce qui caractérise les familles aux rituels interrompus. Dans d'autres cas, les membres qui ont du pouvoir dans la famille s'entendent tacitement ou ouvertement sur un successeur. Des luttes de pouvoir surviennent occasionnellement, lorsque plusieurs désirent prendre la responsabilité de la succession du rituel.

La vie rituelle de la famille est donc influencée par ses pertes, qui peuvent gêner le déroulement des rituels subséquents ou, au contraire, en susciter d'autres qui, adéquatement planifiés, aident à la guérison des pertes antérieures. L'exemple suivant illustre ce phénomène.

Une jeune femme confie : « C'est seulement à l'obtention de mon baccalauréat, trois ans après la mort de mon père, que j'ai pris conscience de l'importance de cette perte. L'instruction était tellement importante pour mon père, et il aurait été si heureux de me savoir diplômée ! Quand il est mort, je me suis jetée à corps perdu dans mes études. Maintenant que je les ai terminées, je n'ai plus de moyen de fuir. »

Pour cette jeune femme, la soirée de la collation des grades aurait pu être soit une occasion de continuer à nier sa perte (rituel rigide), soit une occasion de réjouissance légitime, mais empreinte de culpabilité, soit une fête ratée, à cause de sa peine qui cherchait à refaire surface.

« Ce soir-là, poursuit-elle, j'étais tiraillée entre la tristesse que j'éprouvais à cause de la mort de mon père et la fierté de détenir enfin mon diplôme. Ma mère a alors fait une chose qui m'a beaucoup aidée : au micro, elle a parlé de mon père, expliquant tout le sens que mes études avaient pour lui, combien il m'aimait et à quel point il serait fier de moi. » L'intervention de la mère a permis de transformer un rituel problématique en un rituel adéquat, qui remplissait les fonctions de base de tous les rituels funèbres, c'est-à-dire marquer la perte et faciliter le deuil, célébrer la mémoire du défunt, favoriser l'expression des émotions et marquer la continuité de la vie pour donner un sens à la perte.

Non seulement la connaissance des rituels familiaux est-elle utile lors de l'accompagnement de deuil, mais elle permet aussi, lors de l'organisation des rituels funèbres, de trouver les aménagements les plus susceptibles de répondre aux besoins des membres de la famille (Imber-Black, 1991). En effet, ces rituels agissent comme des catalyseurs et révèlent la dynamique familiale, laquelle, autrement, risquerait de demeurer inconnue.

L'intervenant doit donc être attentif au besoin dominant des endeuillés et les aider à pratiquer leurs rituels pour qu'ils progressent dans leur travail de deuil. Il peut même aménager lui-même des rituels ou faire des suggestions précises pour en élaborer de nouveaux.

9.4 LES ÉTAPES DANS LA PRATIQUE D'UN RITUEL

Un rituel de deuil peut être utilisé tant à l'intérieur d'un accompagnement à moyen ou à long terme que dans le cadre d'une intervention ponctuelle. Toutefois, la personne responsable de la mise en place du rituel devrait toujours prévoir un suivi après le rituel, ne serait-ce qu'un appel téléphonique. Les principales étapes proposées à cet effet par Hétu (1997) et initialement suggérées par Rando (1993) sont les suivantes : évaluer la situation et les besoins de l'endeuillé, choisir le type de rituel, mettre en place les éléments du rituel, préparer l'endeuillé pour le rituel, vivre la démarche de rituel avec l'endeuillé, faire avec l'endeuillé un retour sur la démarche.

ÉVALUER LA SITUATION ET LES BESOINS DE L'ENDEUILLÉ

L'intervenant doit connaître le fonctionnement psychologique de la clientèle à qui il s'adresse, c'est-à-dire la façon dont elle vit le deuil, afin de se fixer un objectif précis. Par exemple, si la personne n'admet pas clairement la réalité du décès, il peut être approprié de la questionner sur les circonstances entourant la mort de l'être cher. Également, les parents dont le fils est décédé accidentellement peuvent tenir à montrer le rapport d'autopsie aux personnes présentes au salon funéraire, afin de favoriser la croyance en la réalité de la perte. Ainsi, une exploration de la situation et des besoins de l'endeuillé permet de choisir le type de rituel approprié.

CHOISIR LE TYPE DE RITUEL

Quand l'endeuillé a besoin d'être aidé à accepter le changement entre sa vie avant le décès et sa vie après le décès, un rituel de transition est de mise. En effet, les rituels de transition favorisent la rupture des liens tels qu'ils étaient vécus avant le décès. Ils comportent donc des symboles d'adieu. Il peut s'agir d'une lettre qui sera lue ou des cendres qui seront dispersées.

Un rituel de continuité est plutôt recommandé lorsqu'il s'agit de consolider chez le sujet un sentiment de stabilité et le caractère prévisible de sa vie quotidienne. Ces rituels visent à marquer la permanence des liens avec le défunt, en honorant sa mémoire et en évoquant l'héritage moral qu'il a laissé aux endeuillés. De plus, ils aident ces derniers à continuer de relever les défis de leur existence.

METTRE EN PLACE LES ÉLÉMENTS DU RITUEL

La préparation d'un rituel implique normalement trois éléments : les symboles utilisés, les personnes qui y participeront et la démarche rituelle comme telle.

LE CHOIX DES SYMBOLES

D'abord, on choisit les symboles physiques qui seront utilisés. Il peut s'agir d'objets ayant appartenu au défunt, comme des cadeaux offerts aux endeuillés ou des photos de lui. Il peut aussi s'agir d'un objet symbolisant un de ses traits de caractère (quelque chose de solide ou de doux par exemple), d'un objet représentant ses activités préférées (jouet, livre de recettes, instrument de musique, article de sport, etc.) ou d'un objet créé pour les circonstances (lettre, poème, dessin, montage, etc.).

On doit bien sûr ajouter à ces catégories les grands symboles comme l'eau, le feu, la lumière, la végétation, etc. Par exemple, une chandelle peut être la composante centrale d'un rituel : on l'allume devant la photo du défunt pour honorer sa mémoire, puis on la souffle pour marquer la volonté de laisser aller le défunt. Le rôle d'une chandelle peut aussi être simplement de marquer le lieu et le temps d'un rituel qui comporte d'autres démarches symboliques.

La chandelle allumée, symbole de l'âme, fait couramment partie des rituels.

LES PERSONNES QUI PARTICIPENT AU RITUEL

Les rituels peuvent se pratiquer de façon solitaire, en présence d'un intervenant, des membres de la famille ou des proches. Le choix des participants varie selon les circonstances, les besoins de l'endeuillé et le désir de se centrer exclusivement sur une personne ou de tenir compte des besoins de plusieurs individus subissant la même perte. Les amis offrent souvent un soutien important. Quant à l'intervenant, il peut être payé ou non, faire partie d'un organisme ou d'une maison funéraire, etc.

Un rituel doit être mené avec adresse et efficacité. Nous savons, par expérience, que certaines activités ou rencontres nous stimulent et nous réconfortent, tandis que d'autres nous déçoivent. Alors qu'on s'attendait à être écouté et compris, on ne s'est pas senti accueilli. Ce qui pose la double question de la disponibilité et de l'expertise. Le choix des personnes impliquées tiendra idéalement compte de ces deux dimensions; elles auront le temps de participer au rituel et les habiletés pour le mettre en place.

LA DÉMARCHE RITUELLE

L'action symbolique que l'on accomplira dépend évidemment des besoins de l'endeuillé et des objectifs du rituel. Cette action doit respecter sa sensibilité, ses valeurs, ses ressources et ses résistances. Par exemple, un rituel d'adieu ne devrait pas consister à se départir abruptement de toutes les possessions du défunt si le sujet est encore très attaché à lui. Au besoin, la démarche rituelle peut s'échelonner sur plusieurs séances. Une première séance sera réservée au classement des possessions du défunt, une autre à la distribution de ses vêtements, de ses livres, etc.

Pour que l'effet du rituel sur le deuil soit optimal, l'engagement émotif du sujet dans la démarche doit être suffisant sans être excessif. Si l'endeuillé est peu engagé, il peut, à la limite, assister passivement au rituel, qui ne remplit alors aucune fonction. À l'inverse, s'il l'est trop, la démarche rituelle déclenchera chez lui de fortes réactions émotives, telles la colère, la peine ou le sentiment de culpabilité. L'expérience permettra à l'accompagnateur de s'ajuster en cours de route.

Notons aussi qu'une démarche polyvalente a plus de chances d'être bénéfique qu'une démarche misant sur un seul symbole ou une seule action symbolique. Par exemple, le rituel de la fermeture du cercueil produit habituellement moins d'effet que des funérailles où les composantes rituelles sont multiples : procession, encens, orgue, chants, témoignages, aspersion et départ du cercueil, etc.

Il faut par contre éviter les rituels trop chargés où l'on perd de vue les besoins particuliers de l'endeuillé. Encore ici, il y a un équilibre à préserver.

PRÉPARER L'ENDEUILLÉ AU RITUEL

La préparation de l'endeuillé peut être déterminante pour le succès de la démarche. Certains endeuillés doivent d'abord être sensibilisés à la nature et à la fonction des rituels. Une bonne façon de procéder consiste à décrire le déroulement de certains rituels de deuil.

Une fois que les endeuillés ont manifesté leur intérêt, il reste à négocier avec eux le choix des composantes du rituel telles que décrites plus haut. À cette étape, on doit être attentif à leur sensibilité aux symboles et aux activités symboliques proposés. Par exemple, la semi-obscurité d'une pièce peut évoquer pour une personne la mort, l'inconnu, le danger ou la confusion, alors que pour quelqu'un d'autre elle évoque l'intimité et le recueillement.

Les rituels de continuité requièrent moins de préparation, car ils sont plus spontanés et moins susceptibles de susciter des résistances de la part de l'endeuillé. On n'a qu'à penser à une messe anniversaire pour un parent défunt.

Habituellement, les rituels de transition requièrent davantage de perspicacité et de doigté, à la fois dans le choix du moment où ils sont offerts à l'endeuillé et dans la motivation qu'il faut susciter chez lui. L'effet d'un rituel dépend beaucoup de la disponibilité du sujet à s'ouvrir à la charge symbolique de la démarche.

Une fois que la personne est sensibilisée, qu'elle a donné son accord et qu'elle est motivée, la démarche rituelle a été établie. Il reste à déterminer, s'il y a lieu, les modalités de sa préparation. Par exemple, si l'endeuillé a décidé d'écrire une lettre à son parent défunt pour la lire lors du rituel, il peut être nécessaire de prévoir avec lui à quel moment et dans quel lieu il accomplira cette démarche. Certains préfèrent faire ce choix spontanément, tandis que d'autres surmonteront plus facilement leurs résistances s'ils ont déterminé au préalable le contexte de leur démarche.

VIVRE LA DÉMARCHE DE RITUEL AVEC L'ENDEUILLÉ

Il s'agit d'assurer une présence lors des rituels. Une personne moins engagée émotivement par la perte assure généralement le bon déroulement du rituel et peut le modifier sensiblement en cours de route si des besoins précis se font sentir. De plus, la présence de cette personne est souvent sécurisante pour les endeuillés.

FAIRE AVEC L'ENDEUILLÉ UN RETOUR SUR LA DÉMARCHE

Habituellement, le rituel suscite des émotions et joue un rôle actif dans l'évolution du deuil. Il est donc recommandé de revoir l'endeuillé quelque temps après pour faire le point. Dans certains cas, on convient alors que la démarche a atteint un niveau de résolution satisfaisant et que l'on peut mettre un terme à l'accompagnement. Dans les autres cas, on établit avec l'endeuillé des modalités de suivi; on peut prévoir de nouveaux rituels en fonction de ses besoins. Il est à noter que certains salons funéraires offrent, entre autres, des messes mensuelles pour les défunts et des conférences trimestrielles sur divers sujets.

9.5 LES RITUELS FUNÉRAIRES

Plusieurs personnes ne comprennent pas les bienfaits des rituels funéraires et entretiennent de fausses croyances à leur égard. Voyons-en quelques-unes afin de rétablir certains faits.

- *Les rituels funéraires coûtent trop cher pour les bienfaits qu'ils procurent.* Des individus disent même que les entreprises funéraires profitent de l'état émotif des clients pour leur soutirer le plus d'argent possible. Pourtant, le coût des services funèbres varie énormément. Chacun est donc libre de convenir de la somme qu'il désire affecter à ces rituels. Habituellement, les services de planification des funérailles aident les gens à prendre des arrangements conformes à leurs désirs, leurs besoins et leurs ressources financières. Bien sûr les gens ont toutefois avantage à comparer les prix de services équivalents. De plus, ils ne doivent pas hésiter à faire part de leurs interrogations ou de leurs craintes. C'est un droit que de savoir clairement à quoi on s'engage.
- *Les rituels funéraires suscitent plus de peine que de bienfaits.* Les gens attribuent souvent une connotation négative à l'expression émotive. Pourtant, il importe d'exprimer ses émotions pour s'en libérer. À cet égard, les rituels funéraires permettent aux endeuillés d'entrer en contact avec leurs émotions, ce qui est positif pour l'évolution de leur deuil.
- *Les rituels funéraires sont habituellement source de contrariété pour tout le monde.* Même si elle implique du temps et occasionnellement quelques dépenses additionnelles, la participation à des rituels funéraires est souvent un témoignage d'amour pour le défunt ou ses proches. Ces rituels permettent de leur offrir le support dont ils ont besoin.
- *Les rituels funéraires ne sont importants que si le défunt avait fait connaître sa volonté à cet égard avant son décès.* Bien sûr, il est souvent réconfortant pour les personnes endeuillées de savoir qu'elles ont répondu aux volontés du défunt en ce qui concerne les rituels funéraires. Or, même si celui-ci n'a exprimé aucun désir spécifique, ce sont les personnes vivantes qui doivent composer avec la perte, par conséquent ce sont surtout leurs volontés qui devraient être respectées.
- *Les rituels funéraires sont réservés aux personnes religieuses, croyantes ou pratiquantes.* Les rituels de funérailles peuvent être religieux ou profanes. Chacun est libre d'en choisir la forme.
- *Les rituels funéraires sont réservés aux personnes âgées.* Il est faux de croire que les rituels sont réservés à des gens d'un certain âge. Tout le monde peut bénéficier des bienfaits des rituels. Ce qui compte c'est le sens qu'on leur donne.

LA CRÉMATION

Plusieurs entretiennent l'idée qu'aucun rituel funéraire n'a lieu lorsqu'il y a crémation, ou incinération, que les rituels sont réservés aux cas où le corps est embaumé et exposé.

Même s'il est vrai que peu de rituels entourent cette pratique, il n'en demeure pas moins que la crémation peut aussi être accompagnée de rituels significatifs pour les personnes endeuillées. Les moments passés au crématorium sont difficiles, et un rituel, aussi minime soit-il, permet de les humaniser. Cette étape est difficile car, dans l'esprit des familles, le défunt est toujours présent dans le cercueil et, en moins de deux heures, il se retrouve réduit en cendres dans une urne miniaturisée (Moreau, 1995).

La crémation peut découler du choix du défunt ou de celui des proches. Or, ces derniers ne sont pas toujours à l'aise avec son déroulement. Afin de faciliter le deuil, Moreau propose cinq étapes pouvant être ritualisées lors d'une incinération : l'arrivée du cercueil et de la famille, l'accueil, l'hommage, les adieux et la remise des cendres. Ces étapes peuvent faire office de rituels funéraires en soi et sont donc indépendantes les unes des autres.

L'arrivée du cercueil et de la famille Les lieux pour accueillir la famille et les proches doivent être aménagés avec goût. Le cercueil y sera exposé de même que les fleurs et tout ce qui symbolise les hommages rendus par les proches.

L'accueil Les paroles d'accueil doivent être simples et adaptées aux circonstances du décès et à l'âge du défunt. La personnalisation des rituels favorise l'expression des émotions des endeuillés.

L'hommage Un des rituels funéraires fréquemment pratiqué consiste à rendre hommage à la personne décédée en faisant part aux gens présents du caractère unique du défunt. Il peut s'agir d'anecdotes marquantes, des qualités qui le caractérisaient, d'apprentissages faits grâce à lui, de valeurs qu'il a su transmettre, etc., qui sont communiqués par la lecture d'un texte, l'écoute d'une pièce musicale, un témoignage spontané ou un montage de photographies.

Ainsi, l'hommage peut être rendu par une ou plusieurs personnes. De plus, celui qui a écrit ou créé l'hommage n'est pas nécessairement celui qui le présentera aux autres. En effet, certains craignent de s'exprimer en groupe, alors que d'autres ont moins de talent pour écrire mais souhaitent faire la lecture. Il peut donc s'agir d'une personne désignée antérieurement (parent, ami, prêtre, etc.) qui accepte ou demande de livrer cet hommage à l'ensemble des personnes présentes que cette mort afflige.

Souvent, les gens désirent garder l'hommage en souvenir. Des photocopies du texte ou encore des photographies des montages visuels peuvent leur être remises.

Les adieux Le cercueil est transporté vers les appareils de crémation. À cette étape également, une prise de parole (par un membre du personnel ou par un proche du défunt) est à privilégier, afin d'aider les endeuillés à traverser le dur moment de la séparation. Moreau (1995) suggère d'inviter les proches à quitter les lieux pour leur éviter la douleur de voir procéder à la crémation. Cependant, il importe de respecter le choix des familles qui sont prêtes à vivre cette ultime séparation. Il faut leur permettre de réagir à leur façon.

Nombreuses sont les personnes qui viennent se recueillir au columbarium.

La remise des cendres Il est préférable que la remise des cendres n'ait pas lieu le jour des obsèques. La cérémonie des funérailles est émotivement intense et les proches ont besoin d'un intervalle pour décider de la destination définitive des cendres. Idéalement, on ritualise par une cérémonie la dispersion des cendres, leur inhumation ou leur placement au columbarium.

Plusieurs endeuillés sont sidérés lorsqu'ils reçoivent l'urne contenant les cendres. Il serait donc souhaitable de les préparer à cette épreuve ou de choisir des textes pour ritualiser ce moment et ainsi en faciliter le déroulement.

L'EXPOSITION DU CORPS

Plusieurs personnes tentent d'écourter le temps d'exposition alors qu'il est très bénéfique pour le processus de deuil. En effet, l'exposition du corps du défunt favorise l'amorce des deux premières tâches proposées par Rando (1993), soit reconnaître la perte et réagir à la séparation (voir chapitre 8). La présence du corps (ou du moins de symboles pouvant le représenter) est indispensable au travail de deuil même si elle provoque des émotions parfois insoutenables (Jeffrey, 1997).

Le choix de l'inhumation ou de la crémation ne devrait donc pas influer sur la décision d'exposer ou non le corps. Ne serait-ce que pendant quelques heures, cette pratique favorise la prise de conscience de la mort et de son caractère définitif. Les personnes touchées par la perte peuvent, de plus, bénéficier des derniers moments en présence du défunt et recevoir les témoignages d'amour et le soutien des autres, ce qui favorise l'expression des émotions.

LES CONDOLÉANCES

Les personnes qui ont vécu un deuil trouvent souvent difficile le moment des condoléances, où chacun exprime sa sympathie, fréquemment avec gêne et maladresse. En effet, les formules toutes faites enlèvent le caractère unique de chaque perte et l'inscrivent dans un cadre normatif que l'on peut considérer comme exempt d'un véritable sentiment de compassion.

Même le personnel des milieux funéraires dit ne pas toujours savoir comment, à qui et à quel moment offrir ses condoléances. Certaines situations, telle la mort d'un enfant, sont plus difficiles que d'autres. On peut alors exprimer son malaise et ses difficultés à communiquer en de telles circonstances. Souvent, un regard chaleureux ou une poignée de main franche sont plus réconfortants qu'une formule toute faite. En fait, pour que les condoléances ne soient pas une corvée mais bien un moment d'échange, on doit être authentique et communiquer ouvertement. L'empathie, l'expression des émotions et le soutien sont donc à privilégier.

LES RASSEMBLEMENTS

Les rassemblements planifiés, que ce soit un cortège funèbre, un repas après les funérailles ou encore un service anniversaire, sont toujours bénéfiques. Qu'ils soient organisés par les salons funéraires ou par les endeuillés eux-mêmes, ces rassemblements favorisent la réalisation des tâches telles que reconnaître la perte et réagir à la séparation; ils incitent chacun des endeuillés à se rappeler l'être cher, à revoir sa relation avec lui et à exprimer ses émotions.

LES VISITES AU CIMETIÈRE

Les visites au cimetière permettent d'entretenir la mémoire du disparu. Elles peuvent se faire seul ou en groupe, lors de journées à caractère religieux (à la Toussaint, aux Rameaux, etc.) ou non.

9.6 LES CONSIDÉRATIONS RELIGIEUSES ET CULTURELLES

Chaque religion, culture ou milieu géographique a ses rituels funéraires. Les intervenants doivent donc s'assurer de bien connaître les pratiques et l'appartenance religieuse, culturelle ou géographique des personnes affligées afin de leur offrir des services respectueux de leurs traditions.

Les pratiques reliées à la chrétienté, au judaïsme, à l'islamisme, à l'hindouisme, au bouddhisme, etc., diffèrent les unes des autres. Ici, l'objectif n'est pas d'en faire l'inventaire, mais plutôt de sensibiliser les intervenants à cette dimension. Chaque religion a ses croyances spécifiques et il est important de bien les connaître pour mettre en place des rituels funéraires significatifs. Il peut être judicieux de consulter des responsables religieux à cet égard.

Le Repos Saint-François d'Assise a publié un recueil sur les traditions funéraires des communautés culturelles du Québec. Les gens qui désirent approfondir cette dimension peuvent consulter ce guide cité dans la bibliographie.

POUR MIEUX SE CONNAÎTRE

INTROSPECTION

Mes rituels

1. Quels rituels pratiquez-vous lors des anniversaires, des fêtes religieuses, etc. ?
2. Quels rituels ponctuent votre quotidien ?
3. Quelles fonctions ces rituels remplissent-ils ?
4. Donnez quelques exemples de rituels que vous aimeriez intégrer dans votre vie. Expliquez pourquoi.

POUR DÉVELOPPER SA COMPÉTENCE

1. Vous devez créer et mettre en pratique un rituel pouvant s'appliquer en situation de perte.
   a) Définissez le rituel.
   b) Indiquez à qui ce rituel s'adresse.
   c) Précisez les objectifs qu'il vise.
   d) Expérimentez-le auprès de quelques volontaires dans une situation fictive de deuil.
   e) Commentez votre expérience.
   f) Quels effets ce rituel a-t-il eus sur les volontaires ?

2. Pendant 20 minutes, mettez-vous dans la peau d'un collectionneur de moments de beauté.
   a) Tentez de découvrir la beauté dans chaque instant : la buée dans le miroir de la salle de bain, le bruissement des feuilles séchées, l'éclat d'un regard, etc.
   b) Identifiez les nouveaux éléments de votre collection.

QUESTIONS DE RÉVISION

1. Reprenez le témoignage de Daniel sur la mort de son fils Hugo. Identifiez-y les rituels et dites de quelle façon ils répondent aux différents éléments de la définition d'un rituel (activité précise, récurrente ou unique, vécue seule ou en groupe et visant l'expression symbolique de certains sentiments ou de certaines pensées).
2. Une femme vous consulte suite à la mort de son père. Elle s'interroge sur les fonctions des rituels funéraires et songe à escamoter cette dimension « pour en finir le plus rapidement possible », dit-elle. Vous désirez l'informer des fonctions et des bienfaits des rituels. Que lui dites-vous ?
3. Nommez deux fausses croyances relatives aux rituels funéraires et expliquez en quoi elles sont inexactes.
4. Vous devez expliquer les différentes possibilités de rituels funéraires à une personne qui vient vous consulter suite au décès d'un proche. Que lui dites-vous ?
5. Une personne peu fortunée choisit la crémation suite au décès de son enfant, mais déplore que cette pratique exclue tout autre rituel funéraire. Que lui dites-vous ?

Clin d'œil...

Il existe un nouveau rituel : vous pouvez laisser des renseignements sur vous (une photo, un enregistrement vocal ou vidéo) afin qu'après votre mort les gens qui ne peuvent se rendre sur votre tombe puissent mettre en place sur Internet un « espace de paix » pour évoquer votre souvenir. Un cimetière virtuel est né !

Paroles de sage

Une histoire zen relate l'initiation d'un jeune homme à l'escalade en compagnie du meilleur alpiniste du monde.

« J'aimerais que vous m'appreniez les techniques les plus perfectionnées », demanda le jeune homme au champion alpiniste.

À sa grande surprise, le maître lui offrit plutôt une pierre ramassée dans le jardin et l'enferma dans une pièce pendant un an. N'ayant rien d'autre à faire, le novice examina attentivement la pierre, la goûta, palpa chacun de ses coins et recoins minuscules ainsi que sa surface lisse et étudia ses variations de couleur et de température pendant les nuits de lune et les journées de pluie. Au terme de cette année, le jeune homme possédait une connaissance approfondie de la pierre et savait en apprécier chacun des détails et chacune des nuances. Quand il sortit enfin de son isolement, il se dirigea vers les hautes montagnes et escalada les pentes les plus abruptes avec une grande aisance. Les saillies rocheuses et les prises de doigts qui lui semblaient auparavant fragiles et précaires se révélaient désormais assurées et très stables.

(Sam Keen, *Hymnes à un Dieu inconnu*, p. 156-157)

10

chapitre

LA RELECTURE DE VIE

« Vivre est une tragédie, vivre est une comédie, et c'est la même pièce, et elle est belle et bonne, en tout cas elle peut l'être, si nous savons la vivre, si nous savons l'aimer comme elle est, et d'ailleurs nous n'avons pas le choix. (...) Aimer : accepter. Supporter, quand il faut; se réjouir, quand on peut. Sagesse tragique, et c'est la seule qui ne mente pas. »

(Comte-Sponville, 1996, p. 70)

Sommaire

- Définition de la relecture de vie
- Les types de relectures
- La relecture du mourant et celle de l'endeuillé
- Les principaux outils de l'intervenant
- Les fonctions d'une relecture de vie
- Les moyens pour amorcer une relecture

Lorsque le vieillissement ou la maladie nous fait prendre conscience de l'immanence de notre fin, nous ressentons généralement le besoin de faire un bilan de notre existence et d'en retracer les événements significatifs. Comme nous l'avons vu au chapitre 1, le bilan est l'une des dernières tâches du développement de la personne selon Erikson. Face à l'imminence de la mort, on sent le besoin de terminer ce qu'on a entrepris pour pouvoir mourir paisiblement.

L'histoire de la relation qu'on a entretenue avec un être cher prend une importance particulière lorsque cette personne décède. On a vu au chapitre 3 combien l'endeuillé revient sur les bons et les moins bons moments qu'il a partagés avec le disparu. Revoir les épisodes de sa vie et en explorer les émotions constitue une part importante du processus de deuil. Les souvenirs et la parole réparatrice dont est empreinte la relecture de vie permettent alors de pardonner et de reconnaître ce qu'était le défunt, ce que la vie nous a offert et ce que nous avons été. Comme l'a écrit Chalanset (1994, p. 157) : « À chacun de se construire, et de se réparer, non par l'oubli mais par la mémoire, non par le hurlement ni par le silence mais par la parole. Pas besoin pour guérir de biffer ou de taire. Pas besoin non plus de cris ou de larmes. Se souvenir de nos disparus... ».

Mais la relecture de vie est utile à tout âge et la mort d'un proche n'est pas la seule occasion de pertes que réserve la vie. En effet, l'existence est ponctuée d'amitiés perdues, de projets avortés, d'illusions amères, d'ambitions contrariées dont on doit faire le deuil. Il faut alors revenir sur cette perte, la revivre en pensée, l'intérioriser, et éventuellement la confier à quelqu'un, pour pouvoir y réagir extérieurement au besoin. Voilà ce qu'on entend par **relecture de vie**.

10.1 DÉFINITION DE LA RELECTURE DE VIE

En général, les personnes âgées et les mourants font spontanément une relecture de vie. Ils dressent un bilan de leur existence en réfléchissant sur le passé et en en dégageant les éléments significatifs. De même, les étapes importantes de la vie ou les changements majeurs incitent à la réminiscence. Le souvenir de certaines expériences positives engendre habituellement un sentiment de satisfaction, de fierté et d'accomplissement, tandis que le rappel d'événements troubles peut susciter la tristesse, la colère, la culpabilité, etc. Il faut alors revenir sur ces événements afin de déterminer l'origine des émotions qu'elles suscitent et de trouver les moyens d'y remédier pour pouvoir les intégrer.

La plupart des gens qui font une relecture de vie qualifient cet exercice de thérapeutique et de libérateur. En effet, contrairement au simple rappel de souvenirs nichés dans la mémoire ou aux réminiscences, la relecture de vie est un processus qui permet de mettre de l'ordre dans notre vie.

Comme nous l'avons vu, la relecture s'enclenche souvent d'elle-même suite à un événement marquant ou à la prise de conscience de son vieillissement. Certains couples ou membres d'une même famille trouvent avantageux de faire l'exercice ensemble, car il suscite le rapprochement et l'intimité. On peut aussi inviter une personne à faire sa relecture de vie. Il est alors important de respecter ses résistances ou de l'aider à les surmonter. L'individu doit rester libre de dresser son bilan à son rythme et de décider de le partager ou pas avec une autre personne. Il revient à chacun de décider de la manière dont il fera sa relecture de vie : seul, dans sa tête, par écrit, à l'aide d'objets ou dans des lieux évoquant des souvenirs, etc. Nous verrons un peu plus loin différents moyens de faciliter une relecture.

En résumé, la relecture de vie :

- se fait volontairement qu'elle soit spontanée ou non (si le sujet est ambivalent face à l'exercice, on peut l'aider à surmonter ses résistances tout en respectant sa volonté);
- est une démarche universelle et naturelle que tout le monde peut faire spontanément;
- est un retour sur ses expériences passées visant à dresser un bilan de son existence;
- permet une intégration (et non une énumération) de ses apprentissages, donne un sens aux événements ou permet de les réévaluer;
- comporte une dimension affective en ce qu'elle éveille les émotions sous-jacentes à chaque expérience passée et permet de s'attarder à celles que suscitent ces souvenirs;
- se fait verbalement, par écrit ou simplement sous forme d'introspection personnelle;
- se partage (elle se tient en présence d'une ou de plusieurs personnes en qui le sujet a confiance) ou se fait individuellement;
- vise la satisfaction personnelle, l'objectif étant d'en arriver à conclure que sa vie a comporté plus d'aspects positifs que d'aspects négatifs (les sujets qui pavoisent exagérément tentent souvent d'éviter de repenser aux épisodes de leur vie qui demeurent problématiques);
- nécessite temps, énergie et engagement personnel;
- permet de s'investir dans le présent et dans l'avenir parce qu'on a donné un sens au passé.

LA RELECTURE SPONTANÉE DÉCLENCHÉE PAR UN ÉVÉNEMENT

Quand on est confronté à la mort, on a tendance à se rappeler les épisodes encore problématiques de sa vie. L'exemple qui suit le démontre bien.

Le dernier adieu

Un homme de 78 ans doit être opéré pour un cancer avancé. Informé de la gravité de son état, le malade se tait pendant un instant, puis il fond en larmes.

> « Ce n'est pas l'opération qui me chagrine, explique-t-il à l'infirmière, c'est seulement que je viens de me rendre compte que je n'ai pas épousé la femme que je voulais...

- Aimeriez-vous parler un peu de cette femme que vous auriez voulu épouser ?
- Élise... C'était une si gentille fille. Elle aimait rire et s'amuser. Je l'adorais, mais ma mère ne l'aimait pas. Elle la trouvait déplacée parce qu'elle m'embrassait spontanément lorsqu'elle me rencontrait.
- Vous auriez voulu l'épouser ?
- Oui, mais ma mère disait que ce n'était pas une fille pour moi. Alors, je ne l'ai plus revue et j'ai épousé celle qui est devenue ma femme. Il y a 40 ans de cela, mais je n'ai pas oublié Élise. Ça ne veut pas dire que je n'aime pas ma femme; elle a toujours été une bonne épouse et une bonne mère.
- Avez-vous dit à votre mère la peine qu'elle vous faisait ?
- Non. Ça ne se faisait pas. On ne discutait pas l'autorité des parents : on obéissait.
- Savez-vous ce qu'Élise est devenue ?
- Elle est morte en couches il y a 30 ans, mais je pense encore à elle. Excusez-moi, je ne sais pas ce qui m'a pris. Tout ça, c'est du passé. Excusez-moi de vous avoir ennuyée avec cette vieille histoire.
- Vous ne m'avez pas ennuyée, bien au contraire. Votre histoire est très touchante. Merci de l'avoir partagée avec moi.
- Vous êtes gentille. Excusez-moi encore. Savez-vous à quelle heure on doit m'opérer ? »

LA RELECTURE À L'INSTIGATION D'AUTRUI

Parfois, la relecture n'est pas entreprise spontanément, mais en réponse à l'invitation d'un proche ou d'un intervenant. Dans ce deuxième exemple, c'est une accompagnatrice qui suscite la relecture en invitant Cécile, une vieille dame, à lui confier un souvenir important. Cette femme de 78 ans est veuve depuis 20 ans. Elle a une bonne estime d'elle-même, elle conduit sa voiture, elle voyage régulièrement et elle a un ami de 20 ans son cadet. Au fil de son récit, vous constaterez que cette invitation, qui pourrait sembler une intrusion dans la vie privée, a au contraire facilité l'expression de sentiments encore troublants.

> « J'ai toujours pensé que mon mari était homosexuel. La nuit des noces, il m'a dit : "C'est dommage que tu ne sois pas un petit gars", puis il m'a tourné le dos et s'est endormi sans façon. Quelque temps avant notre mariage, un prêtre lui avait dit : "Trouve-toi une fille à ton goût et marie-toi, ça va passer."
>
> Il arrivait tard à la maison. Il allait prendre une bière avec ses amis ! Je m'occupais de tout : la maison, les comptes, les enfants. Quelquefois, après la soirée, il amenait des jeunes à la maison pour luncher. J'étais couchée et je l'entendais faire des farces contre les femmes. J'ai eu cinq enfants et à peu près autant de relations sexuelles.
>
> À 40 ans, j'ai décidé de quitter mon mari et d'emmener les enfants. Ça ne se voyait pas souvent à l'époque. Ça a fait jaser la parenté et le voisinage. Il y en a qui enduraient bien pire et qui restaient quand même. J'ai eu des hommes dans ma vie par la suite, mais il m'était interdit de me faire accompagner aux fêtes de famille.
>
> Je me suis toujours sentie jugée par mes enfants. Ils n'aimaient pas que je sorte ou que je soigne mon apparence, ce qui m'a toujours plu. Ils trouvaient que leur père faisait bien

pitié, lui qui a vécu dans un endroit miteux jusqu'à la fin de ses jours. Il jouait les purs et cherchait à attirer la pitié. Il n'a jamais eu d'autres femmes dans sa vie. Bien sûr, il aimait mieux prendre un coup avec ses copains.

Quand il est mort, tout le monde parlait de lui comme d'un saint et semblait me blâmer de ce qu'il était mort seul. Personne ne s'est demandé pourquoi il n'avait pas un sou après avoir travaillé toute sa vie.

- Encore aujourd'hui, vous ressentez de la colère en vous remémorant cela...
- Oui, et j'ai souvent eu le goût de me vider le cœur et de dire à mes enfants que leur père était loin d'être un saint. Ces temps-ci, je repense à toutes ces années et je me sens frustrée.
- Pensez-vous que ce serait bon pour vous de parler avec eux de ce que vous avez vécu ?
- Non, je ne me sens pas le courage de rebrasser ça. Chacun a sa vie, et ça c'est le passé. J'ai souvent eu de la peine, mais aujourd'hui tout va bien et je tiens à rester en bons termes avec la famille. »

Après avoir terminé son récit, Cécile était joyeuse et détendue. Elle a chaleureusement remercié l'accompagnatrice, car d'être ainsi écoutée lui a procuré beaucoup de réconfort. Comme on le voit, il n'est pas besoin de la présence d'un aidant professionnel pour que se réalise l'écoute attentive et respectueuse essentielle au processus d'expression.

LES ÉTAPES D'UNE RELECTURE DE VIE

Le récit de Cécile montre que cette femme n'a pas terminé son bilan de vie, et que certains épisodes posent encore des problèmes (« Ces temps-ci, je repense à toutes ces années et je me sens frustrée »). Cela nous rappelle que la relecture est un processus qui s'amorce et qui se déploie avant de se terminer. Certains auteurs estiment que le processus complet comprend quatre étapes : l'amorce, l'immersion, la réaction et l'intégration (Hétu, 1994, p. 84-85).

Lors de l'**amorce**, le sujet se centre sur un événement passé, soit à la demande d'un intervenant ou d'un proche ou en réaction à une situation qui éveille un souvenir. Une femme, par exemple, a amorcé sa relecture de vie après être tombée sur la photo de jeune mariée de sa mère.

Lors de l'**immersion**, le sujet raconte les épisodes et les souvenirs qu'il a choisis pour sa relecture et en relate les circonstances. Il exprime au passé comment les choses ont eu lieu et rappelle ses sentiments d'alors, etc. Cécile, par exemple, a raconté son expérience de couple et sa vie de mère séparée du père de ses enfants.

La **réaction** correspond au stade où le sujet ressent et exprime les émotions qui émergent lorsqu'il se remémore ses souvenirs. Cécile, par exemple, dit qu'elle se sent frustrée. À ce stade, les mots « je me sens encore... » sont courants.

Une fois réalisée, la relecture de vie apporte un sentiment d'apaisement et d'accomplissement.

Lors de l'**intégration**, le sujet explore ce qu'il retient des événements dont il se souvient. Il remet les choses en perspective et fait la synthèse de son vécu. Si le bilan est positif, il conclura par des phrases comme : « Je suis content de ma vie », « J'ai été privilégié et les difficultés que j'ai connues m'ont permis de grandir. » Lorsque la synthèse semble négative, c'est que le sujet est encore à l'étape de réaction.

10.2 LES TYPES DE RELECTURES

Les gens sont différents et leur parcours de vie aussi. Il faut donc s'attendre à des relectures de vie variées. Comme le rôle de l'accompagnateur dépend du type de relecture du sujet, nous examinerons les cinq types de relectures qu'a définis Hétu (1994).

LA RELECTURE TERMINÉE ET PAISIBLE

Le sujet considère sa vie comme un beau tableau achevé et il en est fier. Il ne ressent plus le besoin de se situer face aux événements passés. Il peut en parler sereinement et sans grande émotion lorsqu'on lui demande de le faire. Il s'agit davantage d'un récit de vie que d'une relecture. Aucune intervention spécifique n'est nécessaire lors d'une relecture terminée et paisible.

LA RELECTURE DE CONSOLIDATION

La personne qui effectue une relecture de consolidation a déjà mis en perspective les dimensions significatives de son passé et elle n'a pas de prise de conscience à faire. L'accompagnateur doit intervenir ici, car la personne peut encore exprimer de la tristesse, de la culpabilité, de la colère, etc. Comme elle achève de se réconcilier avec son passé, ou accède à des niveaux plus profonds dans cette réconciliation, le climat est plutôt serein, et la personne n'oppose pas de résistances.

LA RELECTURE EN COURS

Lors d'une relecture en cours, le sujet explore des dimensions de son existence qui peuvent le laisser ambivalent. Il éprouve habituellement diverses émotions que l'accompagnateur peut l'aider à identifier et à exprimer. Ce dernier peut aussi amener le sujet à vaincre les résistances qui ralentissent la relecture de vie.

La relecture de Cécile, vue précédemment, était un exemple de relecture en cours. En effet, cette femme éprouvait de la colère en évoquant son passé qu'elle se refusait à partager avec ses enfants.

LA RELECTURE DÉFENSIVE

On se surprend parfois de la différence entre des faits et les souvenirs qu'une personne en a gardé. Il est vrai que le seul fait de raconter une expérience la transforme. Il est donc évident que la relecture de vie est naturellement teintée du regard subjectif que le sujet porte sur son existence.

Mais la coloration subjective est une chose, et la distorsion ou la censure de la réalité en est une autre. Lors d'une relecture défensive, le sujet censure les souvenirs douloureux ou menaçants et évite les manifestations d'émotions ou de sentiments. Il n'évoquera par exemple que les événements heureux de sa vie ou, s'il exprime quelques souvenirs plus difficiles, il ne se permettra pas de manifester ses sentiments ou il modifiera un peu les faits pour s'attribuer le beau rôle. Dans ce dernier cas, on peut intervenir subtilement pour aider le sujet à surmonter ses résistances : « Vous savez, on a souvent différentes versions d'un même événement. Avez-vous l'impression que votre femme (ou vos enfants, etc.) aurait une perception différente de ces événements ? Selon vous, comment ces différences de perception pourraient-elles s'expliquer ? »

Bref, il s'agit d'aider délicatement la personne à surmonter progressivement ses résistances et à s'occuper à son rythme de ce qui demeure problématique pour elle dans sa vie. Si les mécanismes de défense de la personne sont très puissants, il pourrait ne pas y avoir relecture. C'est alors à l'accompagnateur de favoriser l'amorce de la relecture en amenant le sujet à laisser tomber ses résistances ou son ambivalence et à parler ouvertement de son passé.

LA RELECTURE PÉNIBLE À L'ISSUE INCERTAINE

Contrairement au sujet qui fait une relecture défensive, celui qui vit une relecture pénible évoquera des souvenirs douloureux qui l'ont blessé. Il n'est alors pas rare que les conflits antérieurs non résolus refassent surface et que le sujet, dépressif, ressente du désespoir, de l'amertume, de l'anxiété et de la révolte. Les relectures pénibles sont les plus exigeantes pour l'accompagnateur qui doit aider le sujet à assumer un passé qui l'obsède et le déçoit.

Certaines relectures permettent aux gens de se libérer de lourds et anciens secrets (inceste, agression sexuelle, amour clandestin, etc.). De tels aveux peuvent survenir dans le cadre d'une relecture en cours, d'une relecture pénible, et parfois même d'une relecture défensive. Soulagé de son secret, le sujet se sent plus proche des siens et mieux à même de cheminer vers une mort sereine.

10.3 LA RELECTURE DU MOURANT ET CELLE DE L'ENDEUILLÉ

La relecture de vie du mourant et celle de l'endeuillé présentent des similarités et des différences. Ce sont deux processus de guérison ayant la même dynamique de base : il s'agit d'une tâche à réaliser. En effet, revoir sa vie et intégrer les expériences non finies est une tâche que le mourant doit accomplir. Parallèlement, l'endeuillé doit revivre sa relation avec le défunt pour s'en remémorer les aspects positifs et négatifs et réexpérimenter les sentiments qui y sont associés. Il arrive d'ailleurs que cette relecture s'entreprenne avant le décès. Les proches commencent alors à se faire une image signifiante du mourant, ils règlent avec lui ce qui était resté en suspens tout en lui faisant leurs adieux. Enfin, la relecture du mourant et celle de l'endeuillé peuvent se faire individuellement ou avec l'aide d'un ou de plusieurs confidents, qu'ils soient membres de la famille ou de l'équipe soignante.

La relecture du mourant diffère de celle de l'endeuillé par sa grande spontanéité. Elle semble en effet répondre à une impulsion irrésistible. De plus, parce qu'elle est limitée dans le temps et l'espace, contrairement à celle de l'endeuillé, la lecture réussie d'un mourant est intense et généralement porteuse de beaucoup de sérénité. L'endeuillé, pour sa part, est souvent pris par des tâches de reconnaissance de la perte, d'identification et d'expression de ses émotions. Par ailleurs, la vie continue pour lui et ses obligations familiales et professionnelles le réclament. Chez lui, le besoin de relecture cède le pas aux contingences de la vie.

LES PROCHES : TÉMOINS ET ACTEURS

Pour participer à la relecture d'un mourant ou d'un endeuillé, les proches doivent faire preuve de disponibilité. Ceux qui sont accablés par les sentiments inhérents à la perte imminente de l'être cher ou qui pensent à la disposition de ses biens sont des témoins distraits et ne peuvent être des aidants. Il en est de même des gens bien intentionnés qui ne saisissent pas trop ce qui se passe.

Par contre, il y a les témoins actifs, ou acteurs, qui, par leur attitude respectueuse, leurs talents de communication, leur capacité d'attention et d'écoute, peuvent aider l'être cher à compléter sa relecture. Ils sont assez accueillants pour recevoir les confidences et favoriser la relecture.

10.4 LES PRINCIPAUX OUTILS DE L'INTERVENANT

En se mettant à l'écoute de la relecture de vie que fait un mourant, on saura comment il se sent et ce qu'il a besoin d'exprimer. On pourra ainsi déterminer assez précisément et rapidement les émotions liées aux souvenirs qu'il raconte, et manifester de la compréhension à l'aide des moyens vus au chapitre 7.

Ainsi on utilisera souvent :

- le reflet, afin de nommer le sentiment qu'éprouve le relecteur;
- la focalisation, pour inciter la personne à dire ce qu'elle éprouve, ce qu'elle regrette, ce qu'elle désire, etc.;
- les silences attentifs, pour permettre à la personne d'évoquer ses souvenirs et d'y réagir à son gré. Ces silences sont en quelque sorte une forme de focalisation non verbale, puisqu'ils permettent au sujet de clarifier son vécu.

Les témoins actifs, quels qu'ils soient, doivent éviter :

- de clore trop rapidement la relecture, soit par des déclarations du genre « le passé, c'est le passé » ou encore en changeant de sujet;
- de hâter la relecture dans un désir d'arriver rapidement à une résolution sereine (certains accompagnateurs encouragent ainsi le sujet à pardonner prématurément, à s'abandonner à Dieu et à reconnaître que sa vie a été bonne malgré tout, etc.);
- d'écouter la narration des épisodes de vie sans aider le sujet à en approfondir la dimension émotive essentielle à l'expression des sentiments qu'ils lui inspirent;
- de projeter leurs besoins personnels en présumant que tous ont besoin de faire une relecture de vie, alors que certains l'ont terminée depuis longtemps.

LES INTERVENTIONS SELON LES ÉTAPES DE LA RELECTURE

Hétu (1994) propose différentes interventions pour faciliter la relecture en fonction des quatre étapes de la relecture de vie.

L'intervention à l'étape de l'amorce Une question ouverte, mais assez précise, permet habituellement au sujet d'amorcer sa relecture de vie. Une intervention comme : « J'aimerais que vous me racontiez un souvenir important pour vous, vous voulez bien ? » est aussi appropriée. Une démarche de relecture peut également être amorcée par un événement déclencheur ou par la prise de conscience de sa mort prochaine. L'intervenant doit alors chercher à comprendre ce que la personne dit sur elle-même pour identifier son besoin dominant.

L'intervention à l'étape de l'immersion Une fois la lecture de vie amorcée, le sujet franchit l'étape de l'immersion grâce aux reflets et aux focalisations. En effet, ces interventions permettent d'identifier les sentiments qu'éprouve le sujet et de l'amener à explorer davantage certaines dimensions de son existence. On peut aussi, grâce à des questions fermées, obtenir des renseignements sur le passé du sujet et le faire se remémorer certains événements.

L'intervention à l'étape de la réaction À cette étape, on a recours au reflet et à la reformulation. Il s'agit de faire prendre conscience au sujet de ses sentiments en l'amenant à raconter son passé et à explorer ce qu'il vit. Les focalisations, qui peuvent prendre la forme suivante : « Comment vous sentez-vous en repensant à tout ça ? », sont généralement très utiles.

L'intervention à l'étape de l'intégration Voilà le moment venu pour l'intervenant d'aider le sujet à faire une synthèse de ce qu'il a vécu, tant cognitivement qu'affectivement. Il peut encore recourir au reflet ou à la focalisation, en insistant cependant sur l'intégration des différents souvenirs partagés. L'intervenant peut dire, par exemple : « De façon générale, vous sentez-vous satisfait de votre vie ? » ou encore : « Que retenez-vous de tout ce que vous venez de me dire ? »

10.5 LES FONCTIONS D'UNE RELECTURE DE VIE

La relecture de vie est une démarche à long terme ayant plusieurs fonctions. Elle permet de jeter un regard nouveau sur le passé, de se donner une nouvelle emprise sur le présent et de se préparer activement au futur.

UN REGARD NOUVEAU SUR LE PASSÉ

En faisant une relecture de vie, on pose un regard neuf sur son passé. En se rappelant les événements et les expériences qu'on a vécus, on arrive habituellement à en dégager un sens ou à en distinguer les récurrences particulières. Le sujet qui se prête à cet exercice en vient à accepter ses erreurs et ses échecs. Il apprend à se pardonner et à accepter ses limites. Parallèlement, il fait le bilan de tout ce qu'il a accompli, intégré et appris. Sa fierté

Grâce à la relecture de vie, l'individu pose un regard neuf sur le passé, et l'emprise nouvelle qu'il a sur le présent lui permet de se préparer activement au futur.

et son estime de soi augmentent. La relecture est une démarche de pardon, de guérison et d'acceptation.

UNE NOUVELLE EMPRISE SUR LE PRÉSENT

Fort d'une estime de soi accrue et d'une fierté renouvelée, le sujet gagne une meilleure emprise sur le présent. Il a confiance en lui-même et a envie de passer à l'action. Il est résolu à éviter les erreurs passées ou à se défaire des habitudes regrettables. Il croit enfin que chaque moment est porteur de sens et réitère l'importance de savourer chaque instant.

C'est souvent lors d'une maladie ou du décès d'un être cher que les gens se tournent vers le passé pour faire le bilan de leur existence. Désireux de prendre un nouveau départ, ils entreprennent de régler les choses laissées en plan et de faire la paix avec eux-mêmes et avec les autres.

UNE PRÉPARATION ACTIVE DU FUTUR

Grâce à une relecture de vie, l'individu peut se préparer au futur, et même à sa mort. Quand on est serein et en paix avec soi-même, on craint moins l'inconnu. On envisage plus calmement l'idée de la maladie, du décès d'un proche ou de sa propre mort.

10.6 LES MOYENS POUR AMORCER UNE RELECTURE

En vieillissant, les souvenirs jaillissent du passé et certaines périodes de la vie reviennent particulièrement à la mémoire. On désire alors explorer davantage ces souvenirs pour mettre de l'ordre dans sa vie. Comment s'y prend-on ? Il y a différentes méthodes d'évocation. La plupart sont thérapeutiques et favorisent ou facilitent les échanges entre les membres de la famille ou les amis. En voici quelques-unes.

L'autobiographie écrite ou enregistrée Inspirée du travail de deux auteurs américains (Birren et Deutchman, 1991), cette trousse comprend des questions qui aident à faire une autobiographie, ou servent à guider un groupe ayant entrepris cette démarche. Ce document préparé en 1992 par Hétu est disponible au Centre d'études sur la mort de l'UQAM. Il propose les neuf thèmes de réflexion suivants.

1. *Les points tournants de ma vie.* Il peut s'agir d'événements comme le mariage, la retraite, un déménagement, etc., ou d'événements apparemment anodins comme la lecture d'un livre ou une brève rencontre avec une personne.

2. *Ma famille.* Le sujet relève les événements marquants survenus dans sa famille ou examine l'influence positive ou négative qu'ont pu avoir sur lui les différents membres du noyau familial. Il élabore sur la dynamique et les relations familiales.

3. *Mon occupation principale.* Le sujet évoque les activités dans lesquelles il a investi la majeure partie de ses énergies. Il peut s'agir de sa profession, d'activités de bénévolat, de son rôle social (parent, conjoint, etc.) ou d'un loisir, par exemple.

4. *Le rôle de l'argent dans ma vie.* Le sujet examine le rôle, la place ou l'influence que l'argent a eu dans son existence.

5. *Ma santé et mon image corporelle.* Il s'agit ici de voir l'état de santé du sujet, l'image qu'il s'est faite de son corps durant sa vie et quelle importance il a accordé à cet aspect.

6. *Mon identité sexuelle et les rôles qui y sont rattachés; mes expériences sexuelles.* L'identité sexuelle renvoie aux perceptions qu'a le sujet des hommes et des femmes, du rôle social de chacun d'eux, de son identification à son genre sexuel, etc. Le sujet peut aussi explorer ses expériences sexuelles et le rôle qu'elles ont joué dans sa vie.

7. *Mon expérience de la mort et mes idées sur le sujet.* La mort peut jouer un rôle déterminant dans un parcours de vie. Le sujet explore cette dimension en évoquant ses pertes significatives, en parlant de sa propre mort ou en réfléchissant à sa finitude.

8. *Les amours et les haines de ma vie.* Il s'agit ici d'identifier les personnes significatives dans la vie du sujet et d'examiner ces relations qui ont pu être empreintes d'amour et d'attachement profond ou encore de haine et de répulsion.

9. *L'histoire de mes aspirations et le sens de ma vie.* L'éducation et les croyances religieuses d'une personne influent grandement sur le sens qu'elle donne à sa vie. Il s'agit de dégager les valeurs et les événements qui ont donné un sens ou une direction à la vie du sujet.

Le tableau 10.1 présente par thèmes des exemples de questions tirées de cette trousse d'aide à l'autobiographie. Le sujet peut y répondre à haute voix ou par écrit. L'écriture l'incite habituellement à approfondir sa réflexion, car cet exercice exige qu'on soit cohérent, précis et qu'on parvienne à une présentation ordonnée. Quand il écrit, le sujet ne fait habituellement pas une simple réflexion abstraite, mais une introspection consolidée ayant un objectif spécifique. De plus, lorsqu'il se relit, il peut poursuivre sa réflexion en toute intimité et décider de ce qu'il veut partager ou pas avec les autres.

Tableau 10.1 Questions tirées de la trousse d'aide à l'autobiographie guidée.

THÈMES	EXEMPLES DE QUESTIONS
Les points tournants de votre vie	Quels événements de votre vie ont le plus influé sur ce que vous êtes devenu ? Il arrive que notre façon d'apprécier un événement change avec le temps. Est-ce le cas ici ?
Votre famille	De qui étiez-vous le plus proche dans votre famille et pourquoi ? Quel était le climat familial chez vous ?
Votre occupation principale	Quels ont été les plus grandes réussites de votre carrière ? Ses moments les plus pénibles ? Qu'est-ce que vous avez apprécié le plus dans cette carrière ? Le moins ?
Le rôle de l'argent dans votre vie	Vous percevez-vous comme généreux ou près de vos sous ? Expliquez. Avez-vous déjà emprunté de l'argent ? Comment vous sentiez-vous par rapport à cela ?
Votre santé et votre image corporelle	Quel était votre état de santé aux différentes étapes de votre vie, de votre enfance à aujourd'hui ? Quelle partie de votre corps appréciez-vous le moins ? Le plus ? Pourquoi ?
Identité, rôles et expériences sexuelles	Quelles ont été vos premières expériences sexuelles ? Quel genre de rapport entretenez-vous avec les personnes de l'autre sexe ?
Vos expériences et vos idées de la mort	Quelle est la mort la plus signifiante dont vous ayez été témoin ? Qu'est-ce que cette mort a changé en vous ?
Vos amours et vos haines	De quelle personne vous sentiez-vous le plus aimé ? Pourquoi ? Vos idées sur l'amour ont-elles changé au cours de votre vie ?
La signification de votre vie	Êtes-vous capable de préciser les objectifs matériels, sociaux, moraux ou religieux de votre vie ? Selon vous, quelle est la raison de l'existence ?

Le pèlerinage au sein d'un environnement physique significatif Dans cette autre méthode d'évocation, le sujet se rend dans un lieu qui lui rappelle une époque de sa vie ou des événements particuliers. Il peut s'agir de l'église de sa jeunesse, de son école, de la maison où il a grandi, etc. Il amorce alors sa relecture à partir des souvenirs suscités par cet environnement.

Le recours à un élément visuel Cette méthode consiste à utiliser un montage de photos, d'images, de dessins, de cartes géographiques, de plans de maison ou de tout autre élément visuel susceptible de rappeler des événements particuliers et de susciter l'émergence de souvenirs chez le sujet.

L'utilisation d'un objet Souvent utilisée en groupe, cette méthode consiste à utiliser un objet comme déclencheur à la relecture de vie. Un disque ou une carte postale, par exemple, peuvent rappeler une époque, des moments particuliers, des individus, etc. L'objet est apporté par le sujet lui-même ou encore emprunté.

L'évocation d'un thème spécifique Cette méthode consiste à susciter les souvenirs à partir d'un thème particulier, comme un courant musical, un rôle social (parent, étudiant, professionnel, etc.), une religion, les anniversaires de naissance, les champs de compétence, les déménagements, les vacances, etc.

La construction de sa ligne de vie Cette méthode consiste à schématiser les événements marquants de sa vie. Sur une feuille de papier qu'il subdivise horizontalement, le sujet trace une ligne en haut de laquelle il inscrit les événements significatifs heureux de sa vie. En bas de la ligne, il indique les événements marquants difficiles ou malheureux. Selon que l'événement est plus ou moins heureux, le sujet l'inscrira plus ou moins haut au-dessus ou au-dessous de la ligne, indiquant ainsi dans le temps la valeur affective de ces événements. Chaque élément ajouté à la ligne de vie en suscite habituellement un nouveau. (Cette méthode est présentée plus en détails dans la section *Pour mieux se connaître*.)

Cette énumération des méthodes de réalisation d'une relecture de vie n'est pas exhaustive. L'imagination et les besoins particuliers de chacun peuvent en susciter d'autres tout aussi appropriées.

Lavallée et Denis (1995) démontrent que le processus de deuil et la relecture de vie sont deux processus qui s'effectuent très souvent en parallèle. Les résultats de leur étude semblent démontrer qu'une intervention visant à aider les personnes aux prises avec un deuil non résolu facilite le travail de relecture de vie et que, inversement, le travail de relecture de vie tend à atténuer les difficultés inhérentes à un deuil.

La relecture de vie est une démarche d'exploration et de consolidation du sens des expériences qui ont tissé et qui tissent notre existence. Et comme le rappelle la sagesse bouddhique, les temps d'oubli importent peu, car seul compte le temps où l'on se rappelle. En relisant sa vie, on se réconcilie avec ce qui a été et avec ce qui est afin de mieux apprivoiser ce qui sera.

POUR MIEUX SE CONNAÎTRE

INTROSPECTION

Ligne de vie

1. Tracez votre ligne de vie. Sur une feuille de papier, tirez un trait horizontal au début duquel vous indiquerez le jour de votre naissance et le chiffre 0. Anticipez la date éventuelle de votre mort. Inscrivez-la à la fin de la ligne avec l'âge correspondant.

2. Situez les événements marquants de votre vie à l'endroit correspondant sur la ligne, en précisant l'âge que vous aviez alors. Vous inscrirez les éléments qui vous ont semblé les plus positifs (au moment où vous les avez vécus) plus haut au-dessus de la ligne horizontale. De même, vous inscrirez plus bas sous la ligne les éléments qui vous avaient semblé négatifs. Le schéma qui suit présente un exemple abrégé de ligne de vie.

Exemple de ligne de vie

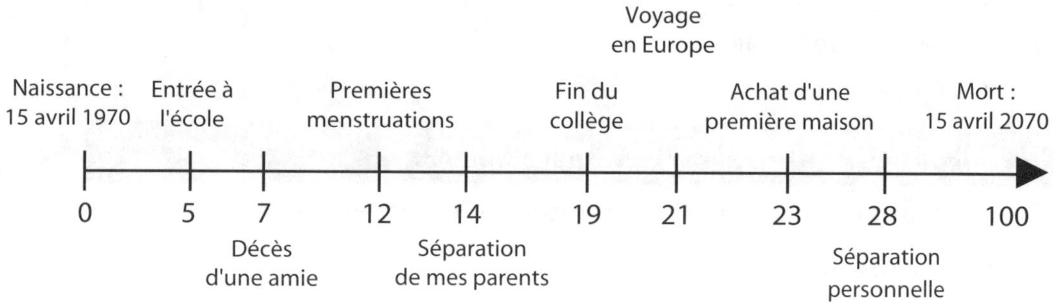

3. Que pensez-vous de votre ligne de vie ? Y a-t-il des événements que vous perceviez négativement quand ils se sont produits et qui vous semblent maintenant positifs, et vice versa ?[1]

Mon âge, ma vie, ma mort

1. De façon générale, comment votre vie s'est-elle déroulée jusqu'à maintenant ? A-t-elle été facile ou difficile ? Précisez.
2. Quelles ont été ou quelles seront les années les plus heureuses de votre vie ? Pourquoi ?
3. Quelles ont été ou quelles seront les années les plus difficiles de votre vie ? Pourquoi ?

---

1. Cet exercice est inspiré de Pfeiffer et Jones, 1982, p. 250-253.

4. Quels seront vos objectifs de vie à partir de maintenant ? Que ferez-vous pour y parvenir ?
5. Qu'est-ce qui vous donne l'impression de croître, de vous actualiser ?
6. Selon vous, jusqu'à quel âge vivrez-vous ? Sur quoi fondez-vous cette projection ?

Rétrospective

Indiquez ce qui a été ou ce qui est le plus significatif pour vous dans chacune des catégories suivantes.

Votre famille d'origine

Vos amitiés

Vos relations amoureuses

Votre famille de procréation (conjoint, enfants)

Les objets significatifs de votre vie

Votre identité sexuelle

Votre image corporelle

Votre spiritualité

Vos jeux et vos loisirs

Vos études et votre travail

POUR DÉVELOPPER SA COMPÉTENCE

Prenez connaissance de la relecture de madame Pelletier. Répondez ensuite aux questions.

La relecture de madame Pelletier

Madame Pelletier se fait une gloire de ses maladies dont elle parle abondamment. Une intervenante l'interroge.

> « Madame Pelletier, quel fait marquant de votre vie pourriez-vous me raconter ?
>
> – Mon deuxième mariage avec Bernard. Je ne l'aimais pas autant que mon premier mari, mais c'était un homme très bon qui n'avait pas été heureux avec sa première femme. Elle avait été malade pendant 25 ans. Il vivait en centre d'accueil avec moi, et je l'ai épousé pour suivre les conseils de mon fils qui croyait que je me sentirais ainsi moins seule.
>
> Je n'avais pas envie de vivre avec un autre homme qu'Arthur. J'avais été si heureuse avec lui ! Il avait 41 ans quand il est mort. Il avait trop travaillé. Il voulait toujours plus d'argent pour voyager. Je ne regrette pas ces voyages-là, mais j'aimais mieux rester à la maison et recevoir. Il y avait toujours beaucoup de monde chez nous.
>
> Arthur travaillait continuellement. Je ne voulais pas l'ennuyer avec mes affaires. J'ai tellement pleuré quand il est mort ! J'ai pensé devenir folle, tant je l'aimais. C'est là que j'ai commencé à être malade.
>
> – Si vous aviez beaucoup de monde dans votre entourage, vous avez dû vous sentir soutenue durant cette épreuve ?

– Il y avait des gens autour de moi, mais je n'ai pas voulu les ennuyer avec mon chagrin. J'ai continué à m'occuper de mon fils et de ma belle grande maison, jusqu'à ce que je la vende pour venir ici.

– Ça a été difficile pour vous de vous défaire de votre maison ?

– Ah oui ! Ça a été très difficile de me départir des objets auxquels je tenais beaucoup.

– Qu'est-ce que vous en avez fait ?

– Je les ai donnés.

– Savez-vous si les gens les ont conservés ?

– Je ne sais pas. J'ai déménagé ici et j'ai rencontré Bernard, qui était très bon. Ses enfants m'ont bien acceptée jusqu'à ce qu'il ait son attaque. Je ne suis pas allée à l'enterrement parce que je m'étais fracturée la hanche et j'étais à l'hôpital. Bernard m'avait légué toute sa fortune, moi qui n'avais pas besoin d'argent. Ça n'a évidemment pas fait l'affaire de ses enfants. Sa fille a juré de ne jamais le lui pardonner. Comme de raison, nos relations se sont détériorées.

– Si vous pouviez recommencer votre vie, y a-t-il quelque chose que vous changeriez ?

– Absolument pas ! J'ai été très heureuse. »

Questions

1. À quelle étape de sa relecture de vie Mme Pelletier se trouve-t-elle ? Justifiez votre réponse.
2. De quel type de relecture s'agit-il ? Justifiez votre choix.
3. En vous référant au chapitre 7, si nécessaire, dites quelles interventions on a pratiquées auprès de Mme Pelletier. Dites en quoi elles sont aidantes ou pas.
4. Quelle intervention alternative aurait-on pu faire ? Donnez des exemples.

QUESTIONS DE RÉVISION

1. Vous devez donner une conférence sur la relecture de vie. Dégagez cinq éléments de définition et expliquez-les brièvement. Ensuite, décrivez quatre moyens de faciliter une relecture de vie.
2. Voici quelques phrases tirées de la relecture de vie de Philippe. Dites à quelle étape de la relecture de vie elles correspondent.
   a) Quand je revois cette guitare, ça me rappelle mes 17 ans. Je me sentais mature et sûr de moi. J'enviais la liberté des plus vieux et je désirais secrètement l'amoureuse de mon père.
   b) J'y repense aujourd'hui avec nostalgie. Je suis encore amoureux de cette femme à qui je n'ai jamais avoué les sentiments qu'elle m'inspirait.
   c) Avec le recul, toutefois, je me rends compte que j'ai été privilégié de rencontrer cette femme. Cela m'a permis de mieux me connaître.

3. Indiquez à quel type de relecture de vie, selon Hétu, les énoncés suivants correspondent.
   a) Lorsque j'observe ma vie, je constate que c'est ma plus belle création. C'est comme une œuvre d'art et j'en suis fier.
   b) Malgré une certaine tristesse, je me sens sereine. Les voyages que j'ai faits dans ma vie m'ont enrichie spirituellement.
   c) Je n'ai pas envie de parler de cette relation. Ça ne sert à rien de ressasser les vieux souvenirs. Ce qui est passé est passé.
   d) J'ai tellement souffert ! J'ai l'impression que je ne lui pardonnerai jamais de m'avoir volé mon innocence, mon enfance.
4. Quelles sont les principales similarités et distinctions entre la relecture du mourant et celle de l'endeuillé ?
5. Expliquez pourquoi le reflet et la focalisation sont les deux principales interventions à utiliser lors d'une relecture de vie.

Clin d'œil...

Un homme confie à un intervenant :

« Les enfants sont bien ingrats. J'ai fait des sacrifices toute ma vie pour que ma fille devienne médecin et aujourd'hui, savez-vous comment elle me traite ?

– Non, comment ?

– Elle m'interdit de fumer et de boire de l'alcool ! »

Paroles de sage

Si j'avais à revivre ma vie...

J'aimerais faire plus d'erreurs la prochaine fois. Je me détendrais. Je me dégourdirais, je serais plus folle que je ne l'ai été cette fois-ci. Je prendrais moins de choses au sérieux. Je prendrais plus de chances. Je gravirais plus de montagnes et traverserais plus de rivières. Je mangerais plus de glaces et moins de fèves. J'aurais probablement plus de problèmes réels, mais beaucoup moins d'imaginaires. Voyez-vous, je suis une de ces personnes qui vivent sensément et raisonnablement, heure après heure, jour après jour. Oh ! j'ai eu mes moments, et si j'avais à recommencer, j'en aurais davantage ! En fait, je tâcherais de n'avoir que cela, simplement des moments, les uns après les autres, plutôt que de vivre tant d'années à l'avance. J'ai été une de ces personnes qui ne vont nulle part sans un thermomètre, une bouillotte, un imper et un parachute. Si j'avais à refaire le même chemin, je voyagerais plus léger.

Si j'avais à revivre ma vie, je commencerais à aller nu-pieds plus tôt au printemps et je continuerais ainsi plus tard à l'automne. J'irais danser plus souvent. Je me promènerais sur les manèges davantage. Je cueillerais plus de marguerites.

(Nadine Stair (85 ans) dans Gaboury, 1993, p. 127-128)

11
chapitre

Le développement professionnel

« (...) La vie me paraît étrange tant la mort m'est familière. (...) Je réapprivoise les gestes les plus banals parce que je n'arrive plus à regarder, à écouter ou à parler. Il est si difficile d'oublier des yeux, un visage, un souffle qui s'éteignent à tout jamais. »

(Olivier, 1994, p. 34-35)

Sommaire

Il semble que les intervenants les plus heureux et les plus efficaces entretiennent généralement une perception adéquate des exigences de leurs tâches, qu'ils aient une bonne connaissance d'eux-mêmes et qu'ils sachent gérer leur stress. Dans ce dernier chapitre, nous explorerons les stratégies à adopter pour apprécier son travail et continuer à se développer professionnellement et humainement.

11.1 LES COMPOSANTES DU TRAVAIL

Travailler, c'est se dépenser physiquement et psychologiquement pour produire des biens ou des services répondant aux besoins des autres. Un travail procure habituellement des ressources financières et, idéalement, l'occasion de se questionner sur le sens de la vie. Il répond à des motivations personnelles et permet d'exercer ses compétences. Voyons comment les composantes de cette définition s'appliquent dans un travail relié à la mort et au deuil.

Dépenser de l'énergie physique et psychologique Les intervenants auprès des endeuillés travaillent dans un milieu où les tensions abondent. Leur dépense d'énergie psychologique est considérable, car les gens auxquels ils apportent des services sont en situation de demande. De plus, le contact quotidien avec la souffrance et la finitude est source de bouleversements émotifs.

Produire des biens ou offrir des services Le travail relié à la mort et au deuil consiste généralement à offrir des services dans le cadre d'une relation aidante. La capacité des intervenants à participer à une telle démarche suppose non seulement qu'ils sachent mettre en pratique les connaissances particulières qu'ils ont acquises, mais aussi un certain savoir-faire et un « savoir-être ».

Répondre à des besoins extérieurs à soi Lorsqu'on fait preuve de disponibilité en contexte funéraire, comme dans d'autres contextes d'ailleurs, on ne sait jamais jusqu'où ira la démarche qu'on entreprend auprès d'un client. Certaines interventions sont ponctuelles et visent à répondre à un besoin précis (préarrangements, choix du cercueil, accueil des proches, etc.), d'autres, plus englobantes et prolongées (accompagnement, thérapie, etc.) répondent à des besoins psychologiques, sociologiques ou spirituels.

Se procurer des ressources financières ou des gains personnels En général, le travail est un acte rémunéré qui peut aussi apporter une valorisation sociale ou personnelle. Pour évaluer son temps d'accompagnement de personnes souffrantes, il importe de définir clairement ses attentes et de respecter ses limites en fonction des gains (monétaires ou autres) que procurent les tâches accomplies. Bien que cela soit parfois difficile, il faut savoir garder la distance professionnelle nécessaire à son épanouissement, sans pour autant s'empêcher de goûter et d'aimer ce qu'offre chaque relation.

Dans ce chapitre, nous explorerons quelques-unes des habiletés et attitudes qui permettent de parvenir à cet équilibre.

Se questionner sur le sens de la vie Il arrive qu'on ait du mal à trouver un sens à l'aventure humaine lorsqu'on songe à l'inéluctable issue de la vie. Chaque fois qu'on aide une personne endeuillée, on est renvoyé à sa propre souffrance potentielle ainsi qu'à ses questionnements sur la mort. Cette confrontation porte en elle-même le risque de se laisser envahir et celui de se fermer pour se retirer de la relation. Ces réactions sont compréhensibles; elles font partie de la démarche d'apprivoisement de la mort et de recherche d'un sens à la vie. Avec le temps, on finit par trouver une façon d'entrer en relation avec autrui tout en sauvegardant son propre confort psychologique.

Répondre à des motivations personnelles et permettre d'exercer ses compétences Choisir d'intervenir dans le milieu du deuil et de la mort est rarement anodin. Beaucoup d'auteurs expliquent ce choix d'un travail relié à la relation d'aide par un désir de l'aspirant de guérir ses parents qu'il perçoit comme souffrants, blessés ou déprimés. Dans *Le drame de l'enfant doué*, Alice Miller (1990) décrit les thérapeutes comme des enfants doués qui répondent aux attentes de leurs parents en cherchant à les soulager d'une souffrance qu'ils ne perçoivent que trop bien. Frappier (1989) démontre qu'un vécu préalable — expériences de pertes, manifestations de sollicitude, développement de compétences à s'occuper des autres, etc. — est souvent caractéristique des intervenants, mais avouons qu'il n'est pas toujours simple de déterminer ses propres motifs. Les démarches d'exploration personnelle proposées à la fin de chaque chapitre vous aideront à clarifier vos motivations et à progresser dans la connaissance de soi.

11.2 LES MOYENS POUR PRENDRE SOIN DE SOI ET SE RESSOURCER

Les intervenants, on l'a vu, exercent une activité très exigeante sur le plan psychologique et émotif. Il est donc impératif, en relation d'aide, d'adopter des comportements et des attitudes qui favorisent un cheminement professionnel harmonieux. En voici quelques-uns.

PERCEVOIR SON TRAVAIL D'UNE FAÇON RÉALISTE

L'une des façons de progresser dans la connaissance de soi est de prêter attention aux croyances qu'on entretient sur soi-même, souvent sans le savoir, de même qu'aux pensées qui orientent ses comportements.

Le psychologue américain Albert Ellis (1977) s'est aperçu que plusieurs de ces croyances et pensées sont irréalistes et irrationnelles, et qu'elles peuvent à la longue mener à l'épuisement. Selon lui, ce ne sont donc pas les événements extérieurs qui causent et qui déterminent la nature des émotions, mais bien l'interprétation que chacun en fait (figure 11.1). Par exemple, lorsqu'on pense : « J'ai fait de mon mieux » ou « J'ai du pouvoir sur ma vie », on ressent de la satisfaction et un sentiment d'accomplissement. Si, au contraire, on se dit : « Je n'aurais pas dû... » ou « Je suis incapable de... », on ressent de la culpabilité, du stress, de la tristesse, etc.

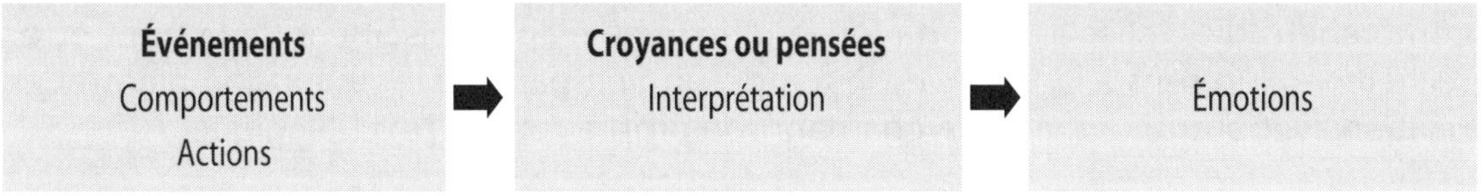

Figure 11.1 L'interprétation des événements.

Les croyances irrationnelles sont les jugements (ou « pensées jugeantes ») que nous portons sur nous-mêmes, les autres et ce qui nous entoure. Le premier pas à franchir pour prendre soin de soi est de modifier ces croyances irréalistes. Celles-ci peuvent être classées dans sept catégories (Adler, 1998) : illusion de perfection, illusion d'approbation, illusion des impératifs, illusion des généralisations excessives, illusion de causalité, illusion d'impuissance et illusion de prévision catastrophique (tableau 11.1).

ILLUSION DE PERFECTION

L'illusion de perfection correspond à la croyance irrationnelle qu'il est possible d'être parfait. S'accorder le droit à l'erreur et détruire l'édifice de la culpabilité est pourtant essentiel. On peut, par exemple, être moins habile pour intervenir auprès de telle communauté ethnique et se rendre compte, après coup, qu'il aurait été préférable d'agir différemment. Il faut alors considérer ses limites, les respecter et les accepter. Il faut saisir que certaines situations sont l'occasion d'apprendre plutôt que l'obligation d'exceller. D'ailleurs, l'idée de perfection est toute relative; ce qui compte, c'est de donner le meilleur de soi en demeurant conscient que les habiletés varient selon les moments et les situations.

ILLUSION D'APPROBATION

L'illusion d'approbation correspond à la croyance irrationnelle qu'il est possible d'être aimé et approuvé de tous. On cherche alors sans cesse l'approbation des autres et toute valorisation de soi passe par eux. Pourtant, il est inévitable que certains soient en désaccord avec nous ou qu'il soit occasionnellement difficile d'interagir avec d'autres. Cela accepté, la désapprobation d'autrui cesse de nous troubler.

ILLUSION DES IMPÉRATIFS

L'illusion des impératifs consiste à être mécontent de ce que ses désirs ne se confondent pas avec la réalité. On se plaint alors continuellement : « Je devrais être mieux rémunéré. Mon employeur et mes collègues devraient être plus reconnaissants... » On critique et entretient des préjugés contre ceux qui sont différents de soi, estimant qu'ils ont tort. On a tendance à vouloir que la réalité soit différente de ce qu'elle est. En posant un regard plus aimant sur l'entourage et en acceptant les particularités de chacun, on s'évitera les réactions défensives et l'on sera plus satisfait.

On peut parfois entretenir des illusions combinées. Ainsi, Yves, qui trouve que sa collègue devrait être plus performante, qu'elle devrait investir plus de temps dans l'entreprise, entretient simultanément l'illusion des impératifs et celle de perfection en aspirant à la collègue idéale.

ILLUSION DES GÉNÉRALISATIONS EXCESSIVES

La personne qui use de généralisations excessives fonde ses perceptions sur un seul élément et en tire des conclusions. Cette tendance peut être projetée sur les autres ou être portée sur soi-même. Ainsi, on peut dire qu'une personne est toujours en retard ou qu'elle n'écoute jamais. Les qualificatifs « toujours » et « jamais » généralisent un comportement ponctuel. De même, en se répétant des messages comme « Je suis vraiment nul » ou « Je n'ai aucune volonté », on favorise l'émergence de pensées négatives par généralisation excessive.

ILLUSION DE CAUSALITÉ

L'individu qui entretient l'illusion de causalité croit que les autres provoquent ses émotions ou qu'il est responsable des émotions des autres. Cette croyance pourra l'amener à feindre, de peur de susciter des émotions désagréables chez autrui. Rappelons-nous que si les gens de notre entourage réagissent à nos comportements ils n'en restent pas moins responsables de leurs émotions, puisque celles-ci dépendent de leurs propres réflexions intérieures. Il en est de même de nos émotions.

Par exemple, Nathalie, qui est en colère contre Paul qui ne l'a pas remerciée comme les autres et qui se dit fâchée « à cause de lui », devrait se rendre compte qu'elle est irritée parce qu'elle croit que Paul aurait dû agir autrement (illusion des impératifs) et qu'elle aimerait être reconnue de tous (illusion d'approbation), etc. Elle génère donc ses propres émotions et entretient une illusion de causalité.

ILLUSION D'IMPUISSANCE

Soumis à l'illusion d'impuissance, nous croyons que notre vie est régie par des facteurs hors de notre contrôle. Il s'agit d'une croyance irrationnelle, puisque nous avons tous des qualités personnelles et professionnelles qui nous donnent du pouvoir sur notre vie. Nous pouvons donc répondre à nos besoins sans attendre que les autres le fassent. Notre bonheur dépend de nous. En apprenant à être créatifs, en faisant l'inventaire de nos aptitudes et en tenant compte de la réalité, nous nous rendons compte que nous pouvons diriger notre vie et empêcher les événements extérieurs de nous bousculer à outrance.

Par exemple, bien qu'affligée par la mort de son mari, une femme, consciente qu'elle peut contrôler sa tristesse, décide de lire au sujet de la mort et de se joindre à des groupes d'entraide, etc. Deux ans plus tard, elle pense encore souvent à son époux, mais remercie la vie de lui avoir donné deux filles et tant de ressources de toutes sortes.

ILLUSION DE PRÉVISION CATASTROPHIQUE

L'illusion de prévision catastrophique est la croyance irrationnelle que si un événement négatif peut survenir il surviendra. Par exemple, les réflexions suivantes pourraient être le fait de personnes qui entretiennent ce genre d'illusions : « Si je perds mon emploi, je vais me retrouver sans revenu », « C'est inutile de tenter de lui expliquer, elle ne comprendra pas », « Si je lui dis ce que je pense, il me ridiculisera », etc. Or, il faut se rappeler qu'on peut remplacer une prévision défaitiste par une prévision positive. Sans sombrer dans l'optimisme béat, on peut spéculer sur les conséquences possibles d'une action en évitant les scénarios catastrophistes. Le pouvoir de réaliser ses rêves ne dépend-il pas en partie de la confiance qu'on a dans la vie ?

Tableau 11.1 Les pensées irrationnelles.

ILLUSION DE PERFECTION	■ Je dois pouvoir me sentir parfait en tout temps. ■ Je dois performer dans tout ce que je fais. ■ Je dois être très compétent et être considéré comme tel. ■ Je dois faire face à toutes les situations avec confiance et habileté. ■ Je dois savoir dissimuler mes défauts et mes faiblesses. ■ Je ne dois pas montrer que je vis des difficultés. ■ Je ne dois pas admettre m'être trompé. ■ Je dois toujours être maître de la situation. ■ Les choses doivent se dérouler comme je l'ai prévu. ■ C'est catastrophique si je commets une erreur.
ILLUSION D'APPROBATION	■ Je dois être aimé par tous en tout temps. ■ Je dois jouir de l'approbation unanime de mon entourage en tout temps. ■ Je suis très inquiet si des personnes semblent me désapprouver. ■ C'est affreux d'être critiqué. ■ Je m'excuse même si ce sont les autres qui sont fautifs. ■ Il est souhaitable d'oublier ses valeurs et ses principes pour s'adapter à ceux des autres. ■ Je suis prêt à jouer la comédie pour être bien intégré dans un groupe.
ILLUSION DES IMPÉRATIFS	■ Tout doit aller comme je le désire. ■ La vie est épouvantable si je n'atteins pas toujours mes objectifs. ■ Il est normal de ne pas accepter ce qui est. ■ Il est préférable de vouloir changer la réalité. ■ Les autres doivent changer. ■ Il n'y a qu'une bonne façon de procéder.

ILLUSION DES GÉNÉRALISATIONS EXCESSIVES	■ Je peux fonder une croyance sur les autres ou sur moi-même à partir d'une seule caractéristique. ■ Je dois absolument critiquer lorsqu'une erreur est commise. ■ Il est normal de focaliser sur les défauts d'une personne. ■ Les faiblesses déterminent la personnalité d'un individu. ■ Amplifier des défauts ou des insatisfactions incite au changement.
ILLUSION DE CAUSALITÉ	■ Je dois toujours être affecté par les malheurs de mon entourage. ■ Je dois prendre garde de faire sans cesse de la peine aux autres. ■ Toutes les émotions que j'éprouve dépendent des autres. ■ Il est normal que je me sente obligé de rendre visite à quelqu'un. ■ Il est évident que je suis contrarié si quelqu'un fait quelque chose qui me déplaît. ■ Les personnes qui ont tort ou qui sont méchantes doivent être punies.
ILLUSION D'IMPUISSANCE	■ Que ma vie m'apporte satisfaction ne dépend pas de moi. ■ Il est trop tard pour que je change. ■ Mon signe astrologique détermine ce que je suis. ■ Je n'ai pas de prise sur mon bonheur.
ILLUSION DE PRÉVISION CATASTROPHIQUE	■ Si quelque chose de mauvais est susceptible d'arriver, cela arrivera. ■ Si j'essaie de parler de ce qui ne va pas, cela va empirer les choses. ■ Tout finit par mal tourner. ■ Je suis préoccupé ou bouleversé par un danger potentiel.

L'intervenant qui prend conscience de ses illusions ou de ses croyances irrationnelles peut les modifier et prévenir ainsi certaines émotions désagréables. Il doit initialement identifier l'événement déclencheur et surtout reconnaître l'interprétation qu'il en fait, puisque c'est d'elle que découlent ses émotions. Il ne s'agit pas de devenir froid et impassible, mais de penser plus rationnellement de façon à préserver son bien-être dans des situations difficiles.

SE CONNAÎTRE ET EXPLORER SES PROPRES PERTES

Au contact du chagrin des affligés, l'intervenant est amené à renouer avec les émotions liées à ses propres pertes. Gaboury (1984) précise qu'il y a plusieurs façons d'aider les autres à composer avec leur souffrance, mais qu'il faut soi-même avoir sondé la profondeur de la douleur humaine pour y parvenir. Les intervenants sont parfois portés à se protéger en se limitant aux aspects plus techniques de leur travail. Pourtant, ceux qui se laissent toucher et entreprennent une démarche personnelle face à leurs propres pertes développent une qualité de présence incomparable auprès des endeuillés. Ils accèdent ainsi à un bien-être personnel plus intense et sont plus satisfaits professionnellement. Grâce à ce meilleur équilibre émotionnel, leurs interventions gagnent en efficacité. En effet, quand par introspection on a saisi l'origine de sa propre souffrance, on comprend et on aide plus aisément les autres. On peut alors se concentrer sur le malaise de l'endeuillé et l'inviter avec respect à l'exprimer et à en explorer la nature et la source.

VIVRE UNE MULTITUDE D'ÉMOTIONS

Rolland (1994) constate que les intervenants sont habituellement plus touchés par les situations de perte lorsque leurs clients vivent des situations similaires aux leurs. Ainsi un embaumeur à qui on avait confié la dépouille d'une enfant qui ressemblait à sa fille fut, pendant des semaines, pris d'une tristesse profonde. Par contre, certains évitent au contraire de ressentir ou d'exprimer des émotions souffrantes. Ils tentent de s'y dérober, de ne pas y prêter attention ou encore de les contrôler.

On est spontanément porté à croire qu'il y a de « bonnes » et de « mauvaises » émotions. Par exemple, on aime se sentir aimé, respecté et en sûreté, et on déteste se sentir inquiet, coupable ou triste. Pourtant, toute émotion est source d'apprentissages. Ne dit-on pas : « Si tu as peur, tremble » ? En effet, l'être humain ne se réalise pleinement qu'en affrontant la partie souffrante de son être. Une souffrance niée ou refoulée s'imprègne dans le corps et prive l'individu d'une énergie vitale indispensable à sa créativité et à son bien-être. Accueillir les émotions, même si elles sont génératrices de souffrance, donne habituellement accès par la suite à la joie et à la sensation de vivre intensément.

Il arrive que l'on pare à une émotion en lui en substituant une autre qui semble plus acceptable ou plus facile à exprimer. Lorsque Vincent est triste, par exemple, il se montre colérique. À l'inverse, lorsqu'elle est en colère, Linda semble triste. Au travail, Vincent éprouve colère et agressivité face à la tristesse des gens. À l'inverse, lorsqu'elle est contrariée, Linda craint la colère de ses clients et se sent très mal à l'aise quand l'un d'eux hausse le ton.

Les difficultés personnelles à vivre certaines émotions sont aussi professionnellement limitatives, car elles entravent nos relations d'aide en nous rendant moins réceptifs à ceux chez qui nous rencontrons ces mêmes émotions. On pourra chercher à les éviter de crainte d'être mis en contact avec cette souffrance non accueillie et non vécue. On ne peut accompagner quelqu'un dans son univers émotif au-delà du point que l'on a soi-même atteint.

Mais il y a un temps et un lieu pour chaque chose, et l'exploration personnelle de ses sentiments n'a pas sa place dans une pratique professionnelle. On imagine mal des intervenants se mettre à pleurer ou exprimer colère et mécontentement devant des clients. Il faut savoir reporter continuellement l'expression de ses émotions, et découvrir pour soi-même la forme qu'elle prendra. On peut choisir par exemple de dessiner, d'écrire ou de symboliser un état émotif.

BÉNÉFICIER D'UN LIEU DE PAROLE

Les intervenants devraient bénéficier de ressources en milieu de travail ou à l'extérieur qui leur permettent de s'exprimer émotivement et de partager leurs expériences : groupe de soutien, supervision clinique individuelle ou de groupe, activités sociales, etc.

En effet, la mort jette bas les certitudes. Un lieu d'échange et de questionnement permet d'explorer ses sentiments et de troquer le rôle d'aidant pour celui d'aidé. Des rencontres périodiques entre collègues ayant des affinités devraient être organisées pour contrer le stoïcisme que les professionnels de la santé et des services sociaux en viennent à cultiver.

SE RÉVÉLER PAR L'UTILISATION DES MESSAGES-JE

Il faut éviter l'impasse relationnelle découlant de la difficulté à exprimer ses sentiments en certaines occasions. Il arrive que, dérangés par l'attitude de quelqu'un ou irrités par une situation particulière, l'on s'en prenne à autrui en le blâmant. Bien sûr, ce genre de réactions ne réussit qu'à mettre l'autre sur la défensive. Il se sent jugé, incompris et victimisé, ce qui n'améliore pas la situation.

Pour exprimer ses frustrations et amorcer une communication saine et authentique, il est bon de recourir au message-je, car ce moyen favorise généralement un climat de réceptivité. Par ce type de communication respectueux, on témoigne de l'importance que l'on accorde à la relation que l'on entretient avec son interlocuteur. On reconnaît sa différence et on l'exprime sans pour autant l'imposer ou la faire valoir comme meilleure. Tout en envisageant la possibilité d'une désapprobation de l'autre, on privilégie l'ouverture et le respect mutuel.

Les composantes du message-je

Le message-je a trois composantes. L'ordre dans lequel elles sont présentées a peu d'importance. L'expression des émotions et des sentiments en demeure toutefois l'élément prioritaire.

1. On décrit le comportement, l'attitude ou encore les paroles qui nous posent problème (ou qui nous procurent une grande satisfaction). Il importe d'éviter tout blâme ou jugement. On dira par exemple :

   « Lorsque tu arrives en retard... »

   « Lorsque tu ne respectes pas les consignes... »

   « Lorsque tu me souris... »

2. On précise l'émotion ou le sentiment qu'on éprouve véritablement. C'est l'élément clé du message-je. Pour ce faire, il faut être attentif aux conséquences qu'ont eues sur nous les comportements, les attitudes ou les paroles de l'autre. On dira par exemple :

   « ... je suis vraiment inquiète... »

   « ... je suis déçu... »

   « ... je suis particulièrement content... »

3. On explique en quoi ce comportement, cette attitude ou cette parole nous dérange ou nous satisfait. On en précise les effets sur nous, ce qui incite souvent l'interlocuteur à changer d'attitude sans qu'il se sente jugé pour autant. On précisera par exemple :

   « ... parce que j'ai peur qu'il te soit arrivé malheur. »

   « ... parce que j'ai l'impression que tu n'as pas prêté attention à ce que j'ai dit. »

   « ... parce que j'ai l'impression que tu m'aimes bien. »

En communiquant à la personne concernée ce que nous ressentons, nous la disposons à s'ajuster à nos besoins. Elle réagira de façon moins défensive, puisqu'elle ne se sentira pas attaquée, jugée (« tu es toujours en retard »), commandée, menacée (« tu es mieux d'arriver à l'heure ») ou tancée (« tu ne pourras jamais garder un emploi si... »). Les messages-je ne sont pas infaillibles, mais ils favorisent généralement une communication franche et directe.

GÉRER SON STRESS ET ÉVITER L'ÉPUISEMENT

Selon Hans Selye (1974), le stress est l'ensemble des réactions grâce auxquelles l'organisme peut rester adapté à toutes les agressions physiques ou psychologiques. Voyons ce phénomène un peu plus attentivement en examinant les sources du stress, ses conséquences et les moyens de l'atténuer.

LES AGENTS STRESSANTS

Le stress est présent, à des degrés divers, dans toutes les circonstances de la vie. En voici les principaux agents.

Les changements de vie Holmes et Rahe (1967) considèrent que les changements, heureux ou malheureux, sont créateurs de stress, et qu'en trop grand nombre ils peuvent amener des problèmes de santé. Ces chercheurs ont conçu une échelle des changements auxquels ils attribuent un nombre d'unités. Plus ce nombre est élevé, plus le changement est susceptible d'être un élément stressant (tableau 11.2).

Tableau 11.2 Échelle d'évaluation des changements.

Rang	Situations	Unités de changement
1	Décès du conjoint	100
2	Divorce	73
3	Séparation	65
4	Emprisonnement	63
5	Décès d'un membre de la famille immédiate	63
6	Blessure ou maladie	53
7	Mariage	50

8	Licenciement	47
9	Réconciliation avec le conjoint	45
10	Retraite	45
11	Changement de l'état de santé d'un membre de la famille	44
12	Grossesse	40
13	Troubles d'ordre sexuel	39
14	Ajout d'un nouveau membre à la famille	39
15	Changement d'ordre professionnel	39
16	Changement d'ordre financier	38
17	Décès d'un ami intime	37
18	Changement d'activité professionnelle	36
19	Augmentation de la fréquence des disputes avec le conjoint	35
20	Hypothèque excédant 10 000 $	31
21	Saisie d'un bien hypothéqué ou récupération d'un prêt	30
22	Changement de responsabilités professionnelles	29
23	Enfant qui quitte le foyer	29
24	Ennuis avec la parenté	29
25	Réalisation personnelle remarquable	28
26	Époux(se) nommé(e) à un nouveau poste ou licencié(e)	26
27	Retour en classe ou fin des classes	26
28	Changement de conditions de vie	25
29	Transformation des habitudes de vie	24
30	Ennuis avec un patron	23
31	Modification de l'horaire ou des conditions de travail	20
32	Déménagement	20
33	Changement d'école	20
34	Changement d'activités récréatives	19
35	Changement d'activités religieuses	19
36	Changement d'activités sociales	18
37	Hypothèque ou prêt inférieur à 10 000 $	17
38	Modification des habitudes de sommeil	16
39	Modification de la fréquence des rencontres familiales	15
40	Modification des habitudes alimentaires	15
41	Vacances	13
42	Noël	12
43	Infractions mineures aux lois	11

Source : T.H. Holmes et R.H. Rahe, « The Social Readjustment Rating Scale », *Journal of Psychosomatic Research*, vol. II, Pergamon Press, 1967.

Les tracas de la vie quotidienne Lazarus et ses collègues (1985) considèrent surtout les agents stressants qui font partie du quotidien : tracas ménagers, ennuis de santé, tracas temporels (manque de temps), difficultés personnelles (relations conflictuelles, solitude, etc.), tracas environnementaux, ennuis financiers, soucis professionnels, inquiétude de sécurité à long terme.

Les frustrations et les conflits Ne pas réaliser un objectif peut causer du stress. L'employée, par exemple, qui n'a pas reçu l'augmentation de salaire qu'elle a demandée à son patron est frustrée dans ses aspirations, car elle considère que son travail mérite d'être mieux rémunéré. Cela suscite en elle un stress lorsqu'elle accomplit ses tâches.

LE STRESS ET L'ÉPUISEMENT PROFESSIONNEL

Au travail, il arrive qu'il faille répondre à des demandes excessives ou contradictoires. Il se peut aussi que l'on s'impose des standards très élevés dans l'idée d'être appréciés ou reconnus. D'une manière ou de l'autre, on en vient à manquer d'énergie pour poursuivre ses activités.

Les principaux signaux avertisseurs de l'épuisement professionnel sont la fatigue inhabituelle, une diminution de l'efficacité, le cynisme, le désenchantement, la tristesse diffuse, les oublis, la distraction, la colère, l'irritabilité, l'isolement, la diminution de l'activité sexuelle, le manque de temps, la perte du sens de l'humour, etc.

On reconnaît généralement six phases progressives dans l'évolution de l'épuisement professionnel.

1. L'individu considère ses activités comme stimulantes et source de défi. Enthousiaste et idéaliste, il croit qu'il peut réaliser plusieurs projets, seul et à la perfection.
2. L'individu se sent de plus en plus fatigué. Ses habitudes alimentaires et son sommeil sont perturbés. Moins enthousiaste, il croit cependant que ces désagréments sont passagers et qu'il arrivera à réaliser tous ses projets.
3. Malgré ses efforts, l'individu se sent dépassé. Des problèmes de concentration, de mémoire ou de créativité lui donnent l'impression de perdre le contrôle sur sa vie.
4. L'individu se sent pris dans un tumulte émotif. Il est irritable, cynique ou impatient. Parallèlement, il se sent triste et prend conscience du déséquilibre de sa vie. Il s'interroge sur ses désirs véritables.
5. Parce que son rendement a diminué, l'individu se sent peu efficace. Ses relations interpersonnelles sont perturbées; les gens de son entourage lui reflètent ses changements d'humeur. Il ne se reconnaît plus. Rien n'a plus de sens ou d'intérêt à ses yeux.
6. L'individu éprouve des problèmes de santé. Les différentes sphères de sa vie (familiale, professionnelle, affective, etc.) deviennent problématiques et tout semble s'écrouler. Son système de valeurs personnel se modifie et plus rien n'a de sens.

LES MOYENS POUR ATTÉNUER LE STRESS

Il existe plusieurs façons d'atténuer le stress. Les relations interpersonnelles significatives en sont une : savoir que l'on peut bénéficier du soutien de son réseau social — amis, membres de la famille, collègues de travail, groupes communautaires et religieux, etc. — crée un sentiment de sécurité qui contribue à diminuer le stress.

De saines habitudes de vie aident aussi à réduire le stress, ou du moins donnent l'énergie nécessaire pour y faire face. Il est à la portée de chacun de s'alimenter sainement, de faire de l'exercice et de s'accorder le sommeil nécessaire au bon fonctionnement de son organisme.

Enfin, il existe plusieurs techniques de relaxation qui visent à diminuer la tension artérielle, la fréquence cardiaque et respiratoire ainsi que la tension musculaire. Voyons ici la méditation, la relaxation progressive de Jacobson (1974) et le training autogène.

La méditation Les deux principaux types de méditation consistent à se concentrer sur la respiration ou sur un mantra. Lorsqu'on se concentre sur sa respiration, on observe ses mouvements d'inspiration et d'expiration, tandis que lorsque qu'on se sert d'un mantra on répète un mot ou une phrase dont la résonance particulière est propice à la détente. La méditation se pratique habituellement assis, le dos droit. Elle consiste à se laisser bercer par la respiration ou le mantra, sans s'attarder aux idées naissantes ou aux stimuli externes. Une pratique méditative régulière et soutenue produit les effets les plus bénéfiques.

La relaxation progressive de Jacobson Cette technique de relaxation consiste à contracter puis à relâcher successivement, dans différentes parties du corps, des muscles ou des groupes musculaires. L'alternance tension et relâchement contribue à la détente. En effet, le sujet prend conscience des sensations spécifiques à chaque état et peut généraliser cette capacité de relaxation dans sa vie quotidienne. Pour tirer le meilleur profit de cet exercice, il faut le pratiquer dans un endroit calme, allongé sur le dos, les bras légèrement écartés du corps.

Le training autogène Cette technique d'autosuggestion visant à abaisser la tension musculaire a été élaborée par le psychiatre allemand Schultz (1960). Il s'agit de s'efforcer de ressentir progressivement des sensations de lourdeur et de chaleur dans chacune des parties du corps. Allongé dans un endroit tranquille, l'individu se répète mentalement une formule telle que : « Mon bras est très lourd... » ou « Mon bras est très chaud... »

Il y a bien des façons de se relaxer. Certains tireront profit d'un après-midi de jardinage, d'une promenade en compagnie de leur chien, et d'autres, d'un cours de yoga, d'une journée de golf, etc. On s'en voudrait d'oublier le rire, qui est un facteur de santé psychologique et physique. Il favorise la sécrétion d'endorphine et suscite différentes réactions physiologiques réductrices de stress. En effet, l'humour transforme souvent spontanément les émotions et permet d'établir des relations agréables avec autrui.

GÉRER SES CONFLITS

Les conflits sont inévitables lorsque nous travaillons avec d'autres. Certains comportements d'un collègue ou d'un supérieur compromettent nos visées; une personne, irrespectueuse à notre égard, nous met sur la défensive. Heureusement, les conflits peuvent être bénéfiques si on sait y faire face et en tirer parti. En effet, ils sont souvent des occasions de changement et peuvent susciter intérêt et curiosité. Des gens en désaccord sur un sujet controversé, l'euthanasie par exemple, peuvent avoir envie d'approfondir le sujet. De plus, lorsque deux personnes ont des divergences d'opinions, elles doivent réfléchir davantage, ce qui favorise une meilleure prise de décision. Enfin, les conflits mènent à une plus grande connaissance de soi : on se rend compte de ce qu'on trouve troublant, on découvre ses valeurs et différents aspects de sa personnalité. On apprend aussi à mieux connaître les gens autour de soi, à respecter chacun avec ses forces et ses faiblesses.

Nous avons tous une façon personnelle de réagir aux conflits. Si l'on est conscient de son propre style de gestion des conflits, on pourra tenter d'accroître ses habiletés de façon à se tirer le plus efficacement possible d'une situation conflictuelle.

Il y a des gens qui évitent les conflits à tout prix. Ils en nient l'existence et se retirent s'il s'en élève un. Ces gens sont souvent des passifs qui cherchent à plaire, qui n'exercent pas leurs droits et n'expriment pas leurs besoins. C'est souvent à cause de leur style de gestion de conflits que ces individus se font exploiter, ne sont pas respectés et se perçoivent comme des victimes.

Certaines personnes tentent plutôt de désamorcer les conflits en les arrêtant ou en en remettant le règlement à plus tard. Elles cherchent à calmer les deux camps et à obtenir un accord minimal, en utilisant souvent un style de communication indirect et manipulateur.

D'autres encore imposent leurs idées et se montrent agressifs. Ils s'attaquent au problème en prescrivant leurs solutions. Leur façon de résoudre un conflit génère souvent rancune ou vengeance.

Enfin, il y a ceux qui, faisant preuve d'une saine affirmation de soi, ont un style de négociation pondéré et cherchent un terrain d'entente satisfaisant pour tous. En se concentrant sur le problème à résoudre, ils ne perçoivent pas la situation conflictuelle comme une bataille à gagner. Ils pensent davantage en terme de solutions que d'arguments. Sensibles aux sentiments et aux besoins des autres tout en cherchant à respecter les leurs, ils demeurent ouverts aux nouvelles façons de voir le problème. C'est bien sûr ce style de gestion de conflits qu'il faut cultiver.

Les étapes d'une gestion de conflit efficace

Les six étapes de la gestion de conflit efficace sont les suivantes (Adler, 1998).

1. L'identification du problème et des besoins insatisfaits : il s'agit d'abord de reconnaître précisément ce qui est insatisfaisant ou problématique.

2. La détermination d'un temps et d'un lieu pour une rencontre : on exprime clairement le désir de résoudre le conflit et on décide d'un moment et d'un lieu pour en discuter.
3. L'explication du problème : à l'aide du message-je et d'une attitude authentique, on exprime ses insatisfactions.
4. L'écoute du point de vue du partenaire : on s'assure de bien connaître les besoins de l'autre et de bien comprendre sa perception de la situation.
5. La recherche d'une solution : il s'agit de trouver le plus de solutions possibles pour ensuite les évaluer et choisir celle qui satisfait le plus les parties concernées.
6. La mise en application et le retour sur la solution retenue : on vérifie si la solution appliquée a effectivement été efficace, et on discute, s'il y a lieu, des modifications à apporter.

CULTIVER L'ATTENTION

La mort rend souvent plus attentif à la vie. Cultiver l'attention, c'est imaginer que l'on fait tout pour la première fois. Que ce soit en répondant au téléphone, en disposant des fleurs, en savourant du café ou en lavant une voiture, on peut faire des pauses fréquentes et concentrer son attention sur ce que l'on vit ici et maintenant. Comme un acteur dans un film, il faut être attentif à chacune des scènes de sa vie et trouver le bonheur dans l'instant présent.

Lorsqu'on est conscient que chaque instant est unique et qu'il ne reviendra pas, on développe une meilleure qualité de présence. On prend conscience que tout se transforme et que chaque personne est en devenir. On sait que chaque instant tue le précédent, ce qui peut être perçu comme une perte ou comme une renaissance, une découverte. Lorsqu'une personne change, c'est la société qui se transforme, car comme le rappelle le proverbe « si chacun balaie devant sa porte, l'univers sera propre ».

Prêter attention au moment présent, en délaissant les anticipations ou les souvenirs, c'est prendre plaisir à la vie. En effet, chaque événement, considéré isolément, est toujours supportable. Lorsque le passé est trop douloureux et qu'on appréhende l'avenir, il vaut mieux se river au moment présent, puisque le bonheur est présent et non à venir. C'est ce qu'a compris ce directeur de funérailles qui, chaque jour, avant l'ouverture du salon, médite brièvement auprès du défunt et trouve dans ce moment de recueillement l'occasion de rendre grâce à la vie.

LE CONTACT AVEC LE SACRÉ

Thomas Moore (1994) écrivait : « Le sacré se manifeste quand on permet à l'imagination de s'aventurer dans des lieux plus profonds. Plus nous considérons une chose sous des angles différents, plus nos réflexions vont en profondeur quand l'art de cette chose nous saisit, et plus son caractère sacré se manifeste. Ainsi, vivre dans l'art peut tonifier la vie séculière caractéristique de notre temps. » (p. 327-328).

Être en contact avec le sacré consiste à investir les gestes, les instants, les objets d'une signification symbolique. Chaque religion intègre, à sa façon, une vision sacrée au quotidien. Que ce soit par des cérémonies, des sacrements, des rituels de passage, des chants, des mantras, des danses ou des ornements vestimentaires, chacune d'elles tente de briser le cours profane de la vie. Chaque intervenant auprès des endeuillés, selon sa personnalité et sa propre symbolique, a donc avantage à découvrir le sacré dans le quotidien. Être attentif à ses rêves, regarder jouer un enfant, cultiver son potager, observer la danse de la lumière dans un vitrail, écouter de la musique ou savourer un fruit, voilà autant de gestes anodins qui peuvent, en célébrant la vie, prendre un sens sacré. Les intervenants qui expérimentent le sens du sacré sont susceptibles d'avoir plus d'idées pour accompagner les autres dans leurs rituels. Keen (1996) affirme d'ailleurs que c'est par la consécration de nos journées et l'exploration d'un éventail de rituels que nous pouvons demeurer dynamiques et vivre pleinement. Explorer les différences entre les dimensions sacrée et profane de la vie favorise l'équilibre et la réappropriation de son existence.

IDENTIFIER ET RESPECTER SES VALEURS

Lorsqu'on est quotidiennement en contact avec le mourir et la mort, on en vient naturellement à se questionner sur l'existence. L'intervenant qui possède une connaissance profonde de ses propres valeurs pourra mieux composer avec les tourments inhérents à cette quête de sens et la résoudre.

Notre système de valeurs, c'est-à-dire l'ensemble des convictions qui orientent notre vie, résulte de notre éducation dans notre milieu familial, scolaire, social, culturel, etc. À l'âge adulte, cette éducation se poursuit de façon plus autonome; les lectures, les cours et les expériences sociales et professionnelles consolident nos valeurs prioritaires. Il est facile de dresser un inventaire des valeurs. Elles sont en général orientées vers l'action, l'esthétisme, l'amitié, l'amour, le bonheur, le bien-être, la justice, la reconnaissance sociale, la liberté, la paix, le plaisir, le respect, la réussite, la richesse, la sécurité, le savoir, la sagesse, la religion et la spiritualité.

En connaissant ses valeurs, on comprend mieux ses attitudes et ses comportements. Celui qui, par exemple, accorde beaucoup de valeur à la reconnaissance sociale cultivera l'estime des gens haut placés et adoptera des comportements de leader afin d'obtenir des promotions. Des commentaires négatifs sur son travail l'attristeront.

EXERCER SA GRATITUDE ET SA COMPASSION

De Mello (1994), jésuite indien et psychologue, considère la compassion comme un moyen de réussir sa vie, comme une source de bonheur. Selon lui, faire preuve de compassion, c'est accueillir et accepter les gens tels qu'ils sont. L'une des premières à avoir reconnu l'importance de l'amour et de la gratitude en présence des mourants et des endeuillés est Élisabeth Kübler-Ross (1990). Dans son livre *La mort, porte de la vie*, elle écrit qu'au-delà des nombreux concepts théoriques sur la mort et le deuil, c'est avant tout de paix et d'amour dont ont besoin les personnes mourantes et leurs proches.

« L'attitude de la compassion implique qu'on se laisse toucher par l'autre, par ses souffrances, par le cri de son être. » (Vanier, 1994). L'intervenant qui, dans sa vie personnelle et professionnelle, perçoit le côté aimable des gens ressent rapidement un mieux-être et un sentiment de satisfaction. La simplicité de la compassion exprimée par un mot d'appréciation, un geste affectueux ou un don de temps produit rapidement un changement intérieur. Atteindre un état de gratitude, souhaiter intérieurement le bonheur aux autres et transcender ses émotions (sans les réprimer) en constatant qu'elles ne sont que le reflet de pensées ouvrent le cœur et incitent l'autre à faire de même. S'imprégner d'amour est le premier service professionnel que l'intervenant peut offrir.

Il est important que l'intervenant considère chaque aidé comme un être unique et non comme un client parmi d'autres. S'il fait preuve de compassion, il pourra accueillir l'endeuillé et travailler avec lui en respectant le rythme et l'évolution personnelle de ce dernier. Il croira chacun capable de faire des choix et d'évoluer de son mieux dans les circonstances.

INTERVENIR AVEC AUTHENTICITÉ

Être authentique, c'est être vrai et sincère, c'est intervenir avec ce que l'on est. L'intervenant qui se montre authentique n'insiste pas sur son rôle professionnel ou sur son statut, mais agit plutôt spontanément envers la personne qui a besoin de soutien. Il demeure ouvert et disposé à partager certaines expériences personnelles, si cela peut aider. Ses pensées et ses paroles, de même que ses valeurs et ses comportements, sont cohérents. L'authenticité requiert de la maturité; elle est le fruit de l'évolution personnelle.

Selon Egan (1987) un aidant authentique se caractérise par les cinq attitudes suivantes.

1. Il est spontané, c'est-à-dire que tout en faisant preuve de tact il exprime aisément ce qu'il veut dire.
2. Il sait s'affirmer sans agressivité.
3. Il n'a pas tendance à être sur la défensive, puisqu'il connaît ses forces et ses faiblesses.
4. Il est cohérent et évite les contradictions dans ses messages.
5. Il s'ouvre à l'autre et se sent libre de communiquer ses expériences personnelles au moment opportun.

Ces caractéristiques sont celles de l'intervenant idéal, mais on aurait tort de croire qu'on ne s'approchera jamais de ce modèle. En fait, ce modèle n'est pas restrictif et ses caractéristiques ne sont pas des prérequis, mais plutôt des points de repère favorisant le développement humain et professionnel, lequel est progressif. Il revient donc à chacun de trouver à exprimer sa personnalité, tout en s'adaptant aux besoins des individus et des situations.

11.3 UNE SYNTHÈSE POUR MIEUX INTERVENIR AUPRÈS DES ENDEUILLÉS

Pour améliorer leur sentiment de compétence, les personnes qui travaillent dans un milieu relié à la mort et au deuil ont avantage à :

- analyser les raisons de leur désir d'aider;
- discuter ouvertement de la mort;
- répondre franchement aux questions qu'on leur pose;
- réfléchir sur l'expérience de la mort d'un parent ou d'un ami;
- analyser et soumettre à l'introspection leurs propres sentiments et réactions;
- composer avec différentes émotions;
- reconnaître que la vérité et la réalité sont subjectives;
- être attentifs à leurs intuitions;
- user de créativité;
- savoir communiquer verbalement et pouvoir interpréter la communication non verbale;
- reconnaître les signes de grand découragement et de désarroi, ainsi que les appels au secours qui caractérisent parfois les tendances suicidaires;
- participer à des séances de perfectionnement et de formation pour améliorer leurs compétences professionnelles;
- accepter la critique et l'utiliser constructivement;
- dégager les apprentissages résultant de chaque expérience;
- être au fait des questions légales et financières susceptibles d'être discutées avec le mourant ou les membres de sa famille;
- discerner les renseignements confidentiels et ne pas les divulguer;
- percevoir tous les individus comme égaux en dépit des systèmes hiérarchiques;
- comprendre les attitudes et les pratiques des communautés culturelles et ethniques de notre société;
- tenir compte de l'environnement auquel appartient l'individu lors des interventions;
- respecter et accepter les valeurs, les croyances et les pratiques religieuses de chacun;
- être en mesure d'évaluer leur degré d'aptitude et de compétence dans leurs relations avec des gens d'âges et de milieux divers;
- savoir se retirer de façon temporaire ou permanente si une tâche dépasse leurs limites.

Ces points de repère peuvent servir à amorcer des échanges entre les intervenants désireux de réfléchir sur leur développement professionnel et humain.

POUR MIEUX SE CONNAÎTRE

INTROSPECTION

Le stress et moi

1. Parmi les énoncés suivants, cochez ceux qui vous caractérisent.
   a) Je manque de concentration.
   b) J'ai souvent l'esprit préoccupé.
   c) Je fais très peu d'exercice.
   d) Je me réveille encore fatigué(e).
   e) Lorsque je pense à ce que je dois faire dans la journée, je manque d'intérêt.
   f) Je sens des tensions musculaires.
   g) J'ai souvent des maux physiques.
   h) Je manque de temps.
   i) J'ai souvent l'impression de vivre en automate.
   j) Je dors d'un sommeil irrégulier.
   k) Je me place souvent dans des situations de tension.
   l) Mes habitudes alimentaires sont irrégulières.
   m) Je suis plutôt compétitif ou compétitive.
   n) Je fais preuve d'impatience lorsque mes activités sont retardées.
   o) J'aime faire les choses rapidement.
   p) J'aspire à une promotion ou à la reconnaissance sociale.
   q) Je recherche sans cesse le changement.
   r) Je fais souvent plusieurs activités à la fois.
   s) Certains problèmes importants me semblent sans issue.
   t) Je manque souvent de confiance en moi.
   u) Je me préoccupe de ce que les autres pensent de moi.
   v) J'ai tendance à finir les phrases des autres.
   w) J'ai des moments de panique ou d'anxiété.
   x) Je consomme quotidiennement un psychotrope (nicotine, caféine, alcool, etc.).
   y) Je souffre de la déficience de mes relations interpersonnelles.

2. Chacun des énoncés cochés peuvent être des manifestations de stress. Vos résultats vous apprennent-ils quelque chose sur vous ?

3. Dans votre façon d'agir ou dans l'organisation de votre vie, voyez-vous des changements susceptibles de favoriser une meilleure gestion de votre stress ou sa diminution ? Il peut s'agir d'attitudes que vous devriez abandonner ou de comportements que vous aimeriez essayer, découvrir ou explorer. Pour déterminer plus facilement ces aspects, dites initialement : « Je m'aime, donc... »

4. S'agit-il de changements que vous pouvez mettre en œuvre immédiatement ou qui nécessitent l'aide de quelqu'un ?
5. Organisez un plan d'action.

Mes croyances irrationnelles

1. Quelles sont les situations les plus stressantes pour vous ?
2. Quels moyens prenez-vous pour contrôler ces situations ?
3. Quelles croyances irrationnelles entretenez-vous ?
4. Y a-t-il des moments particuliers ou des personnes qui vous incitent à ces pensées irrationnelles ?
5. Trouvez des arguments pour questionner ces croyances et les réfuter par la raison.
6. Écrivez les croyances plus appropriées et plus réalistes qui résultent de cet exercice.

La sagesse du vieil oiseau

Après avoir lu l'encadré *Paroles de sage*, répondez aux questions suivantes.

1. Quels petits flocons de mon existence sont lourds à porter ?
2. Quels petits joyaux de mon existence peuvent m'amuser ?
3. Comment puis-je concrètement prendre soin de moi-même ?
4. Qu'est-ce que j'attends pour le faire ?

POUR DÉVELOPPER SA COMPÉTENCE

Prendre soin de soi

Tentez de prendre soin de vous-même en vous ouvrant à des expériences nouvelles ou agréables. Chaque jour, mettez en application un des éléments suivants et portez attention aux bienfaits qu'il vous procure.

Je m'offre des fleurs.

Je découvre un quartier, une ville, un endroit inusité.

J'exerce une activité sportive.

Je téléphone à un ami.

J'écoute une musique.

Je pratique une activité artistique : danse, dessin, musique, sculpture, etc.

Je médite ou je fais de la relaxation.

Je cuisine un bon repas ou un nouveau mets.
Je jardine.
J'admire la vie animale ou végétale.
Je redécore mon environnement.
Je joue avec des enfants.
Je vais voir un film.
Je vais au salon de coiffure.
Je chante.
Je m'offre un massage.
J'écris une lettre à quelqu'un que j'apprécie.
Je m'inscris à un cours.
Je fais preuve de créativité en mettant en pratique une nouvelle façon de prendre soin de moi, en découvrant une nouvelle activité.

Se révéler

En équipe, simulez un groupe de parole pour exprimer vos difficultés ou vos joies de la semaine dernière. Explorez les différents aspects abordés dans ce chapitre.

Le travail et ses composantes
Les idées irrationnelles
Les pertes
Les émotions
La gestion des conflits
La communication
La gestion du stress
Les habitudes de vie
L'humour
Les relations significatives
Les plaisirs
La capacité d'attention
Les valeurs
La gratitude et la compassion
L'authenticité

QUESTIONS DE RÉVISION

1. Nommez les différentes composantes du travail et expliquez-les brièvement.
2. Dites à quelle croyance irrationnelle correspond chacun des énoncés suivants.
   a) Benoît ne veut pas dire que son ami est mort du sida. Il croit que cela nuirait à son image qu'il cherche sans cesse à préserver.
   b) Cécile préférerait se faire inhumer plutôt qu'incinérer après sa mort. Toutefois, comme tous les membres de sa famille préfèrent l'incinération, elle se tait par crainte de leur déplaire.

c) Jean-Paul croit que tous les membres de sa famille devraient l'appuyer dans ses démarches professionnelles.
d) Claire ne se trouve jamais à la hauteur lors des réunions d'équipe dans son milieu de travail.
e) Nicole se dit qu'elle ne peut rien contre la mort. Elle a ainsi l'impression qu'elle ne peut rien faire pour aider une personne endeuillée.
f) Pierre craint toujours que son entreprise perde sa réputation. Il s'imagine alors sans emploi.

3. Votre collègue semble particulièrement épuisé depuis quelques semaines. Vous désirez le mettre en garde contre l'épuisement professionnel en lui en expliquant la progression. Que lui dites-vous ?
4. Une personne que vous estimez beaucoup se dit très mécontente de vous. Offusqué, vous lui montrez du mépris. Que pourriez-vous faire, idéalement, pour gérer adéquatement ce conflit ?

Clin d'œil...

On sait qu'on n'a pas pensé suffisamment à soi lorsque, au seuil de la mort, c'est la vie de quelqu'un d'autre qui défile sous nos yeux.

Paroles de sage

La sagesse du vieil oiseau

Posés sur une branche, un oisillon et un vieil oiseau sage regardent tomber des flocons de neige. L'oisillon demande à son aîné : « Quel est le poids d'un flocon ? Combien pèse-t-il ? »

Plein de compassion, le vieil oiseau répond en s'envolant : « Ça ne pèse rien. »

L'oisillon, émerveillé par la brillance des flocons, décide de rester sur la branche et de s'amuser à les compter, tels de précieux joyaux. Quelques heures plus tard, il sursaute en constatant qu'une frêle branche vient de se briser sous le poids des flocons... qui ne pèsent rien.

Heureux synchronisme, le vieil oiseau revient alors se poser à ses côtés. « Mais à la longue, les petits riens peuvent devenir lourds à porter », dit-il en reprenant paisiblement son vol.

L'oisillon n'a jamais revu son vieil ami. Depuis, il est devenu un grand oiseau... qui prend soin de lui-même !

BIBLIOGRAPHIE

ABRAHAM, N., et M. TORÖK. *L'écorce et le noyau*, Paris, Aubier-Flammarion, 1978, p. 429.

ADLER, B.A., et N. TOWN. *Communications et interactions*, Laval, Éditions Études vivantes, 1998, p. 105-111.

AMERICAN PSYCHIATRIC ASSOCIATION. *DSM-IV : manuel diagnostique et statistique des troubles mentaux*, Paris, Masson, 1996.

ARIÈS, P. *Essais sur l'histoire de la mort en Occident du Moyen Âge à nos jours*, Paris, Seuil, 1975.

ARIÈS, P. « Comment mourir, entrevue », *Québec science*, mai 1978, p. 21-22.

BACQUÉ, M.-F. *Le deuil à vivre*, Paris, Éditions Odile Jacob, 1995.

BARRETT, T.W., et T.B. SCOTT. « Suicide Bereavement and Recovery Patterns Compared With Nonsuicide Bereavement Patterns », *Suicide and Life-Threatening Behavior*, 20, 1990, p. 1-15.

BARRETTE, C., É. GAUDET, et D. LEMAY. *Guide de communication interculturelle*, Saint-Laurent, Édition du Renouveau pédagogique, 1993, p. 147-152.

BEAUDRY, P. « Ritualisation, déritualisation. Nouvelles recherches de rituels », *Thanatologie*, n° 103-104, 1995, p. 6.

BECKER, E. *Denial of Death*, New York, Free Press, 1973.

BERGERON, A., et E. VOLANT. *Le suicide et le deuil, une intervention pour la vie*, Montréal, Services des publications/Frontières, 1992, 62 p.

BERLINSKY, E.B., et H.B. BILLER. *Parental Death and Psychological Development*, Lexington, Lexington Books, 1982.

BERNARD, S. « Grandir à la suite d'un deuil. Une entrevue avec Jean Monbourquette », *Frontières*, vol. 2, n° 3, hiver 1990, p. 7-11.

BIRREN, J., et D. DEUTCHMAN. *Guiding Autobiography Groups for Older Adults*, Baltimore, MD, John Hopkin University Press, 1991.

BOBIN, C., et E. BOUBAT. *Donne-moi quelque chose qui ne meure pas*, Paris, Gallimard, 1996, p. 26.

BOUCHARD, T. « Twins Reared Together and Apart : What They Tell Us About Human Diversity », dans S.W. FOX (éd.), *Individuality and Determinism*, New York, Plenum Press, 1984.

BOWLBY, J. « Processes of Mourning », *International Journal Psychoanalytic*, vol. XLII, 1961, p. 317-340.

BOWLBY, J. *La perte, tristesse et dépression*, Paris, PUF, 1984.

BRILVOCAS, D., et M.G. STROBEL. *L'effet des rites funéraires sur le processus de deuil, le deuil comme processus de guérison*, Montréal, Publication MNH, 1995, p. 322-323.

BROCA, A. de. *Deuils et endeuillés : (se) comprendre pour mieux (s')écouter et (s')accompagner*, Paris, Masson, 1997.

BROTMAN, H. « Life-Expectancy : Comparison of National Levels in 1900 and 1974, and Variations in State Levels, 1969-1971 », *The Gerontologist*, vol. 17, n° 1, 1977.

BROWLEY, D. *Behavioural Gerontology, Central Issues in the Psychology of Ageing*, New York, John Wiley & Sons, 1990, p. 43-45.

BROWN, S.D., N.E. RYEN, et E.B. MCPARTLAND. « Why Are so Many People Happy and What Do We Do for Those Who Aren't ? », *The Counseling Psychologist*, 24, 1996, p. 751-757.

BRYNCZKA, J. « Quelques pistes de l'éducation par la mort... pour la vie », *Frontières*, vol. 1, n° 6, 1993, p. 22-27.

CALHOUN, L., J. SELBY, et J.K. STEELMAN. « A Collation of Funeral Director's Impressions of Suicidal Death », *Omega*, 4, 1989, p. 365-373.

CANFIELD, J., et M.V. HANSEN. *Histoire d'amour et de courage*, Saint-Léonard, Éditions du Roseau, 1995, p. 35.

CANFIELD, J., M.V. HANSEN, et P. HANSEN. « Un concentré de bouillon de poulet pour l'âme », *Sciences et culture*, 1998, p. 108-110.

CASPI, A. « Why Maladaptive Behaviors Persist : Sources of Continuity and Change Across the Life Course », dans H. FRIEDMAN (dir.), *Hostility, Coping and Health*, Washington, D.C., American Psychologial Association, 1992, p. 343-376.

CHALANSET, A. *Du cri à la parole, Deuils, Vivre c'est perdre*, Paris, Éditions Autrement, Série Mutations, n° 128, 1994, p. 144-157.

CHOPRA, D. *Se libérer des prisons intérieures*, Montréal, Stanké, 1993. (Collection Partage)

CIORAN, E.M. *La chute dans le temps*, Paris, Essais Gallimard, 1966, p. 171-173.

COLUMBO, N. « Le suivi d'étoile », *Le Bulletin de liaison du comité de suivi de deuil*, Montréal, Leucan, vol. 1, 1997.

COMTE-SPONVILLE, A. *Impromptus*, Paris, PUF, 1996, p. 70.

CONDON, J.T. « Management of Established Pathological Grief Reaction After Stillbirth », *American Journal of Psychiatry*, vol. 143, n° 8, 1986, p. 987-992.

COSTA, P., MCCRAE, R. « Personality, Stress, and Coping : Some Lessons From a Decade of Research », dans K. MARKIDES, et C. COOPER (éd.), *Aging, Stress and Health*, New York, John Wiley & Sons, 1989, p. 269-285.

CÔTÉ, A. *Position de sommeil et autres facteurs de risque modifiables pour le syndrome de mort subite du nourrisson*, Revue de littérature 1983-1994, Montréal, Centre Jeremy-Rill pour le syndrome de mort subite du nourrisson, 1994.

CZECHOWSKI, N., et C. DANZIGER. *Deuils. Vivre, c'est perdre*, France, Éditions Autrement, Série Mutations, n° 128, mars 1992.

D'AMOURS, L., et M.C. KIELY. « Le processus de deuil dans un suicide : essai de conceptualisation », *Revue québécoise de psychologie*, 1985.

DARCHE, T. « Parler de la mort avec les aînés », *Frontières*, vol. 6, n° 2, 1993, p. 35.

DAVIDOWITZ, M., et R. MYRICK. « Responding to the Bereaved : an Analysis of "Helping" Statements », *Death Education*, 8, 1984, p. 1-10.

DELISLE, I. *Survivre au deuil*, Montréal, Éditions Paulines, 1987, 253 p.

DE MONTIGNY, J. « Aspects thanatologiques liés au sida », dans J.J. LÉVY, et H. COHEN (dir.), *Le sida, aspects psychosociaux, culturels et éthiques*, Montréal, Éditions du Méridien, 1997, p. 413-432.

DE MONTIGNY, J., et B.J. LAPOINTE. « Les contours d'un nouveau symbole de mort », *Frontières*, vol. 2, n° 2, 1989, p. 18-21.

DERSHIMER, R. *Counseling the Bereaved*, New York, Pergamon Press, 1990, p. 129-131.

DICKSTEIN, L.S. « Death Concern : Measurement and Correlates », *Psychological Reports*, vol. 30, 1972, p. 563-571.

DOLTO, F. *Psychanalyse et pédiatrie*, Paris, Éditions du Seuil, 1971.

DUPEREY, A. *Le voile noir*, Paris, Éditions du Seuil, 1992, p. 77.

DYREGROV, A., et S. MATTHIESEN. « Similarities and Differences in Mothers and Fathers Grief Following the Death of an Infant », *Scandinavian Journal of Psychology*, vol. 28, 1987, p. 1-15.

EGAN, G. et coll. *Communication dans la relation d'aide*, Montréal, Les Éditions HRW, 1987, 420 p.

ELLIS, A., et R. HARPER. *A New Guide to Rational Living*, North Hollywood (Calif.), Wilshire Books, 1977.

ERIKSON, E. H. *Identity and the Life Cycle*, New York, Norton, 1980. (Première publication en 1959)

FARBOROW, N., D. GALLACHER, M. GILEWSKI, et L. THOMPSON. « The Role of Social Support in the Bereavement Process of Surviving Spouses of Suicide and Natural Deaths », *Suicide and Life Threatening Behavior*, 1, 1992, p. 107-124.

FAURÉ, C. *Vivre le deuil au jour le jour, la perte d'une personne proche*, Paris, Albin Michel, 1995.

FELTON, B., et T. REVENSON. « Age Differences in Coping With Chronic Illness », *Psychology and Aging*, 2, 1987, p. 164-170.

FERRERO, B. *Graines de sagesse, Comme un parfum de rose*, Strasbourg, Éditions du Signe, 1997, p. 50.

FLATT, B. « Some Stages of Grief », *Journal of Religion and Health*, vol. 26, 1987, p. 143-148.

FRAPPIER, P. « La sollicitude comme exorcisme », *Frontières*, vol. 1, n° 3, 1989, p. 26-29.

FRÉCHETTE, L. « Mort et littérature enfantine », *Frontières*, vol. 2, n° 1, 1989, p. 13-17.

FREUD, S. « Considérations actuelles sur la guerre et la mort », dans *Essais de psychanalyse*, Paris, Payot, 1951.

FREUD, S. *Mourning and Melancholia*, Standard Edition (1917), vol. 14, London, Hogarth Press, 1957.

FROSSARD, A. *Dieu en questions*, Desclée de Brouwer, Stock/Laurence, 1990.

FURMAN, E. « Children's Patterns in Mourning the Death of a Loved One », dans H. WASS, et C. COOR (Éd.), *Childhood and Death*, McGraw Hill int., 1984, p. 185-203.

FURMAN, R.A. *Aptitude de l'enfant en deuil, L'enfant dans sa famille, vol. 2 : L'enfant devant la maladie et la mort*, Paris, Masson, 1973.

FURTH, G.M. *The Secret World Of Drawing, Healing Through Art*, Boston, Sigo Press, 1988.

GABOURY, P. « Répondre à la souffrance par l'amour », *L'infirmière canadienne*, vol. 26, 11, 1984, p. 20-22.

GABOURY, P. *Une voie qui coule comme l'eau*, Ottawa, Éditions de Mortagne Poche, 1993, p. 127-128.

GARAGNON, F. *Business is Business*, Paris, Montecristo, 1991.

GERBER, I., R. RUSALEM et coll. « Anticipatory Grief and Aged Widows and Widowers », *Journal of Gerontology*, 30, 1975, p. 225-229.

GIBRAN, K. *Les ailes brisées*, Montréal, Éditions de Mortagne, 1986.

GIONO, J. *L'eau vive*, Paris, Éditions Gallimard, 1943, p. 114.

GLICK, I, R.S. WEISS, et C.M. PARKES. *The First Year Bereavement*, New York, Wiley, 1974.

GORNEY, J.E. *Experiencing and Age : Patterns of Reminiscence Among the Elderly*, Chicago, University of Chicago, Committee on Human Development, 1968.

GOULET-YELLE, F. *L'hibiscus était en fleurs, Propos sur le deuil*, Québec, Éditions La liberté, 1990.

GROUPE D'ÉTUDE SUR LE SUICIDE AU CANADA. *Le suicide au Canada*, mise à jour du Rapport de 1987, Gouvernement du Canada, Santé et Bien-être social Canada, Division de la santé mentale, Direction générale des services et de la promotion de la santé, 1994.

HALL, B.A. « Overcoming Stigmatization : Social and Personal Implications of the Human Immunodeficiency Virus Diagnosis », *Archives of Psychiatric Nursing*, vol. 1, n° 3, 1992, p. 189-194.

HANUS, M. « Le deuil chez les enfants », *Thanatologie*, n° 103-104, 1995, p. 73-87.

HANUS, M. « Pathologie du deuil et complication du deuil », *Thanatologie*, n° 103-104, 1995, p. 41-59.

HARRIS, T.A. *D'accord avec soi et les autres*, Paris, Éditeurs épi, 1973, p. 147-148.

HÉTU, J.-L. *Psychologie du vieillissement*, Montréal, Méridien, 1992.

HÉTU, J.-L. *Psychologie du mourir et du deuil*, Montréal, Méridien, 1994.

HÉTU, J.-L. *Apprendre à bien vieillir*, Montréal, Méridien, 1997, p. 36-37.

HÉTU, J.-L. *Vivre un deuil*, Montréal, Méridien, 1997, p. 140-143.

HOLMES, T.H., et R.H. RAHE. « The Social Readjustment Rating Scale », *Journal of Psychosomatic Research*, vol. II, 1967, p. 213-218.

HOROWITZ, M. « A Model of Mourning, Change in Schemas of Self and Other », *Journal of American Psychoanalytic Association*, 38, 1990, p. 297-324.

HOWARTH, E., et B. ZUMBO. « An Empirical Investigation of Eysenck's Typology », *Journal of Research in Personality*, vol. 23, 1989, p. 343-353.

HUMPHREY, M. « Effects of Anticipatory Grief for the Patient, Family Member and Caregiver », Rando (dir.), 1986, p. 63-79.

IMBER-BLACK, E. « Rituals and the Healing Process », dans F. WALSH, et M. MCGOLDRICK (éd.), *Living Beyond Loss : Death in the Family*, New York, Norton, 1991, p. 207-223.

ISAMBERT, F.-A. *Rite et efficacité symbolique*, Paris, Cerf, 1979, p. 18.

JACOBSON, E. *Progressive Relaxation*, Chicago, University of Chicago Press, 1974, 482 p.

JASMIN, R. *Le temps d'Alexandre*, Montréal, Les Éditions Papyrus, 1989, p. 241.

JEFFREY, D. « La présence de la dépouille dans le rituel funéraire », *Profil* (bulletin d'information de la Coopérative funéraire de l'Estrie), vol. 9, n° 1, 1997, p. 6-7.

KASTENBAUM, R. *The Psychology of Death*, New York, Springer, 1992.

KEEN, S. *Hymnes à un Dieu inconnu, Éveil de la spiritualité dans la vie de tous les jours*, Paris, Édition Flammarion ltée, 1996.

KÜBLER-ROSS, E. *La mort, dernière étape de croissance*, Montréal, Québec Amérique, 1981.

KÜBLER-ROSS, E. *La mort et l'enfant*, Genève, Éditions du Rocher/Éditions du Tricorne, 1986.

KÜBLER-ROSS, E. *Les derniers instants de la vie*, Genève, Labor et Fides, 1975, 1989.

KÜBLER-ROSS, E. *La mort, porte de la vie*, Paris, Éditions du Rocher, 1990.

KUNDERA, M. *L'immortalité*, Paris, Gallimard, 1990, p. 47.

KUSHNER, H. *Le désir infini de trouver un sens à sa vie, la quête de l'Ecclésiaste*, Montréal, Éditions du Roseau, 1986.

LABERGE, M. *Le poids des ombres*, Montréal, Éditions Boréal, 1994, p. 445.

LANDSBERG, P.-L. *Essai sur l'expérience de la mort et le problème moral du suicide*, Paris, Éditions du Seuil, 1993.

LA PALME, D., et C. PAQUIN. « Autour du test de dépistage », *Frontières*, vol. 2, n° 2, 1989, p. 54-55.

LATULIPPE, D. « Le suivi d'étoile », *Le bulletin de liaison du comité de suivi de deuil*, Montréal, Leucan, vol. 2, 1997.

LAVALLÉE, F., et M.-C. DENIS. « La révision de vie : processus de deuil et de réconciliation», dans L. Bessette (dir.), *Le deuil comme processus de guérison*, Montréal, Publication MNH, 1995, p. 371-374.

LAVOIE, F., A. VÉZINA, et J. DOMPIERRE. « Recension des programmes de prévention favorisant l'adaptation au décès du (de la) conjoint(e) », *Revue québécoise de psychologie*, 1985.

LAZARUS, R.S., A. DELONGIS, S. FOLKMAN, et R. GRUEN. « Stress and Adaptational Outcomes : The Problem of Confounded Measures », *American Psychologist*, 40, 1985, p. 770-779.

LEA, A. « Women With HIV and Their Burden of Caring », *Health Care for Women International*, vol. 15, 1994, p. 489-501.

LEAHY, J. « A Comparison of Depression in Women Bereaved of a Spouse, Child, or a Parent », *Omega*, vol. 26, n° 3, 1993, p. 207-212.

LEMIEUX, R. « Retrouver le sens du rituel », *Frontières*, vol. 4, n° 1, 1991, p. 6-11.

LE REPOS SAINT-FRANÇOIS D'ASSISE. *Les communautés culturelles du Québec et leurs traditions funéraires*, Montréal, publication du Repos Saint-François d'Assise, 1995, 32 p.

LÉVY, J. « Le deuil chez les survivants d'un génocide », *Frontières*, vol. 2, n° 3, 1990, p. 16-19.

LINDEMANN, E. « Symptomatology and Management of Acute Grief », *American Journal of Psychiatry*, 101, 1944, p. 141-148.

LONETTO, R. *Dis, c'est quoi quand on est mort ?*, Paris, Eshel, 1988.

LUNDIN, T. « Morbidity Following Sudden and Unexpected Bereavement », *Br. J. Psychiatric*, 144, 1984, p. 84-88.

LYKKEN, D., et A. TELLEGEN. « Happiness is a Stochastic Phenomenon », *American Psychological Society*, vol. 7, n° 3, mai 1996, p. 186-189.

MADDEN, M.E. *The Meaning of Pregnancy Loss : Attributions and Assumptive Changes Following Miscarriage*, manuscrit inédit, Franklin Pierce College, 1986.

MAILLET, A. et coll. *Comme un cri du cœur*, Montréal, Les Éditions l'Essentiel, 1992, p. 33.

MARCOUX, Y. « Counseling de deuil : sélection et formation des bénévoles et des professionnels », *Revue québécoise de psychologie*, 1985.

MASLOW, A. H. *Toward a Psychology of Being*, 2e éd., New York, Van Nostrand Reinhold, 1968.

MAY, R. *Psychology and the Human Dilemna*, New York, Van Nostrand Co, 1967.

MAY, R. *Le courage de créer; de la nécessité de se remettre au monde*, Montréal, Édition Le Jour, 1993.

McCOLGAN, P.L. « La perte périnatale. Comment aider les familles à composer avec la naissance d'un mort-né et le décès d'un nouveau-né », *Santé mentale au Canada*, vol. 37, n° 1, 1989, p. 25-29.

McCRAE, R., et P. COSTA. « Personality, Coping and Coping Effectiveness in an Adult Sample », *Journal of Personality*, 54, 1986, p. 385-405.

McCRAE, R., et P. COSTA. « The NEO Personality Inventory : Using the Five-Factor Model in Counseling », *Journal of Counseling and Development*, vol. 69, mars-avril 1991, p. 367-373.

McCRAY BEIER, L. « The Good Death in Seventeenth-Century England », dans R. HOULBROOKE (dir.), *Death, Ritual, and Bereavement*, London, Routledge, 1989.

MEERLO, J. « Delayed Mourning in Victims of Extermination Camps », dans H. KRISTAL (éd.), *Massive Psychic Trauma*, New York, International University Press, 1968, p. 74.

MELLO, A. de. *Appel à l'amour*, Montréal, Éditions Bellarmin, 1994.

MERCIER, J. « La fausse couche : un deuil mal compris », *La Presse* (Montréal), 10 avril 1994, p. C-2.

MERCIER, G., et D. SAINT-LAURENT. *S'entraider pour la vie, Québec*, Gouvernement du Québec, Ministère de la Santé et des Services sociaux, 1998.

MILLER, A. *Le drame de l'enfant doué*, 5e éd., Paris, PUF, 1990.

MONBOURQUETTE, J. *Comment pardonner ?*, Ottawa, Novalis, 1992.

MONBOURQUETTE, J. *Aimer, perdre et grandir*, 2e éd., Ottawa, Novalis, 1994.

MONBOURQUETTE, J., et D. LUSSIER-RUSSELL. *Mourir en vie*, Ottawa, Novalis, Université Saint-Paul, 1992.

MOORE, T. *Le soin de l'âme*, Paris, Éditions Flammarion, 1992, p. 254, 327, 328.

MOORE, T. *Méditations*, New York, HarperCollins, 1994, p. 4.

MOREAU, P. « Rites et rituels de deuil », *Thanatologie*, n° 103-104, 1995, p. 104-108.

NAGY, M. « The Child's Theories Concerning Death », *Journal of Genetic Psychology*, 1948, p. 3-27.

NULAND, S. *Mourir, réflexions sur le dernier chapitre de la vie*, Paris, Erpi, 1994.

OLIVIER, C. *L'amour assassin*, Montréal, Stanké, 1994, p. 34-35.

ORMEL, J., et T. WOHLFARTH. « How Neuroticism, Long-Term Difficulties, and Life Situation Change Influence Psychological Distress : A Longitudinal Model », *Journal of Personality and Social Psychology*, vol. 60, n° 5, 1991, p. 744-755.

PARKES, C.M. « Determinants of Outcomes Following Bereavement », *Omega*, 6, 1975, p. 303-323.

PARKES, C.M. « Parents en deuil », *Thanatologie*, n° 107-108, 1996, p. 23-34.

PÉPIN, A. « Le monde n'est pas si méchant. Les parents de Maryse Leclerc, l'une des 14 victimes de Marc Lépine », *La Presse* (Montréal), 1er déc. 1990, p. B-1.

PFEIFFER, W., et J.E. JONES. *Le répertoire de l'animateur de groupe. Développement personnel*, Québec, Actualisation, 1982, p. 250-253.

PLANTE, A. « Au-delà des soins palliatifs », *L'infirmière du Québec*, vol. 3, 2, 1995, p. 26-34.

POLETTI, R., et B. DOBBS. *Vivre son deuil et croître. Faire de tous les moments de sa vie une symphonie inachevée*, Genève, Éditions Jouvence, 1993.

PONTALIS, J.-B. *L'amour des commencements*, Paris, Gallimard, 1986, p. 86.

QUENNEVILLE, Y. « La vérité et ses effets sur la communication avec les mourants », *Frontières*, vol. 2, n° 2, 1989, p. 32-36.

RAIMBAULT, G. *L'enfant et la mort*, Toulouse, Privat, 1975.

RANDO, T. *Grief, Dying and Death, Clinical Interventions for Caregivers*, Champaing, Illinois, Research Press Co, 1984.

RANDO, T. *Grieving*, Toronto, Lexington Books, 1988.

RANDO, T. « The Increasing Prevalence of Complicated Mourning : The Onslaught is Just Beginning », *Omega*, vol. 26, n° 1, 1992, p. 43-59.

RANDO, T. *Treatment of Complicated Mourning*, Illinois, Champaing, Research Press, 1993, p. 393-501, 651-663.

RAYMOND, S. *Prévenir le suicide à l'école (Document d'information)*, Québec, ministère de l'Éducation du Québec, 1993.

RÉGNIER, R. *La perte d'un être cher*, Montréal, Éditions Québécor, 1993, 206 p.

RÉGNIER, R., et L. ST-PIERRE. *Surmonter l'épreuve du deuil*, Montréal, Éditions Québécor, 1995, 244 p.

ROLLAND, J.S. « Working With Illness : Clinician's Personal and Interface Issues », *Family Systems Medecine*, 12, 1994, p. 149-169.

ROLLINS BOHANNON, J. « Grief Responses of Spouses Following the Death of a Child : A Longitudinal Study », *Omega*, vol. 22, n° 2, 1990, p. 109-121.

ROSENBLATT, P.C., R.P. WALSH, et D.A. JACKSON. *Grief and Mourning in Cross-Cultural Perspective*, HRAF Press, 1976.

ROY, G. *Le temps qui m'a manqué*, Montréal, Boréal, 1997, p. 59-60.

SANDERS, C. « A Comparison of Adult Bereavement in the Death of a Spouse, Child and Parent », *Omega*, 11, 1981, p. 217-232.

SCHLOSSBERG, N. *Counseling Adults in Transition, Linking Practice with Theory*, New York, Springer, 1984.

SÉGUIN, M. *Le deuil après un suicide : l'effet des mécanismes d'adaptation*, Montréal, Suicide-Action Montréal Inc., 1989.

SÉGUIN, M., et L. FRÉCHETTE. *Le deuil, une souffrance à comprendre pour mieux intervenir*, Montréal, Les Éditions Logiques, 1995.

SÉGUIN, M., M.-C. KIELY, et A. LESAGE. « L'après suicide, une expérience unique de deuil ? », *Santé mentale au Québec*, vol. 11, 2, 1994, p. 63-82.

SELYE, H. *Stress sans détresse*, Montréal, La Presse, 1974.

SHUCHTER, S., et S. ZISOOK. « The Course of Normal Grief », dans M. STROEBE, W. STROEBE, et R. HANSSON (éd.), *Handbook of Bereavement*, Cambridge, 1993, p. 23-43.

SCHUTZ, C. *Le training autogène*, Paris, PUF, 1960.

SIMINOFF, L.A., J.A. ERLEN, et C.W. LIDZ. « Stigma, AIDS and Quality of Nursing Care : State of the Science », *Journal of Advanced Nursing*, vol. 16, 1991, p. 262-269.

SMILANSKY, S. *On Death, Helping Children Understand and Cope*, New York, Peter Lang, 1987, p. 27-31.

SMITH, D., et M. FORREST MAHER. « Achieving a Healthy Death : The Dying Person's Attitudinal Contributions », *The Hospice Journal*, vol. 9, n° 1, 1993, p. 21-32.

STROEBE, M. « Coping With Bereavement : A Review of the Grief Work Hypothesis », *Omega*, vol. 26, n° 1, 1992, p. 19-42.

STROEBE, W, et M.S. STROEBE. *Bereavement and Health*, Cambridge, Cambridge University Press, 1987.

TAMARO, S. *Va où ton cœur te porte*, Paris, Éditions Plon, 1994.

TENENTI, A. *La vie et la mort à travers l'art du XVe siècle*, Paris, Colin, 1952, p. 97-120.

TESSIER, R. « La mesure du deuil chez les séparés(es) et les veufs-ves », *Revue québécoise de psychologie*, 1985.

TESSIER, R. « Un instrument de mesure de deuil », *Frontières*, vol. 2, n° 3, 1990, p. 42-44.

THIBODEAU, C. « Reportage sur la XIe Conférence internationale sur le sida, Vancouver (Canada) », *La Presse* (Montréal), 6-13 juillet 1996.

THORNTON, G., K.D. WHITTEMORE, et D.U. ROBERTSON. « Evaluation of People Bereaved by Suicide », *Death Studies*, 13, 1989, p. 113-126.

VANIER, J. *Toute personne est une histoire sacrée*, Paris, Plon, 1994, p. 87.

VOISIN, H. « L'enfant face à la mort », *Thanatologie*, n° 99-100, 1994, p. 136.

VOLTAIRE. *Dictionnaire philosophique*, Paris, Garnier-Flammarion, 1964, p. 63.

VOVELLE, M. *L'heure du grand passage de la mort, chronique de la mort*, Paris, Gallimard, 1993, 160 p.

WALDMAN, M. « Reflections on Death and Reconciliation », *Journal of Transpersonal Psychology*, vol. 22, n° 2, 1990, p. 167-174.

WEINBERG, N. « Self-Blame, Other Blame and Desire for Revenge : Factors in Recovery from Bereavement », *Death Studies*, 18, 1994, p. 583-593.

WEISMAN, A. *On Dying and Denying, A Psychiatric Study of Terminality*, New York, Behavioral Publications, 1972.

WEISMAN, A., D. AVERY, et M.D. WEISMAN. « An Omega Interview », *Omega*, vol. 27, n° 2, 1993, p. 97-103.

WITZEL, P.A., et B.M. CHARTIER. « Les répercussions psychologiques non reconnues d'une fausse couche », *Santé mentale au Canada*, vol. 37, n° 1, 1989, p. 19-24.

WORDEN, W. *Grief Counseling and Grief Therapy, A Handbook for the Mental Health Practitioner*, 2e éd., New York, Springer, 1991.

WORTMAN, C.B., et R.C. SILVER. « Successful Mastery of Bereavement and Widowhood : A Life-Course Perspective », dans P.B. BALTES, et M.M. BALTES (éd.), *Successful Aging*, Cambridge, Cambridge University Press, 1990, p. 225-264.

YHUEL, I. « Emmène-moi au cimetière », *Deuils*, série Mutations, n° 128, 1992, p. 88.

INDEX

S

T

V